2023 年浙江省社科联社科普及课题成果（课题编号：23KPD12YB）

提升组织绩效

Improve Organization Performance

从考核开始
认识绩效管理

宋玉可 著

浙江工商大学出版社
ZHEJIANG GONGSHANG UNIVERSITY PRESS
·杭州·

图书在版编目(CIP)数据

提升组织绩效：从考核开始认识绩效管理/宋玉可著.—杭州：浙江工商大学出版社，2023.4
ISBN 978-7-5178-5438-8

Ⅰ.①提… Ⅱ.①宋… Ⅲ.①企业绩效-企业管理 Ⅳ.①F272.5

中国国家版本馆CIP数据核字(2023)第060743号

提升组织绩效：从考核开始认识绩效管理
TISHENG ZUZHI JIXIAO: CONG KAOHE KAISHI RENSHI JIXIAO GUANLI
宋玉可 著

责任编辑	张 玲
封面设计	朱嘉怡
责任校对	林莉燕
责任印制	包建辉
出版发行	浙江工商大学出版社 （杭州市教工路198号 邮政编码310012） （E-mail：zjgsupress@163.com） （网址：http://www.zjgsupress.com） 电话：0571-88904980，88831806（传真）
排 版	杭州彩地电脑图文有限公司
印 刷	浙江全能工艺美术印刷有限公司
开 本	710 mm × 1000 mm 1/16
印 张	16
字 数	244千
版 印 次	2023年4月第1版 2023年4月第1次印刷
书 号	ISBN 978-7-5178-5438-8
定 价	66.00元

前　言

关于考核，绝大多数书籍都是以如何（how）考展开的，而不是从为何（why）考展开的，甚至根本不考虑为何考，似乎这不是一个问题。

如何考，是指从指标、标准、权重等方面构建考核体系，以最终考核所得的分值给予奖惩。为何考可以理解为两个方面：对于依靠外在约束才去做或才能把任务完成的员工而言，考核给出了明确的要求，会对完不成任务的员工给予惩罚；对于知晓如何做且有自制力并能投入的员工而言，考核给出了奖励条件，会对超额完成任务的员工给予奖励。

对于如何考而言，考核实务有三个步骤：记录、呈现、评判。现实中，被演化为考核分数和奖惩两部分。

考核的前提是绩效的数据化与行为的可判断。对于不能数据化的结果以及不能判断的行为，则无法考核。显然，考核是片面的。

对于片面的考核，就要探讨考核的必要性、影响因素。

考核，就层面而言，可分为三层，即针对个人的考核、部门考评、整个组织的评价。这三个层面的考核，均涉及如何选取度量方法与价值判断，做出可信可行的考核结果。

考核可以没有奖惩，但必须进行绩效分析。这是因为，只有分析，才能找到问题，解决问题，提升绩效。提升绩效，则属于绩效管理。

绩效管理与绩效考核是不同的。绩效考核，是对已发生的绩效进行记录、呈现和评判；绩效管理是如何提升员工以及组织的未来绩效。前者基于过去，后者面向未来。

对于组织而言，应该是更好地分工与合作从而不断成长，基于共同利益的前提下提升绩效，实现组织与员工的共赢。

组织可以比作一个有机体，是由许多和睦相处的细胞构成的，有机体中的细胞不会以耗费其他细胞来复制自己。如果某细胞以耗费其他细胞的形式增生，那么它就是癌细胞。这种细胞一旦被激发，有机体就会出现癌症。

一个组织中，如果某些个体的获利变相夺取了其他成员的利益，那么这些个体就是组织中的“癌细胞”。如果“癌细胞”的扩张超过限度，那么就会对组织造成不利影响。

个体竞争中，自私的个体往往比利他的个体更有可能获利，但是对组织而言，拥有较多利他性成员的组织往往走得更远。所以，组织制度应该抑制自私行为，激发利他行为，激发自私的个体有更多的互惠互利的合作行为，而不是使之更加自私，更加离散。促使适度竞争、公平交易、合作共享的制度，才是符合组织发展的制度。对于考核而言，也应该促使合作而非强化利益争夺。

把组织作为一个有机体，还是把组织设计为员工相互竞争的一个工作平台，其发展趋势是不一样的。

考核，只有先问为何（why），然后才是如何（how），最后把二者结合起来。从绩效的提升角度而言，考核仅仅是一个前提，并且考核的目的应该是数据收集，并且是“自然而然”地收集数据，而不是额外花费很多时间、精力、物力去收集，对收集的数据进行分析之后精简流程，改变员工行为，打造使员工更专注工作的环境，从而提升绩效。

本书的内容从以上方面展开，使阅读者能够从考核开始认识绩效管理，提升组织绩效。

本书的写作时间很长，历时十几年，始于零碎的感悟和阅读有关书籍或文章的心得。不知不觉中，整本书就形成了。感悟和心得，使得书中某些表述过于主观、片面和武断。读者在阅读本书的时候，最终还是要自己判断。此外，本书的涵盖面较广，特别是心理学和行为学方面的内容，远远超出了现行市面上的绩效管理教材或书籍。有兴趣者，可以买一本当下流行的教材进行对比阅读，会收获更多。

本书的目标读者群体是大学生、实务工作者以及想了解考核的人。

同样的内容，可以用不同的行文展开。但是，行文方式应该适合目标读者。

如果本书换一个行文方式，以理论的方式展开，那么就是面向另一个目标群体了。

以理论方式展开的基本结构如下：首先是介绍某个理论，明确其前提假设是什么，逻辑是什么，基本因果关系是什么，理论的边界在哪里，然后用理论来阐述。这样的理论训练，可以提升分析能力，通过一整套的概念和分析工具，以因果解释的逻辑，将内容展开。但是，不同的理论，看问题的角度不同，因果关系的逻辑也就不同，甚至结论大相径庭。例如，以成本收益理论分析“大学中的学术绩效”，前提假设无比重要，当前提假设确定后，然后用激励成本，动机和行为的逻辑，以及对利益关系的分析，最后得出结论。看起来很严谨的一个论述过程，但是，普通的读者可能会忽视一点，这个结论是有前提的，是包含看问题角度的。因此，普及类书籍并不适合这样的行文。

以理论方式展开，形成了专业壁垒，对有些人形成了阅读障碍。例如，绩效循环的第一个环节是绩效计划，绩效计划是以双方签订绩效合约结束的，然后进入第二步。如果把绩效合约以一个合同的理论框架展开，整个行文就会有大量的概念和术语，比如逆向选择、信息不对称、道德风险；还可能将合同问题转化为委托代理问题，由委托代理问题到激励问题；委托代理的最大问题是信息不对称问题，由信息不对称延伸到博弈论，可能最终还是回到交易成本理论。再比如，本书的第二章“记录”，以理论方式展开就是用信息理论的一套规范进行重新表述。

本书中的不同内容，可以用不同的理论展开，例如制度理论、人际关系理论、社会网络理论，等等。本书没有以专业理论方式进行论述，因为这样写作很容易陷入玩弄概念之中。因为以理论方式展开论述，并不会增加这本书的理论价值，只会妨碍阅读。

任何事情都有多面性，至少是两面性。用辩证的思维来看，用直白的叙述方式，未尝不是最合适的普及读本行文的方式。

本书作为社会普及读本立项（课题编号：23KPD12YB），以“浙江省社科联社科普及课题成果”出版发行。您在阅读本书时，如果认为有阅读价值，希望能给予宣传。

宋玉可

2023 年 1 月 9 日于台州学院

目 录 contents

第 1 章 绩效概述 001

第 2 章 记 录 015

第 3 章 时间管理 029

第 4 章 绩效考核的适用性 045

第 5 章 绩效考核原则与影响因素 059

第 6 章 个人绩效考核概述 071

第 7 章 个人绩效考核方法 087

第 8 章 部门绩效考评 101

第 9 章 组织绩效评价 115

第 10 章 考评的特性 129

第 11 章 比 较 145

第 12 章 绩效分析 161

第 13 章 组织绩效管理 175

第 14 章 个人绩效管理 191

第 15 章 绩效与目标 211

第 16 章 人与绩效 229

参考文献 244

第 1 章
绩效概述

绩效，是由“performance”译过来的一个词。如果用说文解字的方式去理解这个词，那么，“绩”就是业绩，“效”就是效率和效果。把绩效作为一个完整不分割的词进行理解的人，会由这个词联想到表现、达成目标，等等。总之，绩效有表现、成绩、业绩的含义。

绩效这个词听起来似乎更专业一点，或者说似乎被理解为专业词汇，而表现、成绩、业绩等词更通俗一些，好像不是那么专业。实际上它们都是一个意思。

其实，绩效是一个“工具性词”，也就是说，这个词是与绩效考核或绩效管理相关的一个词。只有放到具体的应用情境中，这个词才被赋予确切含义。

一、绩效考核语境下的绩效含义

绩效考核的含义是什么，因人而异。但是对于绩效考核中的绩效这个词的理解，大致上是一致的。

绩效考核中的绩效，主要包含三个方面：指标、标准和权重。

（一）指标、标准、权重

一般来说，指标指的是从哪些方面对工作（或工作业绩）进行衡量或评估，或者说绩效由多个方面构成，要对这多个方面进行界定；接着，由指标延伸出两个概念：标准、权重。

绩效是由多个方面构成的，但每个方面的重要程度是不同的，这就涉及权重。每个方面应该达到什么水平，也就是衡量尺度，就是标准。指标、标准、权重三者的关系，见图 1–1。

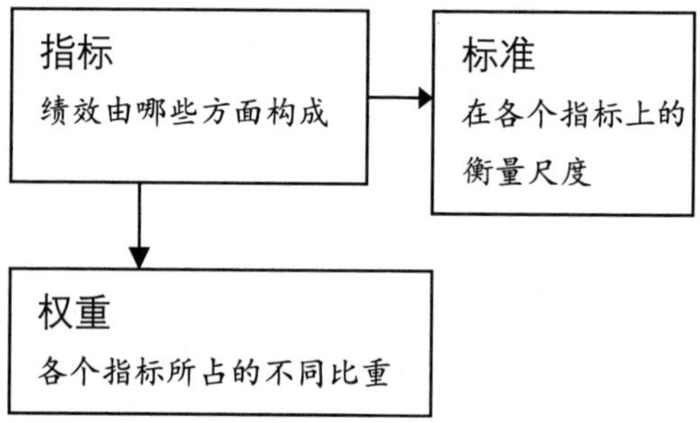

图 1–1 指标、标准、权重的关系

如果真正理解了指标、标准、权重，那么，可以说有关绩效考核的内容已经掌握了，需要的只是实践或实际工作中的应用了。绩效考核就是指标与标准的事情。如果绩效考核人员对于组织内任何一个岗位，能够马上说出该岗位的考核指标是什么，每个指标对应的标准，以及各个指标的权重系数，那么，该考核人员对于绩效方面的工作，是相当熟悉的。

对于考核而言，指标体系透明是必要前提。

指标体系透明仅仅是一个必要前提；指标体系合理，同样重要。指标体系合理，涉及指标的合理性，也涉及权重与标准的设置是否合理。举例而言，对于某岗位的考核指标有两个，一个是按时上下班（占 70% 权重），另一个是工作及时按质完成（占 30% 权重），那么，一个什么事情都做不好且效率低下而影响整体效率（但按时上下班，甚至早上班晚下班）的人与另一个按时按质高效完成工作但经常迟到或早退几分钟（不守规矩）的人相比，考核成绩可能前者更高，这就是不合理的。再例如，某高校实行大班（超过 50 位学生）上课，采取的考核分两部分：平时分数占 70%，期末分数占 30%。这也是权重不合理的情形，因为对于超过 50 位学生的平时考核是不可能一一到位的，除非采取期中考试的形式。如果采取期中考试的形式，那么平时成绩占 70% 也是不合理的。如果是 15 人以下的小班上课，则是另一回事。以上两例是权重不合理的情形。在现实中，指标不合理、权重不合理、标准不合理，往往大量存在。

（二）目标、任务、岗位职责

相对于指标、标准、权重，目标、任务、岗位职责对理解绩效也是相当重要的。与绩效关系最直接的一个词，应该是指标；如果用三个词来表述绩效，这三个词应该是指标、标准和权重。如果要说清楚指标、标准、权重，那么，就要谈到目标、任务、岗位职责了。

目标、任务、岗位职责，三者与指标紧密相关。

不论是企业目标、部门目标，还是岗位目标，最后都要落实到具体的工作任务上，形成岗位职责；然后，由岗位职责的履行到岗位职责的考核。换一个表述：一个岗位，应该从哪些方面进行考核，是由这个岗位要承担的职责从哪些方面来体现所决定的，而这些职责的完成需要做什么以及做到什么程度，这些都来源于目标。

当然，也可以反过来理解岗位职责，也就是通过考核理解“真实”的岗位职责。

二、五种绩效描述

只有理解绩效，界定绩效，才可以理解绩效考核。

（一）绩效的一般描述

关于绩效的含义，这里参考付亚和、许玉林主编的《绩效管理》（复旦大学出版社，2017 年版）对绩效含义的总结，然后对其进行解读以及分析。

1. 绩效就是“完成工作任务”

将绩效视为“完成工作任务”，这是对绩效较早的一个界定，适用于一线的体力工作者。体力工作者的绩效就是“完成所分配的任务”。对于知识工作者而言，这样的界定是很难适用的，因为知识工作者的“任务”很难去判断和衡量。例如，在国际上，学术是不能考核的，如果被考核，就不是学术了。

2. 绩效就是“工作结果”或“产出”

这一界定主要适用于工作结果 / 产出是可衡量的。与此界定相关的概念有：职责（Accountabilities），结果（Result），关键成果领域（Key Result Areas），责任、任务及事务（Duties, Tasks and Activities），目的（Objectives），目标（Goals or Targets），生产量（Outputs），关键成功因素（Critical Success Factors），等等。

责任：指职位或部门应承担的为部门或组织目标服务的任务。职位应负责任是描述一个职位在组织中所扮演的角色，即这个职位对组织有什么样的贡献或产出。

目标：是对一定条件下，一定时间范围内所达到的结果的描述。目标有一定的时间性和阶段性，表明在规定的时间内对预期成果的具体衡量标准。

任务：一项应该完成的工作。

关键绩效指标：KPI（Key Performance Indicator or Index）关键的产出/结果。

关键成果领域：KRA（Key Result Area），是活动的重要领域，这些领域的成就决定或表明成功。

3. 绩效就是行为表现

当结果/产出不可控或不可衡量的时候，绩效就是与组织目标相关的行为或行动。对于绩效就是行为表现，对应的绩效考核方法有行为锚定法、行为观察法、行为判定法。

根据绩效就是行为表现，可以将绩效区分为任务绩效和周边绩效。任务绩效就是直接与岗位职责相关的绩效行为。周边绩效包括：①自愿地执行不是工作组成部分的任务、活动；②在必要时能够坚持表现出额外的积极性或做出额外的努力来成功地完成交付的任务；③帮助他人，并与他人合作；④即使个人感到不便时也遵循组织的规章和程序；⑤同意、支持并维护组织目标；等等。

4. 绩效就是“结果”与“过程”（行为）的统一体

把绩效定义为“结果+过程（行为）”，往往容易被大家接受。实际情况中，却是有所侧重：高速发展时，更重视结果；平稳发展时，更重视过程。强调反应速度，注重灵活、创新时，更重视结果；强调流程、规范、规则时，更重视过程。具体因不同层次的人员而不同。高层以结果为主，基层以过程或行为为主。

5. 绩效=做了什么（实际收益）+能做什么（预期收益）

这一界定实际上将个人素质、个人潜力纳入绩效范围，这个界定更适合于知识工作者。这一绩效的界定既包括当前，又面向未来。

（二）对以上绩效含义的解读

将绩效分为个人绩效、组织绩效（也许还应该有部门绩效），从实际操作层面而言，也许比较合适。上述五种描述，是个人绩效的含义，分别对应于五类成员（见表 1–1）。

表 1-1 不同的绩效含义与人员对应表

绩效的含义	主要对应人员
绩效就是“完成工作任务”	基层操作人员
绩效就是“工作结果”或“工作产出”	各层次的技术人员以及业务人员
绩效就是“行为表现”	基层服务人员
绩效就是“工作结果”与“过程（行为）”的结合	服务人员、操作人员
绩效就是“做了什么”与“能做什么”的结合	知识工作者 或脑力劳动者

对应五种绩效的含义，绩效指标的构成是什么呢？有些人认为，学会以及熟练指标设置，是学习绩效考核的重中之重。实际上，绩效指标的设置，是结构性思维的一种反映，以及与对于相应岗位工作内容和工作流程的理解深度密切相关，并且需要训练才能掌握。

关于上述五种绩效的含义，进行如下解读。

1. 绩效就是“完成工作任务”

对应于“任务”可以明确，并且“任务量”可以用数量表示的绩效，就可以用这种描述。现实中，对个人绩效的这种界定，也许永远都不会过时，因为，必然存在某些组织中的某些工作是以任务的形式出现的。

管理上最早的“计件工资制”，就是与这个含义对应的。在管理学中，工作分解的结果导致我们可以把组织成员分为两类：操作者和管理者。如果将操作者细分，可以将其中一部分员工分为“体力劳动者”，这部分员工的工作结果是容易衡量的，也就是“标准”可以相对容易地确定。当然，还可以联想到工作任务安排的“SMART”原则，该原则已经标明了任务的衡量标准。我们常说，一个基层管理者应该掌握“SMART”原则，并把这个原则“融化”到骨子里，在布置具体任务或安排工作时，基本上按照该原则进行。实际上的含义(或假设)是指基层管理者的下一层是普通员工(操作者)，其工作任务是可以从“SMART”原则的五个方面来衡量的（当然，这个假设并不一定成立）。

（1）**管理理念**

这种绩效描述体现的管理理念是奖惩观。“计件工资制”实际上就是一种奖惩。奖惩观的管理方式，往往比较简单。当工作效率基本上是由“机器决定”时，这时候就可以变相转变为“计时工资制”，管理的重点就是工作秩序和机器设备的连续稳定运行。

计件工资制和计时工资制，属于薪酬制度。由绩效到绩效考核到薪酬，虽然这三个内容在实务上往往联系在一起，但三者是不同的。例如，绩效就是绩效，无论考核还是不考核，绩效都是客观存在的。

（2）**对任务的理解**

这种绩效描述中，“任务”往往是与具体的“量”相关的，“质”往往并不是主要因素（也可以理解为“质”方面的要求往往容易达到或被忽略）。除了操作者的工作可以用“任务量”来表示外，有些业务方面的工作，也可以“以量的形式”来表示，例如，每天的客户拜访量、每天的电话访问量。凡是可以转化为具体数量的绩效表达，都可以看成是这个绩效观念。甚至，教师的工作量，也可以转变为“数量”，这里的数量就是“多少节课或多少篇论文”的含义。有数量的东西，就可以设定分数，例如，电话访问数量每500个设定为1分，每拜访3个客户设定为1分。这个设定比例，可以理解为权重。数量转化为分值，就成了“计分制”。

任务的第二个方面可以从“静态”角度来理解，也就是说，这里的任务是相对稳定的、静止的，任务对应于时间长度以及工作难度也是相对明确的。

（3）**绩效记录**

无论是计件还是计时，统计起来都比较简单易行。绩效记录的争议并不大。

存在异议之处是“每件对应的薪酬”或“单位时间对应的薪酬”。也就是说，存在异议是薪酬制度或量化设置。如果是多项任务，则异议存在于权重设置，或者不同任务对应的分值。与这种考核相对应的奖惩的设计，往往是差别工资制或差别奖励制。

在这种情形下，考核仅仅是薪酬制度的一个前期工作，重要的是薪酬制度。所以，人们往往把考核与薪酬直接联系在一起，或者与绩效薪酬直接相联系。当不同的员工薪酬等级不同时，然后根据任务结果所计算的分数再次匹配一次薪酬差别，员工的收入将再次拉大。

（4）与其他绩效描述之间的关系

为了形象地说明第一种绩效描述与其他绩效描述之间的关系，在此用“计件工资制”和“计时工资制”来说明。“计件工资制”和“计时工资制”本质上都是“量”的表达，都与第一种绩效相对应。

当“计件工资制”考虑“质”的时候，就可以认为第一种绩效描述转变为第二种绩效描述了（绩效就是“工作结果”或“工作产出”）；当“计时工资制”考虑“质”时，就转变为第三种绩效描述了（绩效就是“行为表现”）。

2. 绩效就是“工作结果”或“工作产出”

工作任务可以是“管理者指派”而来的，也可以是“岗位职责”对应而来的。然而，工作结果或工作产出，应该是岗位职责对应而来的，而不是管理者指派而来的。

工作分析与职责明确是这种绩效描述的起点。

职责明确就是“岗位职责”明确，主要是通过工作分析而来的。例如，一个综合性文员的岗位职责是：打字、收发文件、收发报纸以及信件、接电话、接待办公室客户、打扫办公室卫生，等等。这些职责都是动宾结构（动宾结构是描述岗位职责常用的方式），这些动宾结构可以认为是一种行为描述，也就是第三种绩效描述“绩效就是‘行为表现’”。然而，工作分析后的动宾结构，以及通过动宾结构明确体现出来的职责，都还不是“工作结果”或“工作产出”。

在工作分析中，有一种分析方式是把工作看成产出过程，例如，针对统计人员，把各种信息看成是“输入”，把“统计报表”看成是“产出”。但是，我们这时再看绩效的第一种描述（绩效就是完成任务），如果工作结果或工作产出仅仅用数量就可以衡量，那么就根本不需要第二种绩效描述了。也就是说，从工作结果或工作产出来看，要用“质量”来描述，才会用到第二种绩效描述。例如报表，要考虑报表的质量。涉及“质”方面的描述，一般人通常习惯于使用形容词或副词。例如，打扫办公室，就会转换成保持办公室清洁，然而，什么算清洁呢？一尘不染，还是无碎纸屑？形容词与副词的使用，必然涉及“标准”。

如果说一般行政性的工作（结果）或办公室工作（结果）的绩效是比较容易界定的，那么管理性工作（结果）或管理服务工作结果（工作产出）的绩效就比较难界定了。

（1）管理理念

也许，有人认为这一绩效界定，是目标管理的理念。

沿着目标管理的思路，可以进行如下的解读。用通俗的话来说，这里的工作结果，实际上就是工作（职责）目标的实现程度，或者是工作职责的体现。大致可以这样理解：工作目标是由组织目标而来的，不论是由上到下再由下到上，还是只是由上到下，都来源于组织目标。工作目标又通过工作职责的描述来体现。

这第二种绩效描述，从管理（目标管理的）理念上来说，应该是上面的解读。

对于该绩效含义，就必须先界定组织目标。显然，“目标”是谁的目标，这一点必须先界定清晰。也许，组织目标是某个人的目标，或是某些人的目标；也或许什么都不是（仅仅是口号或宣传或广告而已）。此外，组织目标与成员的目标并不一定一致。或者说，对于工作中的人而言，工作职责目标与私人在工作中的目标并不一致。

这第二种绩效描述，也许，更应该理解为是职责明确的管理理念（而非目标管理理念）。

职责明确，就应该思考“先明确谁的职责”以及如何才算职责明确。

（2）工作结果（工作产出）

“做完与做好”是明显不同的。“做完”可以看成是第一种绩效描述，也就是主要是“数量”上的任务的完成，或者是专业化生产流程中的“标准”生产，其质量是由生产工具及生产流程决定的，人为影响质量的因素有限。“做好”就可以看成是第二种绩效描述，也就是这里的绩效含义，要考虑“质”。那么，对工作结果的定义，就成为对工作“质”的界定了。

如果没有对工作结果中的“质”进行界定，那么，这第二种绩效描述听起来有道理，但操作起来较难，甚至在实际上很难操作，可以说远不如第一种绩效描述更实用。难以操作，往往为了考核而转变成容易操作的方式进行。但是，将对工作结果的“质”进行界定转变为“量”，就是第一种了。例如，某高校对教师教学业绩的评判是“标准课时数”（因为教学质量很难界定），并且有一套复杂的“标准课时数”换算公式，在换算中涉及“班级人数、平行班、基础课、专业课、公共课、开新课”等各因素的换算。这种“标准课时数”无论如何明确，都与教学质量无关，仅仅是数量。“标准课时数”实际上是一种“定额”思维的体现。任何有绩效考核理念的人，都清楚这种转换之后将导致的趋势。这是绩效考核的一个常识。

认识常识，并不是一个简单的事情。

如果现实中某个具有管理者头衔的职位，通过分析其工作结果或工作产出，有可能发现它们很“虚无”或者过于“抽象”，那么这个岗位“也许”根本就不用设置。或许直接去掉，组织会更有效率。这一点就是组织绩效与个人绩效之间的联系之一。即使那些必需的管理者，他们的工作产出或工作结果的界定，界定后的评判的指标与标准，以及如何记录并整理出“可信的”工作信息，这是该管理者的工作能否被考核的关键。

在第一种绩效描述“绩效就是完成任务”中，任务可以用“SMART”原则来思考，以及用“数量”或“时间长度或次数”等来衡量。第二种绩效描述“绩效就是‘工作结果’或‘工作产出’”，应该借用价值链分析，分析出该职位的“贡献”，把不必要的工作删除。

（3）绩效记录

任何针对个人的绩效描述，不论使用哪一种，都必须可以进行绩效记录。不能进行绩效记录的绩效描述，就仅仅是一种“学说”。

“职业行为标准”是理解管理的一个重要概念。有些工作是非标准化的，例如设计、科研、管理等工作，而对于从事这些工作的员工的要求是职业化的。也就是说，要求从事这些工作的人要具有熟练的专业技巧，经过训练能处理多种多样的专业问题，并且具有专业行为素养。例如，医生、裁判等都属于此类。职业行为标准应该已经灌输到这些职业者的“体内”，在处理问题时，他们会迅速做出职业反应。

其实，这里的职业行为标准，可以看成是工作结果或工作产出的一种界定。当然，在这里是指如何进行职业行为标准下绩效的记录问题。

对于工作结果或工作产出的记录，实际上应该具有相对长的一段时间。例如，一年，甚至几年。对于科研人员就可以用根据其行业特点做出相对长的“科研周期”进行记录。还有一种辅助的记录方式，就是“星形记录法”，即把一些特别好或特别差的情形记录下来。

从这个绩效描述来看，如何对这类职业进行“职业化”才是重中之重。当这类工作人员“不职业”的时候，用第一种绩效描述也许更合适，也更容易记录。当这类工作人员“很职业”时，绩效记录周期的长度就成为重要的考虑因素。

3. **绩效就是“行为表现”**

对于工作结果或工作产出不能界定的情形，就用到了第三种绩效描述：绩效就是行为表现。

质量管理可以看成是绩效管理的重要分支，但质量管理远比绩效管理更早，也更成熟。质量管理中有一个过程管理的理念，可以嫁接到这里来。

过程管理，也可以称为流程管理，流程的规范化是绩效的重要基础。在流程规范化中，规范化的行为尤为重要，有时，也称为标准化操作。

在此，提到另一个理解管理的重要概念——“标准作业行为”。标准作业行为在服务业中非常明显，实际上在所有的“服务性质的工作”中都适用，特别是普通的行政人员。只有作业行为规范，才能更专业，也才有可能更好地履行职责。当然，责任心也很重要。服务人员的笑容、手势，接线员的铃声三响等，都是最常见的行为规范。服务的心态加上标准化的作业行为规范，是保证绩效的关键，尤其是对普通行政人员而言，更是如此。

在组织中，常规行政工作的规范行为管理，往往被忽视。但是，有一点要注意，千万不能将“职业行为”与“标准作业行为”的思维简单等同起来。

（1）管理理念

职业化和责任感，说起来是很平常的词，听起来也没有什么新意，但实际上，这种理念的推行，在行为中体现出来，是很难的。某个组织如果能达到这一点，那么这个组织即使不是最优秀的，也已经走在最优秀的路上了。

（2）行为表现

行为表现，似乎是不言自明的事情，但其实不然。只要组织把绩效定义成行为表现，这个组织就一定有行为规范，不论是专门培训（训练）或者是在职培训，都需要员工理解“什么样的行为才是专业”，什么样的行为才是职业化，什么样的行为才是责任感的体现。如果没有这个前提，贸然用“绩效就是行为表现”来定义绩效，那么绩效记录将是非常难的事情。

先进行规范行为的培养，还是先通过绩效标准引导行为规范，这是一个先有蛋还是先有鸡的逻辑。我个人的观点是：先有行为规范的说明，然后是培训或培养建立规范行为，再然后是通过绩效考核来强化，直至形成规范文化。但是，行为规范的出发点以及理论根据是非常重要的（必须深入探讨），独立思考与质疑是必不可少的。

有了行为规范的说明以及培训，什么是行为规范就相对容易说清楚了。

（3）绩效记录

要进行第三种绩效描述的绩效记录，还是要谈“标准作业行为”的。服务行业中有些企业对服务员进行标准作业行为的培训，不仅让顾客感觉“专业”，也保证了服务质量（底线），这种企业对于绩效的记录就比较容易。用第三种绩效描述中提到的星形记录法就可以把一些“意外”情形记录下来了。

4. 绩效就是“工作结果”与“过程（行为）”的结合

第四种绩效界定，其实这就是第二种与第三种绩效界定的结合。更直接地说，就是一个“权重”而已。

所以，第四种不再展开。

5. 绩效就是“做了什么”和“能做什么”的结合

做了什么，就是完成工作任务、工作产出、工作行为表现；能做什么，就是未来的事情，能力在未来转化为工作结果的事情。

将第五种绩效描述与前面四种绩效描述进行比较，可以发现，前面四种绩效描述，均可以与薪酬挂钩，然而，第五种绩效描述不能直接与薪酬挂钩。如果说一名一线操作工月薪 5000 元是与绩效相匹配的，那么一名刚毕业大学生的工资 5000 元就是与绩效不相匹配的，因为对这名大学生应该是使用了第五种绩效描述，即做了什么和能做什么。

如果一名刚毕业大学生的工资与一线成熟操作工薪酬相近或比一线成熟操作工的更高，那么必然是薪酬制度中使用了第五种绩效描述。显然，这种薪酬制度存在不合理之处，并且使组织的风险增高。一般是，随着能做什么转化为做了什么，薪酬与回报相应逐步体现。

对于个人绩效而言，“做了什么”用前面四种绩效描述即可。

（1）管理理念

这种绩效含义的管理理念是资源的理念。这类组织可能认为，人是最重要的资源，人力资源的开发是管理的重要内容，对于组织成员的培训与提升是关键。

（2）“能做什么”

“能做什么”是指一个人还没有转化为“实际贡献”的能力和成长空间。

（3）不是记录，而是评估

这个绩效表述，就不是指如何进行绩效记录，而是指对“能做什么”进行评估。评估主要是两个方面：素质评估和能力评估。例如，招聘过程中的学历与工作履历评估就属于这个方面的内容。通过面试或试用期的评估，主要也是对素质和能力进行评估。

素质评估，重要的是责任心、合作性、挑战性、目标实现感、执行意愿。

能力评估，重要的是学习能力、转化能力、整合能力、执行能力。

三、绩效考核与绩效管理

绩效考核，或称绩效评价、绩效考评，指收集、分析、评价和传递有关某一个人在其工作岗位上的工作行为表现和工作结果方面的信息的过程，或者是有关某一部门或组织整体表现以及结果方面的信息的过程。

一般的组织在实行绩效考评的时候，有能力考评、态度考评和业绩考评三种类型。

绩效考评的方法很多，有主观和客观之分，具体有排序法、量表尺度法、关键事件法、目标管理法等。

绩效考评的主体，指由谁来执行对员工的绩效考评。其主体来源有：直接上级、同事、下级、外来专家、自己、客户。每一个考评主体都有各自的优势和劣势。其实，谁考评不是最重要的，最重要的是考评信息的透明化、指标和标准的设定以及考评程序的严肃性以及考评者所使用的信息来源是否客观。

绩效管理经常被定义为一个系统过程，从建立目标和计划开始，需要对绩效进行衡量或评价，并且用评价所得的结果指导公司绩效的改进，最终实现目标。

从含义可以看出，绩效管理和绩效考核是两个不同的概念。绩效考核是对实施结果的一种描述和评价，可以认为主要针对的是人或岗位上阶段（已经结束的）业绩的评判；而绩效管理最终的落脚点在于提升员工和部门的绩效，以及提升组织的整体业绩，是为了组织目标的实现，主要针对的是（未来）绩效的提升与组织目标的实现。绩效管理即使衡量或评价，其目的（以及方法与手段）与绩效考核对于绩效的衡量或评价也不一定相同。

绩效，重要的是管理者的绩效；管理者绩效中最重要的是最高层管理者的绩效。只有把最高层管理者的绩效界定清晰并进行有效管理，组织的绩效管理才能做好。管理，是提升合作或合作方式的有效性；绩效管理，是在所有成员平等合作的前提下，提高有效性。

第2章
记 录

绩效考核，就是对指标、标准、权重进行设计，将其与实际岗位的工作信息进行对照、比较、评判。在绩效考核实务中，实际上有三个步骤：记录、呈现和评价。

一、绩效考核实务三步骤

谈到绩效考核，对于学习过人力资源课程以及参加过人力资源师考试的人而言，似乎是很熟悉的，大约马上能想到“以业绩报告为基础的绩效考核方法”数种、“进行员工比较的绩效考核方法”数种、“关注员工行为以及个性特征的绩效考核方法”数种、“其他的绩效考核方法”数种。知道了这么多的绩效考核方法，也能熟练背诵出各种方法的含义、使用条件、优缺点等等，但一谈到实务，却是如同纸上谈兵。为何？

在岗位职责不明确时，也只能纸上谈兵。如果岗位职责明确呢？还是纸上谈兵。这又是为什么呢？这是因为考核是需要信息的，不只是如何算分数。

理论上的个人绩效考核含义，也就是指标、标准、权重。从实务上而言，个人绩效考核，实际上是记录、呈现、评价。获取什么样的信息以及如何获取信息才是考核的真正起点。对于部门或组织的绩效评价，亦是如此。

（一）记录

个人绩效考核，首先是记录。如果不能对个人绩效进行记录（不论是工作结果还是工作表现），那么就不用谈个人绩效考核。如果一个人想到各种的绩效考核方法，但是没有绩效记录，这些方法就成为无源之水、无本之木。无记录，凭记忆，必然导致主观。

记录属于技术，需要训练才能掌握。

（二）呈现

只有能够科学地呈现出来的信息，才是我们需要的信息。举一个不科学呈现的例子。通过摄影摄像技术把一个人的工作情形完全记录下来，非常容易实现，特别是对于工作场所相对固定的人员，这种记录方式就更容易实现（安装一个摄像头即可），但最终的呈现呢，科学吗？当然不科学。当我们回看这个工作人员的视频资料时，所花费的时间成本太高，并且这些“完备信息”还需要提炼以及整合。

呈现是一门技术。企业绩效最典型的呈现是会计报表。其实，会计就是一门记录与呈现的技术，或者说是记录与呈现的方法。绩效考核则是记录、呈现与评价的技术。

记录与呈现往往是结合在一起的。记录与呈现应该是透明的，这与指标体系透明化是一个道理。先有呈现，才有评价。

（三）评价

评价，或称为考核、考评。[①] 评价实际上是一个对比过程，也就是与什么对比以及如何对比。这是绩效考核的最后一步，也是最简单的一步。当记录与呈现清晰时，这项工作可以认为是轻而易举的（前提是标准清晰）；如果记录与呈现模糊不清，那么这一步也不可能做好。

也就是说，理解那么多的考评方法，首先要从理解考评方法对应的记录方法开始，或者说从如何获取数据开始。只有做好这些基础而烦琐的事情，才能避免“纸上谈兵”。

---

① 在本书中，应用于个人的采用“考核”这种说法；应用于部门的采用“考评”这种说法；应用于组织的采用“评价”或“评估”的说法。

记录、呈现、评价，其前提是岗位职责明确[①]。岗位职责不明确，工作信息不透明，在实务中就不用谈记录、呈现了，当然也就不用谈评价了。最后的评价，直接“领导”说了算，说你行你就行，不行也行，说你不行你就不行，行也不行。

二、绩效记录的原则

绩效记录的原则主要有三个：一是不能为了考核而制造记录，也就是不能为了考核而增加记录这项工作，即便记录仅仅额外花费员工一点点的时间，例如仅仅是在网络平台或系统上增加了一次输入，本质上也是浪费时间、降低效率以及具有负面效果的，这样的做法是违背绩效管理原则的；二是记录的本质是流程的精简与规范；三是只留下该留下的痕迹，不能过度痕迹化。

（一）绩效记录是“自然”留下的痕迹

对于企业而言，经营活动中产生的记录，应该是“自然而然”留下的，不能为了考核而产生制造记录、制造材料的情形。因此，可以说，要进行绩效记录，先要梳理流程（包括各项工作流程和管理流程），在流程的各个“点”，自然留下记录。

1. 何谓“自然”

以超市为例，超市中的物品如果每天要清点，应该是很费时费力的。超市中不用清点，就能知道还有多少物品，并且知道物品是什么时候进的货，距离保质期到期时间还有多长。这一点，大家都能够理解——因为有条形码。进出物品都要扫码。

扫码的过程，是输入的一种简化，不仅省时省力，还自然而然留下了“记

① 岗位职责明确，不仅涉及岗位的目标、具体任务，还包括原则以及具体的工作行为。“官僚者”往往把岗位职责形式化，以不违背或不违反规定为标准。实际上，看似不违背规定的行为，已经违背了原则，违背了目标。例如，教师准时上下课是一种规定，但这种规定并不是“机械式”地准时上下课。如果某次课的课程内容提前 20 分钟完毕，却让学生坐等下课（往往以看书的形式），这种看似没有违反规定的做法，实际上是上课的内容过少，本质上是违反了原则和目标的。当然，当课堂内容过少时“灌水”的情形也是存在的。“没有违反规定”，这往往是官僚者或不负责任者的一种托词或掩盖某种利益关系的一种方式。

录”。并且，条形码与扫码器的使用，提升了绩效。提升绩效，并不一定是让员工更努力或使得员工工作时间更长，而应该是使员工如何工作更省时省力。

除了有关物品的记录，还有是谁收银的记录，以及购买者购买物品的相关记录，甚至还有工作的时长。这些记录都是自然而然留下的。

但对于我们身边没有使用条形码的小超市呢？会有这样的自然而然记录吗？答案是：当然没有（由于条形码技术的普及以及售价降低，很多小超市也配备扫码器了）。也就是说，记录要想自然而然留下，是需要规范化的工作流程的。因此，绩效考核的重点就是梳理流程，规范流程。如何在保证有效性的前提下缩短流程，是绩效考核中的重要问题。

2. “自然”才可信

自然，这里就是指流程规范，在流程规范下的记录，是没有什么争议的。

一个企业，业务人员一个月做了多少业务，积累到一年做了多少业务，应该是有业务记录的。这种业务记录该如何规范化流程记录下来呢？对一个企业而言，有了业务，必然要完成业务，那么，每个要完成的业务必然有相应的派工单。这些派工单，本身就是业务记录，并且很清晰地记录下来业务的所有内容（业务接受与完成时间、业务经理名字、与对方衔接的人员名字、业务量的大小、业务性质、业务完成需要的各类成本，甚至包括给公司带来的利润）。这些记录应该是规范的，并且也是容易规范的。

业务人员的绩效记录，需要业务人员自己记录吗？公司对业务人员进行绩效考核的时候，需要让业务人员拿出自己的业务记录才能证明自己所做的业务吗？显然不用！

业务人员“如何才能相信”公司的记录是准确的、可信的呢？当然是规范的流程“自然而然”留下的记录。

举例来说，假如一个企业对员工进行业绩考核的时候让员工写明做了哪些工作，每项工作的工作量、工时数、工作成果、工作表现，这种由员工去填写，并且“自己举证”的方式，就可以判断其管理水平是很低的。上面的各项内容，都应该有自然而然留下的记录，或者是及时备案的。如果有“自然”的记录，还需要员工自己花费时间与精力去记录这些东西吗？在考核的时候，还需要员工自己填写并举证吗？需要员工填写工作量（表）吗？答案是明显的（当然不用）。让员工自己“举证”的考核，其绩效记录必然是低效的。

再举一个例子。如果有一个人，让你投资一个饭馆，你敢投资吗？你如何相信这里面的各种生鲜、各种人工、各种消耗等数据是可信的呢？不论是数量还是价格，如何才能“自然”留下记录呢？如果没有这些可信的数据，你会投资吗？凭什么？凭感情？凭交情？当然不行。

只有数据可信，其他方面才有可能是可信的。

大家去试着理解一个道理：信任是基于制度[①]的，特别是在合作情形下更是如此。如果合伙企业，各种经营数据不能规范、及时地整理出来，那么，合伙企业必将很快散伙。因为他们之间缺少了信任的根基。

3. 习惯也是一种“自然”

早晨起床之后，先上卫生间，然后刷牙洗脸。这是一种习惯，一旦养成了，就很自然。记录也是如此。到了某个节点做某件事，其实就是一种习惯。在某种情形下，就知道该如何做以及顺其自然地去做，也是一种习惯。

为什么有些人起床之后刷牙洗脸，在晚上睡觉前也刷牙洗脸，并不感觉“很刻意”或者“很麻烦”呢？这也许就可以解释为“习惯成自然”。常规性的工作，可以形成工作习惯；非常规性工作或偶尔的项目，“记录”或“信息输入”就很难形成习惯。

组织，也是可以建立起“习惯”的，这些组织的“记录习惯”，也就是流程规范和流程操作习惯。组织如何“规范化”记录，所表明的就是组织的“记录习惯”的养成。

不论一个人，还是一个团队，或是组织，习惯都是重要的。

（二）规范流程是绩效记录的关键

在管理上，一直谈“抓住关键”。关键是什么呢？对于绩效记录而言，规

① 本书认为，具体执行的才是制度，墙上贴的只是纸而已，或者纸上印刷的只是文字而已。有些所谓的制度是可以随意更改的，新的制度马上可以推行（同时旧的制度立即废除），也许，过几天，旧的制度重新启用，新制度又被废除。这是权力游戏，而非制度。

范流程才是关键。对业务流程和管理流程理解的深刻程度，对于各种记录工具（例如信息技术）理解的深刻程度，也许将决定对绩效的理解的程度或层次。

1. 工作价值分析

工作价值分析，也可以称为岗位价值分析，即某个岗位的价值贡献值。例如，卫生清洁员的岗位是有价值的，其价值就是工作环境清洁的保持和维护，让其他的工作人员拥有良好的工作环境；这个岗位是不可或缺的（不是某个卫生清洁员不可或缺），如果缺少了这个岗位就会产生问题。再例如，负责管理卫生清洁人员的办公室副主任，这岗位就不是不可或缺的，甚至是可以删除的，这个岗位不仅不利于卫生清洁员正常地、舒心地工作，还可能影响其他岗位的工作人员的心情。

2. 岗位工作清晰界定

这是规范流程或者说是落实流程的一个内容。有了这个内容，规范流程（业务流程和管理流程）才能落到实处，而不仅仅是一个概念或一个理念。至此，我们可以说，规范流程是绩效记录的关键，而工作分析是起点。

无论是工作分析、工作价值分析、岗位工作清晰界定，还是流程规范，都具有管理技术的性质和含义。

当然，职责理念与任务理念是不一样的。规范流程不是固化流程，更不是使流程复杂化，而应该是简化流程，即在保证有效性的前提下，简化流程，落实责任。

3. 管理流程建立在业务流程基础之上

无论是生产还是销售，这样的流程建立起来相对比较容易。行政事务方面的流程往往不清晰。从工作价值或岗位职责来看，行政事务方面往往是容易被疏忽的，一旦行政事务方面的流程不清晰，低效就是必然的。在行政事务上建立起行政业务流程，界定其工作价值或岗位价值，是规范流程的重要内容之一。

对于研发、决策、战略等方面的工作，如果要进行考核，就有必要进行流程清晰化。虽然这些工作很难具体，但相对长一点时间与相对宽泛的流程也是可以明晰的。如果这些工作仅仅对最终的结果进行考核，那么，就很难进行绩效分析，从而很难进行有效提升。

（三）该留下的“痕迹”要保留下来

以生产管理为例来谈这个内容。一个有经验的生产管理人员，通过巡视生产现场，他就能感知到各项生产计划是否在顺利进行，能感知到操作者是否按照规范的工艺进行生产，能感知到生产是否安全有序地进行……

一个高素质的管理者，对现场的感知也许并不那么灵敏，但他知道如何把该留下的“痕迹”留下来，根据这些“痕迹”进行分析和处理。

这些痕迹，就是记录以及呈现。

分工派工“自然”留下的记录，仓库领料或仓管员配料“自然”留下的记录，各个关键点的质量测量记录，各种统计报表……这些数据都可以集中到一个平台上，一台电脑上，一个大的数据库中。也就是说，将进度、成本、质量等记录下来了，如何呈现这些信息，如何利用这些信息，反映出这名生产管理者的素养水准。事实上，一名不能掌握信息技术或数据处理工具的管理者，很难进行绩效考核或绩效管理。

如果别人把数据整理好，用“合适”的方式呈现出来，等着你去评判，等着你去考核，这样的评判或考核，谁不会呢？这样的事，任何人都能去做。

现在的管理者，自己真的需要会做很多事，而不仅仅是指手画脚。农耕时代的管理者或者工业社会前期和中期的管理者，将逐渐被淘汰了。在丛林社会或极权社会，掌握武力的权力者虽然还会继续存在，但这些在位者仅仅是等别人呈现出来后，做出“聪明”或“英明”决断，当然，不否认有些人有一定的权谋。其实，明眼人都能看出他可能看不懂所呈现出来的东西，更不懂所呈现出的东西是如何来的，他只是武断，或者以他之口发布的命令其实是幕僚做出的决策而已。

该留下的“痕迹”要留下来，没有留下来，就是损失或流失。管理者应当知道把该留下的“痕迹”留下来，并且能够根据这些“痕迹”进行分析、判断，从而解决有关问题。

过度痕迹化，是行政官僚体系下经常出现的情形。出现过度痕迹化的原因主要有两点。一是在位者的岗位需要用“材料”背书；二是对其他人员的过度形式化管理。过度痕迹化，往往是行政岗位生出事端，导致流程复杂化或制造出没有实质意义的一些材料。对于行政而言，理解什么是常规化管理，是行政工作的基本前提。对于常规化管理的内容，就不能经常进行形式上的创新或改进，更不能为了规范材料而不断细化。流程要精简而不是延长，更不是将流程精细化（精细化的前提是效率和减少浪费）。

三、记录的实务

信息技术的发展日新月异。例如，当车辆出入某个地方时，车辆的牌照、出入时间都可以清晰地记录下来。当员工上下班时，不用打卡，也不用按指纹（指纹考勤机已经过时了，费时也浪费员工的精力，还造成反感），只需自由进出，在员工进出的过程或“刷脸”的过程中，上下班的记录就出来了。当然，对于可以在家中工作的时代而言，上下班已经不是关键因素了，工作过程也不是通过上下班来体现的。上下班的过程不仅造成交通拥堵，还浪费时间、精力和体力。上下班甚至什么都体现不了，一个人是否勤奋或努力，甚至与上下班没有什么关系，工作的结果也与上班时间的长短没有什么必然联系。这里举上下班的例子，仅仅是为了表明记录可以做到更准确以及“自然而然”。

数据已经如此方便地保留下来，做绩效考评，是不是很容易了？是不是不需要专业人士做记录了？显然不是。

为了记录而记录（其实不懂记录），为了“留痕”而“留痕”（其实根本不知何为信息），必然浪费时间与精力，一切变成“做材料”，最终导致有“痕”无“绩”。所谓的痕迹化管理，需要慎重，避免走向复杂化或形式化。

（一）该要哪些数据

该记录哪些数据，哪些环节是流程的关键，这是需要“人”去判断的。到底该记录什么呢？什么样的信息，或者说，什么样的绩效表现，应该被记录下来呢？只有明确了什么样的信息该被记录下来，接下来才是如何记录。这是管理者必须具备的能力。

对于非必要的信息，无论这些信息如何明晰如何规范，都是浪费，或者说都是无效的。明晰并不是有效的依据，必要信息的明晰才算有效。

重要因素的排列顺序不同，则关键信息不同，该记录的内容则有可能会不同。对于一家企业而言，如果最重要的是把当前的产品卖出去，或者是当前能赚到钱就可以，那么，这家企业不仅急功近利，而且可能会不择手段。如果一家企业认为，最重要的是把企业做强、做大，那么，最重要的因素则与这个企业的经营环境密切相关（因为不同的经营环境下做强、做大的因素并不相同，有些情况下拿到经营牌照是最重要的）。如果一家企业最重要的是员工的利益，那么使公司永续长存并持续提升员工的素养就是重要的；如果是以顾客或用户的利益为重，那么产品（或服务）的质量就是重要的；如果是以股东的利益为重，那么就要区分长期利益还是短期利益。

对于绩效考核的数据记录而言，除了对一个组织的业务流程和管理流程的理解，还必须清晰这个组织按其目标重要性排序的真实序列。这一点，就是记录什么。接下来，就是如何记录，也就是记录的工具与方法。

（二）该如何进行记录

对于不同的业务流程，记录是不一样的。

相对于过程和行为，结果的记录比较简单；过程与行为的记录则相对较难。对于行为与过程的记录而言，其作业标准与行为标准必须清晰，只记录那些偏离作业标准与行为标准的过程或行为即可。偏离，当然有正负两方面的偏离，对于正负两方面的偏离进行分析，那么，就可以分析绩效以及提升绩效。

也就是说，对于结果的记录要规范，这是流程中自然而然留下来的痕迹；但是，对于过程或行为，则偏重对偏离作业标准或行为标准的过程和行为进行记录，这些记录有些是有意为之的，有些也是“自然留下的记录”。对于偏离的情形，所有纠偏的流程（一旦启动纠偏程序则应该有规范的流程记录）会被记录下来。对于那些特意为之的，则一般用星形记录法进行记录。

星形记录法，也就是在具体的情景下，记录以什么样的目标为出发点，采取什么样的行为、最后导致的结果是什么。这是对特殊情形的客观记录，在正常的运行中，一般是不需要的。

如何记录，当然就是指记录方法与工具的有效性（可靠性、可信性）。信息技术的发展使得记录的工具与方法日新月异。

以生产性企业为例，简要谈一下有关记录。

1. 生产记录是由流程决定的

某位操作者是否要每天、每周、每月记录下自己的工作内容以及工作量？显然不用。

在正常情况下，根据所有的派工单、流程以及每批次的最终产品交付量，自然而然就可以算出每道工序的工作量以及相对应的每位操作者的工作量。同时，质量管理的各项记录对应着各个产品在各个工序的质量情形，从而对应于操作者。

在非正常情况下，也就是操作者并没有与派工单上的操作者一致，也就是存在调班、休假、请假等各种情形，这时候，各种人员安排的调度记录则与产品的工序进程相对应，也无须操作者自己进行个人记录。

在生产记录中，不仅包括批次、生产进程的记录，以及每批次的起始与终止时间的记录、数量的记录、质量情况的记录，还包括物料的记录。因为各种原材料以及配件在某一工序某一时间的使用数量是清晰的，这是与派工单以及工序与工艺相关联的信息，根本无须重新记录。

2. 各种商业记录必然是清晰的

商业记录是清晰的。商业记录一般有三类：一是市场的业务记录；二是采购记录；三是交货记录。

业务记录，不仅包括了业务员、业务量、合同签订时间点，还包括了交货期以及交货质量等信息。这些信息将与生产中的信息相互对应，或者说生产中的信息是这些信息的逻辑延伸。甚至可以说，只要这些信息是明确的，在规范的流程之下，后面的信息都是“自然而然”产生出来的，根本不需要特意记录。

各种物品的采购量，是与各种物品的消耗量与消耗时间点密切相关的，只不过要考虑订货提前期、批量以及折扣等问题。对于订购方式，例如现货还是期货，不是本书的范畴。

在两个流程之间的记录，可以称为交付记录；对于最终产品的交付的记录，可以称为交货记录。交货记录必然与业务记录严格相互验证，并间接验证了各种物料的使用量以及使用时间，甚至可以验证各种损耗是否在正常范围内。

工时记录、材料记录（成本记录）显然不用操作者个人自己去记录，更无须操作者个人去填写自己的工作量以及陈述自己的工作行为表现和工作质量。对于企业而言，显然也不用特意安排人进行记录，也无须车间管理人员特意进行记录。

3. 各种行政性事务记录是不必要的

也许，有些人认为行政性事务难以记录，或者认为必须特意记录。

这显然是不对的。

对于生产性企业而言，正常的行政性事务根本无须记录，这与岗位职责密切相关。例如一位前台人员，拿过多少次报纸，取过以及分发过多少次文件，扫过多少次地，接听过多少电话，等等，需要记录吗？显然不用，这些属于正常的工作内容。仅仅用星形记录法记录那些表现不合乎“职业规范”的情形以及特别优秀的表现即可。显然，这些情形仅仅是极少数情形，甚至根本不会出现。

即便是重要的行政事务，也无须特意记录。企业重要的行政事务有以下两点：①决策性会议的服务过程，例如收集资料、整理材料、打印分发等工作；②商务谈判的服务过程。但是，这些工作无须特意记录，因为这些工作的最终结果应该是记录在案的，那么相应的行政工作实际上就是清晰的。

总之，记录是自然而然发生的。对于业务流程清晰以及规范的企业，记录是简单的事情。或者说，记录就是规范业务流程的一部分，已经融入流程当中。对于一般的行政性工作，记录也是简单的。对于行政性的工作的记录，实际上就是规范岗位职责，清晰界定岗位职责。

记录的难点，只有一个：管理者的职责履行情形，特别是最高管理层的职责行为与相应的职责结果。如果得不到或无法记录，那么，影响组织发展最大的因素是无法分析的。

四、呈现是记录的终点

对于记录而言，呈现是终点。呈现之后，才是考评；然后，是分析，找出优良绩效的原因并提出固化的措施,同时找出不良绩效的原因并提出改进措施。

记录属于技术，呈现也属于技术。例如，会计就是一门比较成熟的记录与呈现技术。最终的各种财务报表，就是呈现。实际上，除了会计之外，各种统计以及统计报表也是记录的呈现，统计这门记录与呈现的技术典型地反映在质量管理中。甚至可以说，一个企业的质量管理水平，是与统计在质量管理中的应用水平密切相关的，当然，也可以说与记录和呈现水平密切相关。相对而言，一个熟练掌握财务分析技术或质量分析工具的人，更适合或更容易转变成一个绩效考核专家。

各类会计报表（或者称为财务报表）与统计报表，是绩效的呈现。也许很多人会把这些当成整体绩效，对于个人绩效而言，似乎与这些并不相关。很多人一想到考核，潜意识地就把它等同于个人绩效考核，实际上，整体绩效考核的重要性程度远远大于个人绩效考核。也就是说，各类报表的重要性程度远远大于员工个人的绩效记录。况且，在这些报表中实际上也可以查阅到有关个人的绩效记录信息。

对于清晰记录与清晰呈现的例子，较为领先的是足球和篮球领域。一个球员一个赛季的表现（数据呈现）或是单一场次的表现，都有较为详细的记录与呈现。对于球员记录的方式有很多，例如篮球的数据包括：得分（两分、三分、命中率）、助攻、篮板（前场篮板、后场篮板）、抢断、犯规（被犯规）、失误等。此外，还有“努力程度”数据，也就是使用具有热成像功能的摄像机，把通过摄像机所获取的数据传输给电脑，经过软件处理之后，就会将一个球员的跑动路线、跑动距离、活动区域、体能消耗等数据生成并呈现出来。具有热成像功能的摄像机是记录的工具,计算机软件属于呈现工具(也属于分析工具)。

呈现是技术，呈现的技术也许要与具体的工作环境（工作职责、工作标准、工作流程）相关，也许与记录工具也相关。

与其谈绩效考核，不如谈记录与呈现；与其说是进行绩效考核，不如说如何进行记录与呈现。

对于一个组织而言，管理者的职责如何界定以及如何将履行情况呈现出来，这才是绩效评价的重中之重。如果管理者的职责履行情况不能准确记录以及呈现，那么谈绩效评价实际上就是谈对普通员工的奖惩。

第3章
时间管理

时间管理，是绩效管理的重要内容。

效，可以理解为效率和效果。效率，主要是指时间、物质财富以及人力等方面的利用率。从事情的轻重缓急上说，要将时间与精力用于重要的事情或事项上去。

一、时间管理的意义

每个人对于时间的理解是不一样的。

对有些人而言，时间是一种资产。时间与生命密切相关，与其说生命是由时间组成的，不如说生命是如何好好利用时间的过程。生命是有“质量”的，如何利用时间，就是生命质量的反映。然而，对另外一些人而言，生命与时间虽然有关系，但生命就是活着。这类人认为，生命最好的情况是时间在不知不觉中或在愉悦舒适中飞逝。

可以这样认为，对待个人时间的态度，就是对待生命的态度，因人而异。

（一）时间是一种资产

绩效管理，当然要重视资产的管理，而时间就是一种资产。

时间是一种易逝性资产。从个人角度来说，把这种资产固化下来的方式，对于有些人而言，就是用时间去赚取更多的钱，这就是“时间就是金钱”的说法。对于另一些人而言，就是利用时间去学习，把时间转化为知识、技能。还有一些人，通过做事，把时间转化为经验或技能。

时间管理，只有对那些认为或认识到时间不够用的人来说，才有意义。或者，对只有认识到时间是一项资产的人来说，时间管理才有意义。从这个角度而言，大部分人或绝大部分人，是不需要时间管理的，即使有人看过时间管理的书或者经常谈论时间管理，也不会进行个人的时间管理，也没能力进行时间管理。（因为时间对他们而言“足够多”，并且不重要）时间就像空气一样，没什么重要的；甚至，时间与空气比起来，还不重要。在这样的情况下，谈时间管理，似乎是多余的。对于这样的人，是无须谈时间管理的。

对于一个组织而言，时间管理具有重要的意义。提高效率的含义之一就是不浪费时间。节省时间最重要的方式之一是缩短或简化流程。如果从时间效率这个角度来看待绩效管理，那么，如何把握关键以及重要才有意义。如果组织从为客户服务这个角度看待时间管理（同样的角度看待绩效），那么，其中一个含义是，尽量少浪费客户的时间，尽量缩短客户的等待时间。

（二）活动、地点、时间的对应关系

按照活动（事情）进行规划，或按照地点或按照时间进行规划，往往是一回事。工作上的事情（活动），需要工作时间与地点，家庭事务需要相关的地点与时间，个人事情需要个人的时间与地点，私密的事情需要有私密的地点和时间：任何事情都需要与时间、地点对应，这样事情才可以进行或发生。

一个人能否合理安排自己的活动，需要考虑活动与时间、地点的对应。对于这三者而言，时间与地点是基础。例如，一对一管理面谈，需要彼此安排好时间并且有相对不受打搅的地点，面谈这项活动才能顺利进行。再例如，个人私密约会（会面），也需要彼此可以掌控的时间在同一时间，而且有私密的地点，否则个人私密约会就变成公开约会（会面），或者这个私密约会（会面）不能发生。

活动、时间、地点，三者往往具有关联性，在计划中以“活动”为体现，还是以“时间”为分配，还是以地点为标识，本质上是一致的。有人往往注重做什么事，做多少事，而忽视了时间与地点，这必然会产生一些问题。

（三）时间管理是绩效管理的重要内容

时间管理的重要含义之一，是提升时间的利用率，主要体现在缩短时间，例如，提高周转率，缩短交货期，等等。这些内容，实际上就是绩效管理的内容。

从弗雷德里克·温斯洛·泰勒（Frederick Winslow Taylor）开始，缩短劳动时间就成为管理的重要内容之一。一名真正的管理者必然想方设法缩短工人的劳动时间、降低工人的劳动强度并增加他们的收入。现在，任何一名管理者都应该遵循时间管理原则。

只有遵循了时间管理原则，才是真的富有成效。

二、时间管理的原则

时间管理原则，大致有以下几条。

（一）留出足够的休息时间

休息具有重要的意义，例如学校课间休息。

最重要的休息方式是睡眠。研究结果表明，睡眠不仅会对容貌造成影响，对记忆力、免疫力、学习能力、生长发育、寿命等都有很大影响。在睡眠中，人体一夜有 4—6 个睡眠周期。只有充分进行了 4—5 个周期的深度睡眠后，人体的生理机能才能得到充分的修复，免疫系统才能够得到加强，能量才能够得到充分补充。

延长睡眠时间并不一定有益，正相反，如果一味地赖在床上，却没有得到高质量的睡眠，这对于人体反而是有害的，不仅不会使人精力充沛，甚至会缩短一个人的生命。

适量睡眠原则，是每一个成年人都应该熟知的。

对于个人来说，会休息才会工作；对于管理者而言，只有保证员工良好的休息，才能使得员工有更好的工作状态以及才可能获得更好的工作结果。员工在休息不足的情况下，不仅效率降低，效果也会降低（出错率上升）。

（二）有效的管理者不会浪费成员的时间

管理者以员工为出发点还是以任务为出发点，会造成不同的做法，最好是将二者结合。无论管理者选取哪一种做法，都不应该浪费成员的时间。

那些浪费员工时间的管理者，往往喜欢开会。本来可以通过信息工具发布的信息，却采取“费时费力”的方式进行传达，这是司空见惯的事情。这些情形发生的次数越多或越频繁，则说明管理越无效，信息也许更不透明。

更无效的情形是“无事生事”，例如，过度“痕迹化管理”，这些所谓的痕迹就是制造出来的各种材料和记录。本该通过管理系统自动生成的表格、数据和材料，却时不时让员工填写，甚至不同部门重复要求员工填写。如果是常规的管理部门，却不断制造数据和材料，必然是出问题了。很“着急”地要求马上做好这些材料，问题就更大了。

任何一个人，特别是管理者，在方式的选择上一定要考虑：这种方式是最节省自己时间的吗？是最节省他人时间的吗？有没有其他用时更少的方式？节省自己的时间与精力，节省他人的时间与精力，是管理者必须具备的下意识或潜意识思维。

一个组织中的管理者，应该以“尽量不打扰员工专心工作”要求自己。如果管理者做到像不打扰课间休息的学生那样不打扰工作中休息的员工，那么这个组织是符合人性的。反之，如果管理者通过浪费他人的时间来满足自己的“官瘾”或“权力欲”，或者浪费他人的时间来证明自己的存在感或职位优越感，那么这个组织将逐渐变得低效。随意打扰别人是一种粗鲁行为，不论是工作中的打扰还是休息中的打扰。

（三）有效的管理者不会浪费团队的时间

成员的时间，属于团队的时间，但团队时间的含义范畴更广一些。一是不合适的人在不合适的岗位上、不合适的时间做不合适的事情，类似的情形都是在浪费团队的时间。二是以自己的时间为主的“雷厉风行”的管理者不仅有可能不尊重他人的时间，还有可能影响员工的身心健康；这种人往往半夜还在开讨论会，还在加班，让员工赶材料。

对于管理者而言，认识事情的先后顺序，分析岗位职责与具体人的结合，理解关键与重要，是其重要的素养。

对于一个团队而言，不合格的管理者造成团队时间浪费就是大概率事件。

在有些情况下，管理者或者行政人员不仅浪费自己的时间，而且浪费他人的时间。例如，在一个稳定环境中的组织，出现行政人员或管理者经常加班的情形时，那么可以进行如下判断：这个组织极有可能在进行大幅度的调整，也有极大可能是在做“浪费时间”的事情，并且“推出”很多浪费他人时间的一些事项。在这样的组织中，谈团队效率实际上不如谈行政效率。

常规性的管理在不断“创新”的情形下，极有可能是瞎折腾，浪费成员的时间和精力。

（四）精简不必要的事情

事情不是越多越好，材料也不是越规范越好，员工也并不是越忙越好。

事情做得越多，可能仅仅是为了证明自己职位的存在合理性；看起来清晰明了的一大堆材料，无论条理如何清晰，可能仅仅是浪费时间整理出来的毫无实质意义的材料而已。

由于行政而产生的大量的琐碎的事情，不仅影响专注工作，而且大概率造成了低效。有些不应该出现的事情，材料制造得越规范，也可能越低效。

对于事情的判断，要从这个事情是否有效进行判断，而不是从规范性上进行判断。精简不是规范；无效的东西，即便如何规范，都是浪费时间。养成“从是否有效”以及“精简掉是否可行”来思考问题以及行为，是已经具有时间管理理念的表现。

无论多么清晰明了的材料，可能与这些材料对应的事情是多余的，应该精简掉的。

（五）没必要“把桶装满”

经常有这样的一个比喻：“一些大石头，还有一些小石头，还有一些沙子，怎么把桶装满呢？”还有一句话是“时间像海绵里的水，只要挤一挤总是有的”。

为什么要把桶装满呢？一个人或一个团队，能把“大石头”事项做好，就算不错了。绩效考核的理念，其实就是把关键的少数做好的理念。即便是改正错误，也是着重于改正关键的少数错误，把这些错误改好了，再逐渐改接下来的少数；一次性把所有错误改正而做到完美的思维和行为，都是异想天开。

张弛有度，劳逸结合，没必要把桶装满，没必要挤一挤。能“捡西瓜”的员工就是好员工。让员工既要“捡西瓜”又要“捡芝麻”，一旦精力不够，精神疲劳，既掉了“西瓜”也漏了“芝麻”，得不偿失。

除了以上五点外，管理者应尽可能在员工下班后不打搅他们，或者说，尽量不打搅已经下班了的员工。除了不得不处理的事情之外，工作上的事情应该在工作时间交流或交接，这属于基本素养。

三、时间管理实务

时间管理的实务，一般由时间规划、时间记录、呈现、分析、改变流程或行为等步骤构成。这里以个人时间管理为例进行分析。

（一）时间规划

该做什么，所要做的每项事情需要花费的时间，这就是与“目标”或“事情”相结合的时间感知。把这些清晰地表达出来，就是时间规划。从事情、地点、时间的对应关系可知，工作计划也可以看成时间规划。时间规划对于个人时间管理更有意义。

1. 列出下一段时间自己要做的事情及所需时间

一个人可以尝试着先列出下一周内自己所要做的事情以及每件事情对应的时间安排。对于那些生活就是过一天算一天的人而言，写出一周自己要做哪些事情，以及每件事情的时间（花费）安排，根本没有必要。所以，列出活动以及时间安排的人，都是知道自己该做什么的人以及时间不够用的人。

至少，一个人应该知道自己有哪些事情必须去做，这样才会考虑做这些事情要用多少时间。如果一个人没有什么事情是必须做的，或没有什么事情是自己必须承担的，那么，这个人是无须做时间规划的。

对于那些时间不够用的人，就会发现一周的各项时间总和，是大于 168 小时的（24 小时 ×7 天＝ 168 小时）。例如表 3–1 中（一个已经工作、结婚并且有孩子的成年人）的活动安排所需要的总时间已经是 172 小时，这还没有考虑洗浴时间、打扫卫生的时间、学习或阅读时间、娱乐时间、与朋友交往的时间、购物时间以及每周做计划的时间和每天晚上睡前记录当天活动的时间。还没有列入的一些活动，需要的时间很长，并且很难省略，例如，洗浴时间，就可以包括洗脸、刷牙、洗澡等必需的时间，以及洗衣服等各种洗刷时间。如果那些有化妆习惯的人把各种化妆等时间合计到这里，那么，一周总共在这个方面所花费的就有可能是大量的时间。

表 3-1　个人一周活动安排及所需时间表

事情（安排）	所需时间
睡觉	56 小时
吃饭	14 小时
上班	45 小时
上下班路途	10 小时
浏览网页	7 小时
微信等聊天以及回复信息	10 小时
运动	15 小时
看望父母	5 小时
与孩子一起活动	10 小时
……	……

很多大城市的上班族，实际上没有时间看书学习、运动、看望父母（甚至给父母打个电话的时间都没有），与朋友交往的时间也是很难抽出来的。在这样的情形下，一个人的成长与发展，就几乎与工作单位的培训（安排）以及工作过程中的学习与训练密切相关了。

必须对活动以及时间重新进行安排。一旦要对时间花费进行安排，那么就涉及一个人的自制力和控制力了。如果一个人能够控制住自己的行为，那么，所有的问题都变得简单了。一个人的自制力是有限的（自主的时间也是有限的）。对于那些自制力低或者所谓的性情中人，就不要奢望时间管理了，甚至，谈时间管理都是多余的，对这些人而言，进行时间管理，必然是痛苦的。只有对于养成时间管理习惯的人，时间管理才是顺其自然的事情，他们并不会有刻板或被安排的感觉。

很多人很熟悉时间管理矩阵[①]。时间管理矩阵中最难的一点是：什么是重要的事情呢？

也许，保证充足的睡眠（不是过量的睡眠）是重要的事情，甚至是最重要的事情。只有保证充足的睡眠才能更有效做事以及保持身体健康。第二重要的事情是按时用餐，是这样吗？也许是，也许不是。

2. 哪些事情是必需的

对于很多人而言，重要的事情属于（当前）可做可不做的事情，例如读书是大学生重要的事情，但（有些大学生认为）今天不读，明天再读并没有什么影响。如果养成这样的思维和行为，那么只有紧急的事情才是必需的了。企业也是如此，培养客户是重要的，研发是重要的，但今天可做可不做，明天再做也不迟。是这样吗？显然不是。

对于大多数人而言，认识什么是例行（例常）、重要、紧急、责任等事情与相应的行为对应关系，从而更合理地安排时间，是习惯，也是素养。

必须，是以重要性排列的，而不是以紧急排列的。

3. 对重要的事情进行合理规划

将事情按照重要程度进行排列。

把最重要的3—7项事情选出来，这些事情一般占据总时间的80%，如果是工作上的事情，则占工作时间的80%左右。然后，把这些重要的事情进行合理的时间安排。

（二）时间记录

在工作中，特意或刻意的记录是不必要的，应用于特殊情形下的星形记录法除外。对于“痕迹”，是自然而然留下来的，甚至可以说，任何事情都必然留下“痕迹”。“痕迹”是用来分析的，而不是刻意记录的。例如，操作一笔

---

① 时间管理矩阵，把事情分为“重要”和“不重要”两类，从时间维度分为“紧急”和“不紧急”两个方面。把事情与时间结合起来，分为四个象限，也就是分为四类情形，针对这四类情形，采取不同的方式。

资金，“痕迹”会自然而然留下来。

对于时间记录而言，一个组织该如何进行各项记录呢？记录的成本是否过高？是否劳民伤财？是否过于形式化以至于成为制约，造成效率低下？对于记录而言，要符合记录的原则。至于记录方式，应该思考：该如何进行时间记录？如何记录才能简单有效？记录方式要与现行的流程相符合，改进流程和信息工具的同时，必然改变了记录方式，没必要为了改变记录方式而改变流程。记录是否会对员工的行为与心理造成影响？如果一个组织为了进行绩效考核或分析而要填写很多的表格，使人感觉很烦琐，甚至对成员造成一种很不舒服的感觉，那么填写这些表格就是有问题的。

管理需要人性化，管理不是做材料。

（三）呈现与分析

整理那些“痕迹”，将活动进行归类，把活动与时间进行对应并排序。

如果呈现是“给他人看”的，那么，用图、表的形式也许比纯文字更简洁清晰，例如使用柱状图、饼分图、折线图、雷达图等。

呈现一定要简洁明了，但不需要的材料无论如何简洁明了，都是浪费。

有了记录与呈现，才能分析。时间分析的重点，是判断自己是否在做重要的事情。对于那些没有什么重要事情可做的人，就不用时间记录更不用时间分析了。明确近期目标与重要的事情，才是时间分析的关键，或者说，与时间规划进行对比，就能得出结论。

有了前提，有了参考（指标和标准），有了关键，时间分析就变得很简单了。时间分析并不需要复杂的分析工具，其结论或目的就是接下来如何更有效地利用时间。

1. 不需要时间分析的情形

有些人和有些情形是不需要时间分析的，当然，也不需要整理“时间痕迹”。

“钝化现象”是一种不需要时间分析的现象。

有些人只是对学习和工作出现钝化，对于其他方面，则可能是另一种情况。如果一个团队中的成员，大部分是工作的钝化者，那么这个团队则不可能高绩效。

当我们说一个人“拼不上”时，就是指这个人无法专注，更没有能力持续专注，就像是一动不动坐在桌前“学习”的学生，实际上两眼发直，大脑一片空白。这样的人很难有主动性；即使只是执行，也很难有能动性。“拼不上”的人，某种程度上就是“废人”，就像生锈的机器一样。对于这种人或这样的团队，时间分析是无效的。我们身边的有些单位以及单位中的有些人，也许就是这样的。

加班成为习惯的团队，也许就是一个钝化团队。对于钝化团队的理解，也许从加班这个现象开始逐层解剖，就能得到答案。

谁喜欢加班？首先要区别，需要加班与喜欢加班是不同的。在此不是要讨论谁需要加班或什么情形下需要加班。这里的问题是：谁喜欢加班？哪类人或哪几类人喜欢加班呢？也许喜欢加班的人是以下这些人：（本不重要却）强调自己重要性的人；（本没什么重要事情甚至没什么事情做却）表现出似乎很忙的人；正常上班时间不做事情却通过加班做事情的人；喜欢被奖赏的人；能够改变别人工作时间和安排别人的人；喜欢让别人陪着加班而有权指挥别人加班的人；不想回家以加班为借口的人；加班成为某种“自由”借口的人；加班已经成为习惯的人；等等。

一个不尊重他人时间的团队，一个没有能力做好时间安排的团队，时间分析是不需要的。这样的团队必然是低效的。

2. 时间分析与行动能力

对个人而言，自制力、自控力、意志力是与行为能力密切相关的。对于自制力、自控力或意志力较低的人而言，其行动能力必然较弱，那么时间分析的意义就不大了。对于组织而言，制度的约束力与行为能力密切相关。制度，不是指条文，而是指被执行的一些规则和安排。

对于自制力较低的人，只有通过外在约束来制约其行为。这些外在约束，来自他人（人际约束），或来自制度。这些自制力较低的人，其绩效往往与外在约束相关。如果一个组织的绩效较低，例如某所大学的学生，极有可能是由一群自制力较低的人组成并在约束力较低的环境下的绩效表现，当然，也有其他可能（例如约束力太强，失去了自由或能动性）。

时间分析的目的，是改变各项活动所花费的时间比例。对于能够进行行为改变的人和不能进行行为改变的人，时间分析之后的措施或策略是不一样的。

3. 时间、精力与活动的对应关系

重要的事项，是否时间花费最多？是否精力投入最大？如果答案是肯定的，那么，在这一阶段个人的行为是不需要调整的。如果是否定的，那么，就应该通过自身的约束感或外在的约束力来改变。

重要的事情是什么呢？一个人选择了某项工作，正常工作日的八个小时应该在工作中度过。这八个小时中，最重要的是什么呢？完成工作任务，还是履行工作职责？不同的行为表现，必然与绩效密切相关。这一分析思路，无论是对于一个年轻的学生还是对于年龄大的老人，实际上都是一样的。

生命，其实就是消耗时间与精力的一个过程，是应付过去、糊弄过去、熬过去，还是专注于眼前的工作或职责，这是与生命的质量密切相关的。在生命的任何一个阶段，任何一段旅程，必然有相应的重要事情，专心专注于这些事情，才是一种理性。

从某种角度而言，认真对待生命，就是认真对待有多少事情（以及与之对应的时间），把该做的事情做好。并不是每人每天有 24 小时，而是每人每天有多少事情做完以及做好。

（四）改变行为

1. 做该做的事情

什么是该做的事情？举一个小学生的例子。（对于一位小学生而言）深夜了去睡觉是最重要的事情。作业还没做完，可以不做了（这时，做作业已经不是最重要的事情了）。对于小学生而言，吃早餐与上学可能迟到之间，哪一项重要呢？吃早餐！避免上学迟到的做法，不是不吃早餐，而是应该早起床（抓紧起床）以及做事利索。如果起床晚了，该吃早餐还是要吃早餐（宁可迟到）。记得下次要早起，更要早睡。

对于正常人而言，思维能力（反应能力、专注力、逻辑分析能力、辩证能力）会随睡眠不足而降低。因此，一个人应该把睡眠当作重要的事情来对待。①让你的团队成员有充足的睡眠（至少 7 小时）。②不论你的孩子作业做完与否，睡眠比作业重要，否则你的孩子会形成恶性循环。③对于你自己，除非特殊情形，否则都应该保证睡眠；不要让不重要的聚会或吃饭或其他琐事耽误睡眠，这样做会影响其他重要的事情，甚至影响生命的质量。当然，偶尔的次数也是难免的。别任意放纵自己，别由着自己，认真对待自己的睡眠以及休息。同样的道理，应该认真对待周围人的睡眠以及休息。

尊重他人，从尊重他人的睡眠开始；尊重生命，从尊重时间开始。特别是管理者，应该记住这个常识。

不同的时间点，同样的事情但重要性不一样。一天如此，一年如此，一生也是如此。

一个年轻人往往无法管理好自己的睡眠（或休息），这是自理能力缺乏的表现。或者说，管理好自己睡眠或休息的能力是最重要的自理能力。例如，晚上该睡觉了，却熬夜做一些事情。或者某天晚上突然头脑兴奋胡思乱想，却没有意识到或没有能力使自己停止胡思乱想。这种情形下能够刻意安静下来并尽快进入睡眠的能力才是重要的能力。有些人根本没有意识到这种情形，绝大多数人却是没有意识到或不认为这（使自己安静下来并进入睡眠）是一种重要的能力。举一个极端的例子，在重要的考试之前的晚上，最重要的事情是睡眠，有些人却难以入睡（实际上就是头脑兴奋了，自己却不认为是兴奋，只认为是睡不着），睡不着的时间越长，越是担心早晨醒不过来会迟到（迟到也许会发生），这种人第二天的考试状态可想而知。

绝大多数人都遇到过自己睡不着的情形，但往往没有刻意入睡，更没有刻意锻炼这种入睡的能力，并且不认为这是一种重要能力。

2. 合适的时间做合适的事情

不该休息的时候不能休息，该休息的时候就要休息，事情可以休息好了再去做（除非是极少数非常重要而紧急的事情，自己必须赶时间将成果交付给下一个流程）。

对于工作中的人而言，在工作时间把工作做好，是一项难能可贵的品质。

合适的时间做合适的事情，或者说，该做某件事情的时候，就应该去做某事，对应着不同时间点，事情的重要程度不同。同样的事情，不同的时间点重要性会不一样；同样的事情，对不同的人而言重要程度也会不一样。

3. 时间是自己的

时间是自己的。这句话很有哲理。

曾经与某些家庭妇男和家庭妇女聊天，他们往往感觉时间不是自己的，花费在家务、孩子等方面的时间太多，没有自己的时间了。其实，花费在这些上面的时间与精力，本来就是自己“选择”的必然结果，是自己应该承担的，这些时间实际上仍然属于自己。反而，有些看起来是自己的时间，实际上不属于自己，例如追剧、玩游戏。

信息技术以及信息工具的发展，无疑推进了效率的提升，但是，正确使用它们才能把效率更充分发挥出来，否则，会有“副作用”。例如，手机的副作用之一，就是你的时间不属于你了，而是属于手机或他人了。不停查看电子设备的人，应该分析自己的这种行为。

当一个人的时间随时被打断，随时回复信息的时候，他的时间就不是自己的了。例如，当一个管理者的办公室的门随时对员工开放，这名管理者要么是“前台人员”，要么是根本不需要的。任何人每天都应该有一段时间专注地处理一些事情或做一些事情，这段时间应该保证自己不受打搅（除非突发重要的事情，也就是出现重要而紧急的事情），精力高度集中、高度活跃，才能具有效能。如果没有这样的时间段存在，高绩效是不可能产生的。生产线上的员工，在工作时也不应该被随意打扰，只有让他们专注工作，才更有成效。

为了保证员工在某些时间段高效工作，组织应该在相应时间段限制电子邮件、各种即时信息传递。对这些信息工具的使用进行限制而不是禁止，也许会使得工作更有效以及协作性更高。毫无限制的邮件以及即时信息交流，会影响效率。限制（而不是禁止）这些信息方式，也许，员工工作的注意力可以更为集中，工作压力感更小，自己更放松，工作也更为高效。

管理者不能随意打扰正在工作的员工，也不应该随意打扰正在休息的员工。无论是谁，信息的发送都应该有所限制。尊重他人，是最起码的素养。

除了信息交流，手机上有太多的内容足以吸引那些自制力不强或稍微有点空闲需要消耗的人们，这些人在这种情况下一旦进入“网络”时间或空间，时间与精力的浪费是不可避免的。如何通过网络有效收集信息，如何有强大的自制力“脱离”网络，对现代人而言，无论对工作还是对生活都非常重要。在手机成为信息终端之后，如何“脱离”网络就变成一个人的人生修炼，也是一个人的个人能力之一。

当一个人与信息终端绑定在一起时，这人也许就是信息终端的一部分。也许，只有逃离或脱离信息终端，才能“自由”。

4. 做好当下的事情

不同的地点，不同的时间（包括不同的年龄）做不同的事情。最重要的是把当下的事情做好，即使当下在削一个苹果，也要专心把手中的苹果削好。排除干扰，使自己安心、静心、专心做手上的事情，是一项重要的素养。

专心休息，就是把大脑排空，这很重要。着眼于“当下”，专注于“眼前”的事情，是一种难得的品质。休息的时候“专心”休息，做事的时候“专心”做事，这并不容易做到。

四、对时间与精力负责

纳拉亚纳·穆尔蒂①（N. R. Narayana Murthy）于2008年5月31日发给印孚瑟斯员工的一封电子邮件②：

8点半了，办公室里的灯依然亮着……电脑仍在运转，咖啡机仍在嗡嗡响……谁在工作？一些雄性……再看得仔细一点儿会发现，他们大部分人是单身……他们为什么坐到如此之晚？努力工作吗？猜一猜？让我们问问其中的一个人……他是这样说的……“回家后有什么可做呢……这里，我们可以上网，打电话，吃东

① 印孚瑟斯科技有限责任公司（Infosys）创始人，董事长兼首席导师，是把公司管理引入印度的第一人，印度软件行业的教父级人物，有“印度的比尔·盖茨”之称。在他的领导下，创办于1981年的印孚瑟斯，1999年在纳斯达克上市，并用20年时间跻身世界500强。

② 摘自曼弗雷德·凯茨·德·弗里斯：《悬崖边的能人组织》，东方出版社2011年版。

西，喝咖啡，所以我才工作到这么晚……最重要的是，没有老板！”这是大多数研究中心、软件公司和海外办公室常见的一幕。那么，有什么后果呢……

工作到很晚，很快成了公司的文化的一部分。老板非常愿意为那些“工作到很晚”的人提供支持……他们起到了反作用……很快，老板希望所有员工都加班。所以，我亲爱的单身汉们，让我告诉你们，当你结了婚有了家庭，生活就会改变……办公室不再是最重要的，家庭才是……这时候，问题就开始了……因为你开始对家庭也有承诺。在你老板看来，原先“努力工作”的小伙子突然变成了“早退分子”，即使你在下班时间过了一个小时才走……在做完了同样多的工作才走。做完了当天工作按时下班的人，被扣上“工作偷懒耍滑头”的帽子……那么，这个故事的寓意是什么呢？

非常明显，按时下班！不要加班，除非“真的需要”。不要加不必要的班，这样会破坏公司文化，最后给你和你的同事造成不便。晚上有很多事情可做。听音乐……学外语……做运动……最重要的事，交个女朋友或男朋友，出去约会……听听一句广告语吧：“生活在召唤，你在哪儿呢？”

经常在办公室坐到很晚的人，不知道如何管理时间。

纳拉亚纳·穆尔蒂的这段话，适合做老板的人看，至少应该是管理者才适合看。对于普通员工而言，如果你所在的团队“习惯于”加班，别抱怨，这也是一种文化，也许是你必须适应的一种情形。

为什么这位老板要求员工“按时下班！不要加班，除非‘真的需要’”？接下来，思考下面的问题。一个对自己时间与精力都不能负责的人，会是什么样的人呢？一个对团队的时间与精力不负责的管理者，会是什么样的管理者呢？尽量远离这些人。

组织中最重要的工作，是打造一种环境，一种可以让成员专注工作的环境。着力于打造这样环境的组织，必然把员工休息放在第一位。

理解了时间，才能理解绩效；理解时间管理，才能理解绩效管理。

第4章
绩效考核的适用性

许多人谈到绩效考核时，往往说绩效考核的必要性，似乎绩效考核是必要的。其实，即便谈绩效考核的必要性，也应该确定绩效考核在什么情形下是必要的，在什么情形下是不必要的。

社会心理学家大卫·斯库曼（David Schoorman）研究了一个公共部门中的354名文职雇员的工作评级。

根据这354名雇员在被聘用时他们的上司的参与情况，斯库曼进行了分类。

第一种情况：经理们“继承”了雇员，也就是说，当经理们入职时，雇员已经在那里了。第二种情况：经理参与了聘用决定，并赞成聘用。第三种情况：经理参与了聘用或晋升决定，经理不赞同，但他的决定被最终决策的人推翻了。第四种情况：经理未参与聘用过程，文职人员是“分派”过来的。这四种不同的情况，经理们对于雇员的业绩评定是不一样的。

无论是薪酬，还是晋升，通常的直觉是“应该”与一个人的业绩相关，或者说与绩效考核相关，实际上，却并非如此。

1980年，经济学家詹姆斯·梅多夫（James Medoff）和凯瑟琳·亚伯拉罕（Katherine Abraham）注意到，雇员的薪酬与他们的年龄和在组织中任期长短的关系，强于薪酬与工作绩效的关系。随后的研究证明，无论在美国还是在其他地方，情况都是如此。

对于不同公司的200多名员工进行的一项研究发现，员工的晋升一般要综合考虑其文凭、任期长短、加班、请假、绩效考核等各种因素，而与业绩关系很弱。

业绩确实会影响 CEO 的任期以及短期其是否会遭到解雇，但影响很小。

一项调查研究了近450家公司除CEO之外的5个最高管理职位，结果发现：这些职位的人员更替对公司业绩的敏感性几乎可以忽略。同时发现：这些高管职位的更替，与业绩（也就是绩效考核）几乎没有关系，而与 CEO 的更替有直接关系。

这项研究再次验证，解雇或辞职主要是由于人际关系因素，特别是直接管理者的人际关系。

上面所列举的案例研究表明，绩效考评与招聘、辞退、晋升等都没有明显的相关度（或者相关度不大），并且影响绩效考评结果的因素很多，这使得考评结果出现偏差，考评结果并不是贡献的反映。

一、绩效考核的原因

即便绩效考核与人力资源中的招聘、晋升、辞退等没有明显的关系，但许多人还是认为绩效考核是必要的，因为这些人已经把绩效考核与奖惩或绩效工资等同起来，与“管人”的方式联系在了一起。大脑中这样的思维是很难改变的。

（一）绩效考核的必要性

一旦认同绩效考核是必要的，则必然认为绩效考核是人员聘用的依据、人员培训的依据、劳动报酬的依据、人员激励的手段，等等，甚至认为，没有考核、检查和监督就等于没有管理，最终会导致“做和不做一个样，做多做少一个样，做好做坏一个样”。因此，通过绩效考核，可以激发更多员工的工作努力程度。

这些说法，都是感性的，与实际情形并一定相符。

绩效考核的必要性，最终被归纳为两点：一是导向性，二是激励性。

1. 绩效考核的导向性

在推行绩效考核的文件中，往往出现类似下面的一些文字。

通过绩效考核树立“奖优罚劣、奖勤罚懒”的鲜明导向，把考核结果与物质奖励、评先评优、选拔任用直接挂钩。对工作成绩突出的，该表扬的通报表扬，该重奖的予以重奖，该处罚的坚决处罚，该问责的严肃问责，让绩效考核真正成为“指挥棒”“风向标”“度量衡”。

这样的考核思维，透露出恐怖的权力意志。另一种表达，则相对含蓄。

绩效考核体系的设计过程中，考核指标设定是关键的一环。通过考核指标的设定，可以影响员工对待不同工作的态度。也就是说，通过考核指标的设定，让员工明白企业对他的要求是什么，以及他将如何开展工作和改进工作，他所获得的报酬会是什么样的。

绩效考核的导向性，无论如何表达，都是上对下的任务导向或是奖惩导向。

2. 绩效考核的激励性

关于绩效考核的激励性，有很多说法，但最终落脚点还是奖惩。如此一来，激励性与导向性是一回事，只是形式表述不同。

对于激励性，较为中性的一种表述，大致如下：

员工取得一定的绩效 X，如果给予一定的激励 Y(可以是内部激励也可以是外部激励，通常指外部激励)，则可以导致新行为的产生，即新的绩效 X，连续的可持续的激励 Y 可以不断产生新的绩效 X，这种导向约束可以塑造员工形成习惯性的行为。

考核的激励性，来自外在的奖惩。金钱或物质是外在的，表扬或荣誉也是外在的，这些激励因素与外在牵引力相关。惩罚，可以看成是压力。

奖惩的激励性，可以看成胡萝卜和大棒。

（二）绩效考核的真实原因

现实中，考核仍然是一个普遍现象。首先，考核的理念与管理上的核查（检查或纠偏）相关；其次，对人的监督，一直被很多人认为理所当然，考核似乎是一种“较文明”的监督方式。

现实中考核之所以普遍，原因有以下几点。

1. 有利于任务完成

有利于任务完成，是一种中性的表述。比较直白的说法是，绩效考核“是一种管人的工具”。管人方式，主要是奖惩。奖惩的依据，当然就是考核。经过这种转换，考核作为奖惩的工具，就容易被人所接受。其次，考核还是把任务分派下去的工具。任务不论来源于组织目标，还是管理者目标，还是根本说不清楚其来源的目标，但要分解下去，就应该找到一个工具，绩效考核就是较为方便可用的一个工具。

在这种观念之下，从来不允许质疑任务的合理性。

即使是有利于任务完成，也是有条件的。这些条件至少包括：对员工的奖惩（甚至是辞退或者升职）的相关性、员工努力完成任务的意愿等方面。换一种表述就是：一是奖惩的威胁性或激励性大小；二是员工的观念，特别是对于各种荣誉和奖励的观念。

考核有利于完成任务的观念，其前期假设也许是“员工是为钱而工作的人”，或者前提假设是如下几种：员工是偷懒的人、工作成熟度较低的人或自我管理能力较弱的人，等等。这种考核观念，实际上是绩效薪酬的观念，是“想多赚钱就多干活”的观念。换个员工更容易接受的说法就是“多劳多得”。那么，管理者是什么样的人呢？是用简单的方式能够获得更多利益的人。

2. **管理者工作的需要**

管理者做什么呢？

如果管理者无事可做，其职位的合理性就会被质疑。此时，考核工作就成为其职位合理性的一个背书。做越多的考核相关材料，越说明其岗位的重要性和必要性。

有些所谓的管理者不仅要让员工忙起来，也要让自己忙起来，找下属谈话、开会，给下属下达任务、要求，最重要的是考核工作、考核材料。把下属的工作分解得越多、越细，由事情不断产生新的事情，其职位的必要性与重要性就显得越充分。

管理者的监督检查（核查）工作是否必要？一般而言，核查工作是必需的，但核查工作不一定是管理者的工作。在特殊情形下，核查工作是不必要的。如果有方法使得员工尽职尽责地完成自己的职责，例如通过员工自我管理或通过不同岗位的合作与分工制衡，那么，核查就是不必要的。举一个最简单的例子，一个人挖坑，一个人买树苗，一个人种树，挖坑的数量和质量是不用核查的，种树的人必然会检查，买树苗的很多方面也不用核查。数据无须重复，没必要每项工作都要留下数据、材料。

如果一个人清晰地理解了绩效记录，那么，就知道关于绩效的核查是不必要的，计算与统计工作不能等同于核查。也许，对管理岗工作情形进行核查，才是必要的。

当核查被理所当然地认为是管理者的职责之一时，首先要求管理者必须去核查，其次就是认为员工（有可能）是偷懒的。那么，管理者也是员工的一部分，他们其实也会偷懒，谁去制约他们必须去核查呢？有些管理者并不能按时按程序按标准去做自己该做的核查工作，而是把具体的核查工作交给他人，即便最终材料的审查也是由他人去做的，自己只是发布命令或签字。

制约与控制的观念会在这样的组织中蔓延，通过类似审批、审核、命令、通知等形式控制一切，逐步形成等级观念并逐步强化。在这样的组织体系中，组织的使命与目标往往被最高管理层或某人的欲望、野心或目的所取代，人为因素或人治行为将混杂在所谓的规则与制度之中。下面的员工，演变为像牛马一样的“工作者”。这一切，并不符合人性，也不符合社会发展。

最该被核查或考核的人是谁呢？或是哪些人呢？既然普通员工需要被核查或考核，那么管理者是否需要被核查或考核呢？最应该被考核的人，一定是对组织业绩影响最大的那些人，也是工资待遇最高的那些人。这些人受到的约束更少或可能不受约束，他们的行为就更可能违背原则或底线。

3. 告诉人们游戏规则

告知人们部分游戏规则，这些规则也就是纳入考核范围内的游戏规则。这就是通常所说的，考什么，就要求做什么。

在此以高考为例（这个虽然不能等同于考核，但与“考什么做什么”有相似之处），语文、数学、英语所占分数比值（也就是权重）大，那么，就要努力提高这几门课程的分数。采用的方式只要有助于提高分数就是正确的，而这些课程真正理解到什么程度或掌握到什么程度也仅仅成为提高分数的工具。企业中也是如此。

一切由游戏规则所导致，换一句话就是，一切都是制度导致的。什么是制度呢？文字不是制度，执行的才是制度（也许，制度含义应该是，在制度更改前要始终如一地执行，并且对所有人的执行是一致的）；有多少东西在执行以及如何执行，制度就是什么。

所有的考核都是如此。当“数字工程”和“形象工程”流行时，就说明这些方面是与考核相关的。

通过考核所形成的游戏规则，极有可能是一种利益分配规则。这种规则，也许仅仅与营利性组织的盈利目标相符合；对于非营利性组织而言，通过考核建立起的利益分配规则，也许会产生诸多问题。

4. 使人服从的工具

考核的导向性是明确的，也是显而易见的。这种导向性主要由两点构成：一是谁来考核，二是考核什么。

领导考核，迎合领导就是一种必然。例如，当升职是由领导提名的方式以及领导打分的方式进行时，平时巴结领导或者为了领导赴汤蹈火献身的情形就有很大的可能会出现。如果一个人的升职是由下面的人推选和以明确的绩效考核为依据时，那么情形就是另一个样子。

如果被考核者不在乎考核结果呢？那么，就不能起到行为指导作用。

有两类人最容易“被管理”。一是听话者，或称为服从者，这类人本质上是信奉权力或权威的，喜欢被表扬。二是“钱是最重要”者，或者称为注重利益者，这类人很容易用金钱等利益进行激励。那些具有独立思维、独立判断、有自己生活方式判断、有自己的职责理念甚至是使命感的人，则只能“管理”，而很难“被管理”。

有些人只喜欢“听话者”和“喜欢钱的人”，这是有道理的。

也许，绩效考核并没有什么错，错就错在是谁考核，以及考核什么上。因为考核什么以及如何考核，是一种导向作用。导向，并不一定正确，也并不一定公平或公正。

当考核变成了薪酬，考核的理由或多或少把被考核者假定为经济动物或等级动物，而不是改正缺点积极上进的人。

如果有人问我，你喜欢被考核吗？为什么？我的回答必然是，不喜欢，因为不舒服。但是，我喜欢考核别人。

二、适用考核的情形

在第一章谈到个人绩效的五种描述，相对应的是五类人员，这五类人员哪些应该进行考核呢？

以流程或标准作业行为为导向的工作，实际上是不需要进行考核的。如果工作人员没有按照流程操作，在操作过程中没有以标准作业行为为规范，这极有可能是制度出了问题，或者是管理者出现了渎职或懈怠等问题，应该考核的是管理者的管理行为以及管理职责履行状况。也就是说，在这种情形下，对普通工作人员无须进行考核，应该对管理者进行考核。

典型的以流程或标准作业行为为导向的工作人员，是流水线上的工人。事实上，很多行政人员的工作，从流程的角度来看，是可以标准化的。一般行政人员主要处理的是信息（例如文件报表传送或审核等事情）以及日常的杂务，其工作量和价值是可以核算或评估出来的。

对于工作数量可以核算或评估出来，对于其工作行为可以进行规范，对工作价值可以评估的工作，考核与否并不重要。这是因为这些工作的效率和效果是可控的，成本（也就是人员工资）也是可控的。

（一）适用于某类型的人群

适用考核的情形是什么呢？

当一个人把考核的含义理解为“考核的结果与奖惩相关”时，那么，对于员工个人而言，有两种情形是适用考核的：一是考核对于工作人员的努力程度会影响质量或数量的一些工作；二是从整体上而言被考核的群体属于 X 型人[①]。

1. 考核能够影响努力程度或工作质量的情形

工作人员的努力程度会影响质量或数量的一些工作，且通过考核能使其努力程度提升，考核才是有必要的。例如，学习的努力程度对于教育质量是有影响的；业务人员的努力程度对业务数量是有影响的。这些对质量或数量有影响

---

① 道格拉斯·麦格雷戈（Douglas M. McGregor）提出的 X–Y 理论，这里的 X 型人，是指 X 理论对应的员工。X 理论下的管理方式是胡萝卜加大棒的方法，一方面靠金钱刺激，另一方面是严密的控制、监督和惩罚迫使其为组织目标努力。

的内容，就应该进行考核。考核之后，一般后续的薪酬制度与考核相配套。对应这些人员，其薪酬就应该是基本岗位工资加绩效工资（或绩效奖励）。例如，奖学金实际上就可以看成是绩效奖励（不及格则可以看成是惩罚），业务提成就可以看成是绩效工资。

如果绩效考核不能激励人员的努力程度，或者，如果人员的努力程度与绩效无关，那么，绩效考核就是无效的或不必要的。

2. 对 X 型人可能有效

当工作仅仅是谋生时，这样的工作缺乏意义感，也无法建立起员工的责任心，对于这样的工作情形以及工作中的人，需要以强迫、威胁处罚、指导、金钱利益等诱因激发他们的工作原动力。这种情形下，实施考核有利于完成任务，甚至超额完成任务。

（二）能够将考核的数据赋予意义的情形

那些以考核代替管理的企业或组织，实际上是管理不善的。管理不善却幻想用考核的方式进行管理，导致的后果就是更加固化，或者是更加低效。但考核可以造出更多的材料。考核容易造成“对立”，将考核者与被考核者对立起来。这种情况下的考核，带给员工的是焦虑、担忧、恐惧，而非积极上进。即便少数获得奖励或荣誉的人，仅仅是满足了其优越感而已。

在这样的情形之下，既能使管理简单化，又能掩盖管理粗暴的考核方式，就尤为重要。

1. 能够将金钱赋予意义的工作场所

将金钱赋予意义，或者将物质享乐等赋予意义，例如赋予“品味”就是最好的一种方式。这样的组织中，弥漫着攀比炫耀显摆的氛围，这种氛围甚至成为企业文化或单位文化的一部分，甚至是社会文化的一部分时，就可以用奖惩的方式将管理简单化，即在这样的情形下使用考核的方式是有效的，或者说，考核的方式是适用的。

将金钱赋予意义是很简单的事情，不仅谋生的人是多数，即使已经脱离谋生层面的人，其工作的目的之一也是为了钱，或钱带来的底气和感觉。

现实中，考核应用极为广泛，这说明消费社会或物质社会是现实社会的构成部分。

2. 能够将等级赋予意义的工作场所

不直接将考核与金钱相联系，而是先将考核与荣誉或等级相联系，然后再按照等级或荣誉发放相应的金钱与物质。

进行如此转换，目的就是为工作赋予“意义”，即便这个“工作意义”是经不起严格推敲的，但只要大多数成员认可了这种工作意义，就形成了考核的基础，考核方式就是适用的。等级，天然地符合人们的优越感需求。职位等级、职称等级、薪资等级，都是有效工具。等级是优越感和利益分配的结合。

不论将什么赋予了意义，如果整体上失去了事业心，失去了使命感，失去了责任感，或者说事业心、使命感和责任感只是冠冕堂皇的虚话，本质上是盯着钱和等级，盯着与之相关的考核指标，那么这样的情形就是如何向上爬，如何获得名或利，如何享受权力带来的快感。仅此而已。

（三）三类考核方式

现实中，考核的目的往往是奖惩。“考核就是奖惩”的假设已经在人们的观念之中，而奖惩往往与金钱相关。因此，考核一般与数据相关，或者与分数相关，将各项工作赋予分值，之后进行权重加总得到考核分数。这种算工作分数的考核，就是任务型考核。

对于考核的方式而言，主要有三种：一是任务型考核；二是成本型考核；三是利润型考核。

任务型考核最为普遍，甚至无处不在。例如，初中、高中的考核将班级升学率、平均分等赋予分值，然后权重加总，这就是将教学任务转化为分值的一种考核方式。在这样的方式下，老师的目的是提高学生分数，而不是建立起学生的学习兴趣和学习习惯，最终可能导致有些学生厌学。任务型考核，本质上是一种薪酬方式。

成本型考核主要适用于企业中的各个部门，也适用于非营利性组织的一些部门或组织，也就是将考核部门看成是成本中心。

利润型考核主要适用于企业或者是可以看成利润中心的部门。

三、不适用考核的情形

那些工作数量可以核算出来，工作行为可以进行规范化，工作价值可以评估的工作很难有提升或提高的空间，与其激励其工作行为还不如标准化其工作行为。如果这样的工作情形使用了相对较低的计件工资制或很低的计时工资制，无非是变相延长劳动的时间，工人只有通过加班加点才能获得足够的生活费。这样的企业实行的是计件工资制或计时工资制，对员工灌输的一定是“多劳多得”的观念。

像保险公司业务员的工作，其薪酬由基本工资加提成构成，是真正的任务型考核，具体的收入与完成任务量密切相关，并且员工可以自己努力工作，起早贪黑超时工作但没有加班工资。现实中，并不是所有的工作都可以变成基本工资加提成（绩效工资）的形式。

（一）价值创造理念与利润观念并不一样

1. 价值创造理念下的绩效评价及其他

价值，理应获得回报；回报（数量）与价值（数量）应该等同。这似乎是天经地义的，至少听起来是说得通的。

如果一个企业宣扬的是上述理念或观念，那么，其薪酬就应该与每个成员的价值创造相关，价值创造越大的员工理应获得越多的薪酬回报。在此情形下，考核（实际上是评价每个岗位的岗位价值，列示出岗位职责，对比其工作内容与岗位职责）显然就是重要的内容之一了。

除了营利性组织外，还有大量的非营利性组织。对于非营利性组织而言，对价值的考核就必须先界定价值的含义。非营利性组织的价值不是通过简单的成本、价格、数量、利润等数据体现出来的。对于非营利性组织，应该以使命或事业心来推进组织活动或成员的工作，所以，考核是非必要的。对于非营利性组织而言，也许应该考虑的是：能否不使用考核。这是因为，考核这个东西并不适用于以使命或事业心推动行为的工作，在这样的情形下使用考核，也许弊大于利（对组织而言弊大于利，并不是对组织的管理者而言弊大于利）。

2. 利润观念下的绩效评价及其他

利润观念下的考核，有时候也以价值创造进行表述，这里的价值，更准确地表达应该是“市场价值”。这里的价值创造，实际意义也许就是利润创造，或对利润产生所起到的作用。

对以利润为目标的企业，实际上应该评估或评价其每个环节以及岗位对于利润贡献的价值，例如投资对于利润的贡献（这就是股东价值）、管理层对于利润的贡献、业务人员对于利润的贡献、产品研发以及技术人员对于利润的贡献……在这样的企业中考核的是贡献(转化为评价岗位或职位对于利润的贡献，接下来是职责要求，再接下来是实际的职责表现与职责要求的对比）。

现实中的企业或组织，并一定奉行价值理念或利润理念，仅仅是以这些为宣传口号（实际上成员并不相信），目标仅仅是为了赚钱（不一定有利润才能赚到钱，庞氏骗局就是一种赚钱方式）。对于管理层而言，就是如何进行利益分享（或称为利益分配）。这样的情形下，考核的真实目的、真实意图是什么，实际上也是可以分析出来的。甚至，有些组织或企业，仅仅是利用考核的名义而已。

（二）考核必然导致偏差的情形

对于绩效考核，有这样一句话，“What gets measured, gets done”。就是说，只有那些“被测量的工作”才会“被做”。直译听起来有点别扭。这句话的意思是人们只会做那些被数量化、被考核的事情。

当人们只做那些被数量化的事情，最重要的有价值的那些事情也许就会被遗漏、被忽略。因为价值往往不能测量，测量出来的往往是“价格”，况且，有些价值不能用价格间接数量化。例如，对于一个群体而言，正直是有价值的，但正直无法数量化，也无法用价格来表示。再举一个学生们熟悉的例子，学生的学习质量可以通过考试进行数量化，但教师的教学质量是无法数量化的。当教学质量无法测量时，考核教师的教学就转变为制造“材料”，那么，教师就会去做材料，教学过程材料化、期末考试材料化，教学则演变为做材料。

考核文化导致考核什么做什么，“What gets measured, gets done”，如此一来，会摧毁合作精神和责任意识，强化任务观念和服从行为。

现实中，某些组织实施考核之后，考核力度越强，也许偏离越远。企业是营利性组织，成本或利润等指标可测量性强且不易出现偏离，但有些非营利性组织并非如此。这些非营利性组织如果强化考核，可能适得其反。

1. 转化成数据的过程改变了实质的情形

任何的考核，都要转化为可衡量与可判断的数据。但是，并不是所有的事情都能够轻易地转化为可衡量或可判断的情形。举一个大学老师的例子，如果考核用课时来衡量，那么，大学老师就是“凭良心”做事的职业了。根本不备课只用上课形式把课堂糊弄过去的老师必然是最得利的，这些老师不仅把课堂的形式搞得有声有色，还有大量的时间去获得其他业绩，甚至把过程制成材料而获得教学奖。如果以学生选课的人数为判断标准，那么最容易让学生通过课程考试的老师必然选课人数最多。

很多时候都是如此，一旦转化为数据，就会出现为了数据而数据的情形。如果一个企业考核人力资源部的培训人次，那么培训人次一定会是一个亮丽的数据，但本质是浪费员工的时间，浪费场地，浪费钱。

2. 考核极大地影响了员工的心理健康情形

针对个人的绩效考核，应该使一个人更好地工作，更愉快地工作，更投入地工作，更专注地工作。如果是这样，就是符合人性的。反之，如果考核带来的是压力、焦虑、恐惧、失调，那么，该考核就是出现了偏差的考核，甚至是错误的考核。个人考核给人的情感、心理及精神带来什么，是评判考核是否适用的重要依据。

比较带来心理失衡，惩罚带来心理压力。一部分人从考核中获得了“优越感”，也许更多人得到的就是“失落感”。考核带来的过大压力，不仅影响员工的心理健康，还影响员工的身体健康。有些考核者仅仅从自身或任务出发，根本上忽略了员工的个人感受，那么，这极有可能是违背人性的。在这样的情况下，工作的意义和使命就是虚话。

针对个人的考核，应该是促使或帮助员工发展或进步的，而不是奖惩。通常而言，奖惩的目的在于任务的完成情形，其出发点不是帮助员工发展。

3. 考核破坏了合作的情形

如果考核能够帮助员工认识优缺点、形成更好的工作习惯，促进员工的工作成熟度与心理成熟度，那么这样的考核是适用的；如果考核使得员工更快乐地工作，更专注地工作，那么这样的考核是适用的；如果考核使得员工凝聚力增强，那么这样的考核也是适用的。

但是，如果考核使得员工更加离散，更加各自为政，那么这样的情形下就应该降低考核力度，甚至是废除考核。

考核并不适用于所有的组织，也并不适用于所有的情形。不适用考核的情形，切莫使用考核。即使适用于考核的营利性组织（企业或公司）也涉及制度构建，以及考核原则的明确和考核结果的使用等问题。

在权力与利益下的绩效考评的目的是绩效改进或绩效提升吗？这一说法显然不一定成立（甚至很难成立），他们需要的仅仅是更多的成果和更多的考核材料。

如果只是为了绩效改进或绩效提升，不一定使用绩效考评的方式。例如，让某个小孩子提升某个方面的知识或技能水平，考核是必需的吗？答案显然是否定的。也许鼓励、培养兴趣更加重要，或者养成这个方面的学习方式或训练习惯也比考核重要。指导或一起学习也是比考核更有效的方式，最后养成孩子的自我管理与专注才是最好的方式。

如果我们认为“兴趣、爱好、专注度”是重要的，那么，员工“乐业”就是重要的，如何构建让员工乐业的制度才是重要的。

通过提升员工的使命感或责任感来推动绩效的组织，是不应该推行考核的。如果过度使用考核薪酬或奖惩的方式，最终的情形就是“风风火火”造材料。这样的组织中，管理者往往将绩效归因于凌驾于他人之上的权力，归因于监督和惩罚、批评和表扬，也就是归因于权力的惩罚威胁和奖励激励。

在一个企业或单位中，行政人员每天早出晚归，穿着干练，一副精英模样，一副很忙很努力的样子，不停地开着各种会议，整理各种资料，这是已经病入膏肓的表象。这是紧盯着考核指标的工作症状，是最高管理者紧盯考核指标的思维已经蔓延到整个组织之中的症状表现。真正的卓越，是最高管理者们的时间与精力主要用于学习、思考和决策，而不是忙于发布指令或开会。一般的行政人员，主要是常规性管理，处理例行性事务，应该表现出有条理和简洁，目的是为管理者们节省时间与精力，以便管理者有更多的时间与精力去学习与思考，而不是把心思用于如何制造指标材料上。如果行政人员很忙，并且实施了考核，甚至对常规管理不断“创新”，那么，极有可能是忙于制造各种数据，忙于制造各种材料，忙于收集和整理各种材料，说明有些方面已经过度了。

第 5 章
绩效考核原则与影响因素

绩效考核的激励是指员工努力工作的动力吗？能引发员工的动力吗？是不是还有压力呢？考核，会不会导致“把跳蚤变成蚂蚁”呢？显然，绩效考核是一种用起来简单但实际上影响很复杂的工具。

大约有三种考核是可以使用的，但不一定是必要的。这三种考核是任务型考核、成本型考核、利润型考核。

成本型和利润型考核基本上只适合于企业的部门或整个企业。任务型考核在现实中应用范围最广，针对个人的考核，实际上就是任务型考核，例如市场人员、生产人员，等等。与任务型考核相关的就是任务型薪酬，也就是变形的计件工资制、差别工资制。

计件工资制与差别工资制的背后逻辑就是“多劳多得”。“多劳多得”，往往被包装成一种文明的剥削方式，一种文明的压迫方式，也是容易被接受的方式。

绩效考核是有适用条件的，有些情形适用，有些情形不适用，根本谈不上必要或不必要。对于“工作意义”“工作责任感”等情形，就不太适合绩效考核。而用于绩效考核的方面往往与具体的任务相关，是那些适用“SMART”原则衡量的情形，也就是目标可以具体化的情形。

对于绩效考核的原则与影响因素，是指适用绩效考核的情形下的说法；在不适用的情形下，就谈不上原则与影响因素了。也就是说，这个话题是有边界的。

一、绩效考核原则

指标与标准属于绩效；信度与效度属于考核。指标、标准、信度、效度，实际上已经包含了很多的原则。除了上面四个概念中已经包含的原则之外，还有以下几个原则。

（一）正常化原则

这项原则，其实根本不算什么原则，甚至是废话。但是，在某些地方，这就应该是一项原则。现实中有些人习惯于搞运动，习惯于算总账，不知不觉就成为一种习惯。所以说，当要求把考核作为正常化的时候，就可以看成是一项原则。

正常化原则实际上是对“考核者”的要求。在组织中，考核者往往是由管理者承担的。如果考核者仅仅在绩效周期结束时进行评判，那么其余的时间他在做什么呢？只有把考核作为日常管理的一部分，才是正常化的含义。

考核正常化，是指考核者在日常管理中发现员工的不足以及优点，并把所发现的情形告知员工，也就是沟通日常化，以帮助员工更好地工作，更专注地工作。监督、检查、提醒督促日常化，对某些管理者而言，难以做到。要做到这些，除非设置监督机构增加监督人员。设置机构增加人员无疑是低效的做法。

无论考核制度（考核的程序、规范、方法的总和）如何，实际上所谓的考核正常化，就是绩效记录的规范化、绩效沟通（包括反馈）的日常化，使员工保持职业化、专业化。

（二）边界清晰原则

这项原则，清晰界定某项考核的考核对象以及考核范围。

现实中，总有些人将事情混在一起，搞不清楚。例如，某个学生考试的答卷很差，他会向老师解释：考试前如何熬夜苦读、平时如何用功学习、有很多题目其实他是会做的、有些题目是没有看清楚题意、考试时各种原因造成的意外、紧张造成的头脑不清，等等。学生强调的是行为。这些行为与答卷本来就是两回事。答卷差就是答卷差，这不等于平时不努力，不等于没复习。这个学生把这两类事情（当然是有关联的两类事情）放到一起，是有其目的和用意的。即使这个例子中，把考核分为期末考核与过程考核，过程考核也应该根据正式的记录，而非以个人自己所描述的努力情形为依据。

考核，就是某几项指标在“该时间段内”（对应标准）所得到的结果，仅此而已。考核往往对应的是“考核材料”所呈现出来的样子。因此，有些考核就是做材料。

考核就是考核，别扯远了。无论是考核结果的分析还是应用，都应该慎重。如果其目的是帮助员工提升绩效，并且员工也认为考核、分析、应用是为了帮助自己提升绩效（且员工愿意提升），那么这个考核就是在边界内。当然，大学生的考试不能完全等同于绩效考核。

（三）诸多派生原则

很多的派生原则，是十足的废话。很多书中都提及这些原则，在此也提一下。

公平原则。考核作为制度化，在程序、规范、方法的设计中，理应包含这个原则，强调一下这个原则，无非是因为现实中很难做到公平。

反馈原则。反馈应该是考核基本程序中的一部分，根本算不上什么原则。为什么很多书中认为它是一个原则呢？这是“官本位”与形式化太严重的原因。当反馈流于形式，强调反馈原则就是必需的了。反馈作为基本流程的一部分，属于日常工作，其重要性是显而易见的。重要，甚至是非常重要，但并不应该是原则。

可靠性、正确性、可行性、实用性、客观性、一致性、区分性等，都可以从信度与效度中延伸出来。保证得了信度与效度，这些原则都是废话。保证不了信度与效度，这些原则也没用。有人还提到多角度原则，实际上就是 360 度考核的一个说法吧。360 度考核本身就有很大的局限性。

如果仔细思考一下这些原则，也许就会发现它们根本不是什么原则，而是“文人”们的文字游戏而已。

我们经常听说“讲原则”，那么，讲原则是什么意思呢？只有清楚原则是从哪里来的，也许我们才能清楚“什么才是讲原则”。千万不能被所谓的原则束缚住，不要稀里糊涂地把“某些人的”要求当成原则，不要把某些人宣传的“指导方针”当成了自己的原则。既然作为原则，就应该经得起分析。

对于一个组织而言，如果找不到什么原则，也无须“制造”出一些原则。

没有什么原则，就直接谈绩效考核的目的以及如何考核就可以了。也许，透明化才是第一原则。

二、影响绩效考核的因素

影响绩效考核的因素与影响绩效的因素是不同的。

搜索或查阅“影响绩效考核的因素”，会很容易查到。例如，网上就有一篇《影响绩效考核效果的十大因素》的文章，列出的十大因素分别是：考核目的不明确、缺乏考核标准、考核方式单一、员工对考核体系缺乏理解、考核过程形式化、考核结果无反馈、考核资源的浪费、错误利用考核资源、考核方法选择不当、考核者心理行为偏差（首因效应、近因效应、晕轮效应、宽厚性误差、严厉性误差，等等）。关于这些影响绩效考核因素的解释，可以去查阅一下，思考一下，有条件的人展开讨论一下。（要想和别人讨论，是有条件的。例如，有和你讨论的人吗？有讨论的环境吗？有讨论的能力或技能吗？等等）

上面查阅到的内容，是不是影响绩效考核的因素？

大多数的教材和资料，都有类似的内容，好像这些就是影响绩效考核的因素。是不是因为大家都这样说，那么它就是了？我们在思考或接受一些观念或论断的时候，至少应该有辨析。

任何事情经不住分析，分析不出来的原因无非有两个：信息不足或分析能力不足。这句话同样可以用于影响绩效考核的因素。也就是说，影响绩效考核的因素就是信息和分析能力。

（一）信息方面的因素

对于考核信息方面的因素，最主要的就是记录与呈现。有良好的记录与呈现，则有良好的信息，反之则无。这个道理不言自明。除了记录和呈现，哪些还属于信息方面的因素呢？简单列举几个，权当抛砖引玉。

1. 考核与信息不一定对应

如果某个组织以准时上班下班与否考核员工的“勤”，是否可取？一个人从没有迟到也从没有早退，也许只能说明这个人按时，这不能等于“勤”。

考核所记录的信息，应该是职责履行的有关信息。行政人员不应该用“勤”来考核的，其他人员更不需要有这样的指标。但在某些时候，需要用勤来衡量时，却又衡量不出来了。

举一个例子。如果一个业务员，每天都在拜访新客户，如果一个月甚至一年都没有任何成交（无业务量），是不是这位业务员的“绩”就是零？显然不是。如果他不能将拜访过的客户的具体信息呈现出来（可信的拜访记录），则其绩效无法评价。如果他有可信的拜访记录，并且在拜访过程中做出了正面意义上的宣传以及推广，即使没有直接的业绩，他的间接业绩应该也是存在的。但是，这个业务员的考核结果是零。也就是说，业绩不是零，但考核结果是零。这种考核结果，会对员工行为有影响吗？一定会的。

大家应该知道市场营销 4P 中有一个 Promotion，或者说市场营销理论的 4C 中的 Communication，广告就属于这个 P（或 C）。市场需要深耕，拜访就是深耕市场的最重要方式。

当业绩被记录为零，谁还有耐心去做宣传和推广呢？

如果业务员对当时没有购买意愿的客户马上冷脸，我们就应该知道这家公司的考核有问题了。客户当时没有马上购买的意愿，或者购买额很小，就对客户失去了兴趣，如何培养客户？当然，功利性的考核是不考虑如何培养客户的。

因此，即使在企业，即使是企业的市场人员，考核也是有副作用的。

对于一个适用考核的组织而言，如何获取对应的信息，才是考核的关键点之一。

2. 信息不一定能用来比较

举例而言，对于某个专业，例如会计，在中国所有的本科院校中抽取两个学校，一个是其会计专业极为优秀或该校的会计专业公认排在前几名，另一个则相反，其会计专业很一般或者说在高校中的会计专业排名靠后。如果这两个高校的会计专业选用同样的教材上课，并且课时一样，最终都采取闭卷考试的形式进行学习结果检查，并采用同一份试卷，最后的结果会是如何呢？也许是，后一个本科院校的学生的考试分数比前一个本科院校的高（平均分高，不及格率低）；并且，学生评教的结果也可能是后一个院校的比前一个院校的高。也就是说，从分数上来看，无论是学生还是教师，也许后一个都远远高于前一个。

如果是这样的情形，该如何看待呢？是不是可以说明后一个高校的学生更优秀，教师更优秀，教学质量更高？显然不一定。

也许，有些大学生认为这样的事情不可能发生，实际上是极其可能发生的，因为那个很一般的高校，其教师可以“划重点”，甚至可以“透题”，当然还可以有其他的方式提升学生的分数，例如增加平时分（并把平时分的比例提到足够高，平时分的成绩也足够高）。

数据是有边界的。在边界内的数据，是可以比较的；边界外的数据，则不能比较。

同一个项目的数据，有时候也不能比较。例如篮球项目的比赛数据，20分与20分是不一样的，甚至同一场的两个球员的同样20分也是不一样的。例如，某场篮球比赛在第三节时两队的分差已经足够大了，那么，第四节的某球员得分20分与前两节得分20分是根本无法比较的。

懂篮球比赛的人都知道，改变对方防守或进攻的球员，才是最重要的球员，才是贡献最大的球员，而不是数据。如果一个球员拿球就被包夹，这个球员就是重要的球员，否则，无论这个球员得多少分，都不是进攻中最重要的球员。同理，改变对方进攻的防守，才是最重要的防守。无论多么火爆的追帽，都难以改变对方的进攻方式，最多是关键防守，甚至仅仅是好看而已。有些事情是无法用数据体现的，也是无法用来比较的。

数据的比较，是一种简单化，这种简单化会造成很多错误，特别是用于人与人的比较，就会产生很多问题。

很显然，信息是不能比较的，数据是有边界的。

3. 信息的“情绪化”

藤、树和乌鸦，三者放在一起，会是什么样呢？在深秋季节，一株落了叶的藤、一颗苍劲的老树、一只露着犀利眼神的乌鸦，是什么样呢？是一种养精蓄锐、韬光养晦、等待来年的样子，还是一种萧条的意境？或许，还能联想到秋日阳光下的一丝慵懒？藤、树、乌鸦，就是藤、树、乌鸦，仅仅是藤、树、乌鸦。

举一个现实中的例子：对于不同孩子的顽皮，那些学习好的（老师喜欢的）学生是一种评价，那些学习不好的（老师不喜欢的）学生就是另一种评价，这是情感偏向。学生调皮就是调皮，与学习成绩不能联动。不是学习好的学生可以调皮，而学习不好的学生不能调皮。有时候，除了情绪化，还有意象。

意象，在绩效考核中如果是这样的思维会如何呢？屡战屡败，屡败屡战，是同样的信息吗？这就是典型的利用意象思维的一种表达。

从表达角度而言，表达应该清晰。对于绩效方面的信息（记录、呈现、分析）应该以清晰化为原则。然而，表达还有一种方式，是艺术化。当表达是一种艺术的时候，呈现更多的想象空间，更多的想象角度，则有可能是艺术上所追求的，这绝非绩效考核中的“呈现”所追求的。

避免艺术化，避免意象化，如何做到准确、清晰，这是对信息的要求。就语言表达而言，领导可能是一门艺术，而管理则是实实在在的。

除了以上三点外，还有数据的故意误导。考核人员故意筛选某些数据。这些就是人为因素。不论如何，以上是指信息是真实的。现实中，大量的信息造假，那是另一个讨论范畴了。

（二）能力方面的因素

对于绩效考核而言，记录与呈现的能力、规范化流程的能力、筛选信息与利用信息的能力、阅读信息的能力，这些都是影响绩效考核的相关能力。这些能力都是一个绩效考核者应该努力训练并一直提高的。对于绩效管理而言，就是如何提升绩效的能力（当然这方面可以分解出很多方面的能力）。

以上能力主要指考核者的能力，同时也包含制度能力。

能力，如果明确了，即使是能力低，也可以逐渐提高。但是，现实的情况是：绩效考核并不与这些相关，而是挂着绩效考核的羊头卖着不知道什么肉。这些属于绩效考核的乱象，或者是所谓的绩效考核影响因素。

1. 缺乏对概念的准确界定能力

不求甚解或者“认为差不多”，在很多情形下是“常见”的一种思维，而这样的思维会形成“判断”，甚至会形成概念。下面以几个词为例来说明这一点。

抱怨、批评、反对，这三个词的含义是不同的：抱怨，主要是指“说话者本人”的心中不满，说别人不对（其实别人不一定不对）；批评，狭义上的意思是“指出”缺点或错误并提出建议（批评含有客观性且积极的一面）；反对，也就是不同意（不论对方是否对错）。

批评不是指责、不是抱怨、不是反对，这“似乎”是人们知道的。

当质疑一项措施，并指出其缺点或错误时，可能就被理解为“反对”或“抱怨”，甚至相关人还会被标注为“愤青”。为什么在现实中“批评 = 抱怨”或者“批评 = 反对”了呢？在现实中把他人的“批评”理解为“抱怨”或“反对”的人能否理解什么是“抱怨”“批评”“反对”吗？显然，这类人只能是似乎知道但实际上不理解，更不可能把这三类行为严格区分开。这种情形在现实中大为常见。这类人对于“信息”的理解能力，无疑将影响到考核。这一点是关于“信息”与“能力”方面的因素。

批评具有积极的一面，但为什么批评往往被定义为“负能量”？即使对于反对意见，人们往往知道“反对意见并不能推翻原有决策，反而可以更好地完善原有决策”。人们似乎知道“质疑”[①]是一种推动事情前进或完善的动力之一，但是实际情形往往是从根本上排斥质疑。当人们意识到他人不喜欢“批评”时，提供的信息也许就只有“你希望听到的”了。

当面对考核时，人们同样不喜欢“批评”，不喜欢“负面评价”，该如何看待这个问题以及如何处理这个问题，这是影响到考核的。一定要注意到，有些人并不理解很多事情，更不能严格区分，几乎停止思辨、思考与学习。

一个测试：快乐是什么？随机去问一个 10 岁左右的孩子，再问一个 16 岁左右的青少年，然后再问一个 20 岁左右的大学生，再然后问一个 30 岁左右的成年人……或者同样年龄的人多问几个，也许，就会发现，对于“快乐”这个概念而言，（有些人）10 岁之后就终止深入理解了。他们认为，“快乐”就是无拘无束、想做什么就做什么。对于这些人，问他们“快乐与兴奋有什么区别”“快乐与爽有什么区别”“快乐、娱乐、享乐有什么区别”，就像他们即

---

① 在一个“正常”组织中，往往大多数成员属于“总是赞成者”，少部分成员属于“滑头者”，仅仅存在极少数人归属于“异见者”“质疑者”“批评者”“抱怨者”“反对者”“愤青”。一个组织的活力往往取决于这极少数人。

使能够从文字上如同区别“抱怨、批评、反对”一样进行区别（这些之间的不同），（他们）也根本没有能力在实际上进行区分，而是往往把这些东西混合在一起或交叉在一起。

现实的情形往往是，似乎知道但把很多东西混为一谈。

如果考核者的能力如此，这样的考核者做出的判断就不可信，并且这种人可能还受情绪的影响，特别是对于“近亲”（例如地缘关系）的评判与感情结合在一起，极有可能“内外有别”了。厚此必定薄彼。

2. 缺乏准确表达与理解的能力

准确的表达与理解能力，是考核的关键能力。但并不是所有人都具备这样的能力。

例如，大学生“学习好或差”的说法是不严谨的，准确的说法应该是“学生的成绩好或差”（仅仅是成绩高低不同而已，学习好或差过于模糊容易被延伸）。成绩好或差，并不等同于专业知识掌握程度或者专业技能水平高或低，所以，当分数不同（或成绩不同）的大学生毕业后（到实际工作单位中的）的表现，就很难预测。对于有些大学，无论是成绩好还是成绩差的学生，实际上都没有真正掌握多少专业知识，也没有真正掌握多少专业技能，成绩好与差并没有什么太多不同。因此，学生从大学离开之后（不能用“毕业之后”这个说法，因为“大学毕业”的含义具有掌握了某些专业知识以及具有了一定程度的专业技能的意思，但是可以说：拿到毕业证和学位证离开大学之后），根本不是“凭借专业知识或专业技能进行个人发展”，而个人的发展实际上与“原始起点”更相关，而与大学中的课程成绩多少关系不大。

（三）绩效考核的乱象

当绩效考核成为一种借口时，当“绩效工资”成为一个时髦的名词时，利用这些作为工具，也许是一种必然。当一个组织运用“绩效工资”时，要么是利益分配，要么是“相信”钱是最好的激励工具（之一）。

管人、控制人、征服人，一直是人类身上的一种欲望，或者是根植于人类身上但致使人扭曲的毒素。权力是一种让人上瘾的毒品，一旦吸食了这种毒品，就很难戒掉，似乎很少有人能够禁受住它的诱惑。另一种可怕的毒素就是利益。

当权者需要工具，“绩效考核”这个东西，就有可能是被借用的工具之一。

真实目的的隐藏，这是影响考核且最难解决的因素。这类组织往往被认为是为了考核而考核。考核的本质目的是利益分配，或是制造有利于某些人的潜在利益的材料；考核的另一个目的就是转移视线，让人更容易接受“通过考核争取高业绩”从而获得更高的薪酬，从而接受甚至主动“延长劳动时间”以及“增加劳动强度”。

关键的一点在于，那些考核别人的人是否工作努力或者更具有奉献精神，也许他们更看重个人利益，其动机更符合经济人假设。这种以考核为薪酬工具的方式，本质上是利益分配，而非考核。

以利益分配为目的的考核，往往只考核普通员工。在这样的组织中，必然有一部分人是处于考核之外的，或者，至少有一人是处于考核之外的。游离于考核之外的人，往往既不被考核还获得了足够大的利益。

在任何时候，都应该学会换一个角度看待似乎自己熟悉的事情，也许这是一种理解世界的方式。

（四）考核与流程

绩效考核实务，就是记录、呈现、评价，而记录和呈现是基础。谈到记录，则必然谈到流程、规范化流程。而谈到影响考核的因素，也必然谈到流程。

下面我们先看一段关于流程方面的文字（下面内容来自《绩效致死——通用汽车的破产启示》），然后再讨论有关流程的话题。

这里跑一点题：我所说的“流程宗教”来自20世纪八九十年代“全面质量精益求精”（Total Quality Excellence）的咨询顾问，他们就像贪婪的蝗虫，成群扑向美国业界。人们普遍认为，日本企业在制造领域的领先地位，得益于装配车间和工人严格地恪守“标准化工作”。每一位工人，无论在哪一家工厂，值什么班，都以严格不变的方式执行既定的操作。工人不允许进行任何试验，如果“流程”没有提出要求，不允许用双手去更快地向装配线上配料。这样一来，工厂的灵活性就被剥夺了，但可靠性、可预测性和品质则有了保障。到目前为止一切顺利，对西方来说成了一个有价值的经验。但后来“流程”和“标准化工作”被推广到了制造业以外的领域。如果这样对制造业行之有效，有人推断：为什么不把它推广到公司的其他方面，甚至是创意领域当中呢?

这正是铸成思维大错的原因所在：公司的其余部分并非一家工厂，几乎没有任何事情是可以每天以完全一样的方式重复上千次的。无论是设计（最不容易执行标准化工作）、销售、营销、采购、工程……新形势、供应商产品、竞争性行为、法规上的变化，还是软件升级，每天每周都在进行。试图将这些需要灵活性与主动性的活动，以及“嗨，让我们试试走这条捷径”的思路统一为一种“流程”的话，只会换来考虑不周，像机器人一般僵化的组织，其中每个人仿佛都在“机械行驶”。最大的好处在于，如果你遵循了流程，而结果很糟，你会很安全；你只做了该做的事情。20 世纪的最后几十年，人们在流程倡导者身上错误地花费了大量金钱。

根据上面的文字，思考以下问题：

在什么情形下，流程有助于履行职责，并更好地体现专业化水平?

在什么情形下，流程不利用职责的履行，并成为推脱责任的借口?

标准化的流程有利于记录，也有利于呈现，当然最终的评价就相对容易。之后的分析、改进就可以使用一些工程方法或数量化工具。但是，并不是所有的工作都能够进行标准化。越是服务性工作越难以标准化；越是与人的情感或情绪相关的工作越难以标准化；越是不能分解的整体性职责越难以标准化。对于这些工作而言，越是通过流程（分解以便于对工作进行测量）则越是偏离了绩效的理念；或者说，越是强化考核可能绩效越差。

从考核的角度而言，有利于记录、呈现、测量、分析的方法（也就是流程的标准化）则越是有利于考核；但是，从绩效的角度而言，则未必有利于提升绩效。如果说绩效考核是一门记录、呈现、评价的学问或技术，那么，绩效管理则不是。

三、考核的真正影响因素

无论使用什么时髦的工具还是方法，对于绩效而言都是次要的，对绩效考核而言也不会起到什么真正的作用。例如大学课堂中无论使用“云课堂”还是“雨课堂”这样的技术，对教育质量的影响是微乎其微的，只不过是时髦工具，对于没见过的学生而言感觉新鲜（有新鲜感），或者说教师造材料更省力而已。各种各样的课改，也不会提升教学质量，只有好好备课以及与学生进行专业方面的交流和探讨，才是最根本的。也就是说，对教师而言，要么做到解惑，要么激发学生思考，其他都是形式而已。形式做得越多，质量可能会越差。

真正影响绩效的因素，是成员的付出程度。当然，影响绩效的因素，并不是影响绩效考核的因素。

绩效考核的目的是否是信度与效度？绩效考核的信度与效度是否建立在相对合理的指标体系与可评判的标准之上？是否建立在有效的信息收集与信息界定以及呈现之上？是否建立在考核者的素质与能力之上？也许，以传统绩效考核的观点来看，上述问题的答案都是肯定的。然而，这也许仅仅属于工具性的或表面性的。

真正影响绩效考核的因素，也许只有一个——制度。制度，不仅影响绩效考核，也影响到绩效。

对于社会而言，制度的进步才是真正的进步。这句话，对于组织而言，同样适合。就以大学的学风而言，考试的难易程度以及可信度是最重要的影响因素，完全可以归于学校的制度。学校如此，企业也如此，一般的组织也如此。

理解制度，才能真正理解考核，才能真正理解考核影响因素。否则，就是纸上谈兵，甚至是隔靴搔痒。

第 6 章
个人绩效考核概述

个人绩效，从理论上而言，是指个人职责履行的结果以及行为表现的评判、分析和改进。通过个人绩效考核，能够纠正个人在工作中的不良工作习惯和行为，从而提升员工的绩效，使得员工能够更轻松或更高质量地完成工作。

现实中的个人绩效考核，可能仅仅是评判，并不进行分析和改进，但无论如何，要谈个人绩效，必须先谈职责。

一、岗位职责

（一）岗位职责考核公式

对于岗位职责考核的公式（见图 6-1），一般可以表示为：岗位职责考核＝工作结果计算＋工作表现判断。这个考核公式，可以看作是由岗位职责这个概念引申出来的。

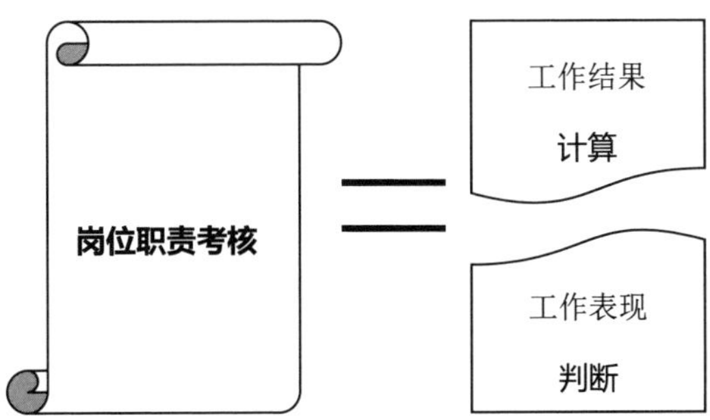

图 6-1　岗位职责考核公式

1. 岗位职责的明确

进行个人绩效考核前的关键工作是明确岗位职责。判断一个岗位职责的明确程度，在实务操作上可以认为等同于一个职位的可考核程度。也就是说，工作分析以及工作分析的最终结果，提供了个人绩效考核的指标与标准。当工作分析没有做好，工作分析的结果不清晰、不明确，那么，就不应该进行个人绩效考核。

从岗位职责明确的角度而言，如果进行绩效考核，只能考核那些岗位职责清晰的职位。对于岗位职责相对抽象的职位，则难以用这个公式进行考核。

2. 岗位职责考核

现实中，所在职位的人，也许可以直接根据职位任务来“确认”职责。我们可以把职位任务分解为明确的职位任务和抽象的职位任务。例如教师，明确的职位任务是承担什么课程、多少课时，写多少论文，准时出席各种会议以及其他事务，等等。抽象的任务包括“育人”，塑造教风，推动学风，等等。对于教师的绩效考核而言，职责履行的结果就是明确任务部分，这个相对容易考核；对于抽象任务，则是比较难考核的。

对于不考核的部分就可以不做或者放弃，这是考核的常见情形。在企业中，对于操作者、业务员等，这些任务清晰的员工，也就是职责结果容易衡量的员工，则相对容易考核；对于抽象任务部分，则比较难考核。

也许，绩效不等于绩效考核中的绩效；对于可考核的绩效，也许仅仅是绩效的“可显性”部分而已。如何把岗位职责中更多的内容“显性化”，或者是把组织中更多的岗位及其职责“显性化”，对于使用图 6-1 的绩效考核公式具有重要意义。

对于行政岗位或管理岗位，如何将岗位职责转化为明确的岗位任务，则成为考核的关键。对于个人绩效考核，流传着这样的一句话：人们只会做被检查的，不会做被期望的。这是什么意思呢？如果很多抽象的职责不能检查，或者是不能进行透明化，不能“展示”职责成果呢？那么这些事情可能就不会去做。

对于很多职责，必须研究出各种方法以测量人们的行动效果，但是，这些测量方法可能费时费力成本太高，并且容易成为数字工程或形式化。

3. 可计算与可判断

可计算，就是可进行数量化；可判断，就是可以与标准进行对比。

有些工作可以进行数量化，例如有形产品的生产数量，各种资源的使用量或浪费量，业务量。然而，有些工作很难进行数量化，或者说数量化的过程可能就是形式化的过程。例如，提升工作士气，就很难进行数量化。如果把提升工作士气转化为开会的次数或培训的次数，那么，开会或培训就极有可能仅仅是走形式或管理者的权威展现而已。如果变成管理者体现存在感的形式，那么就更糟。

对于不能进行数量化的职责，要进行“可判断”。判断，就需要判断标准，说一个人工作很努力，是没有任何意义的。工作很努力，是与谁比较呢？与自己比较？如果与自己比较并且由自己判断，那么，几乎任何人都可以说“我已经很努力了”。如果与整体比较，则必须界定出整体中每个个体的努力程度，然后界定清楚工作很努力所表达的含义在整体中的位置，例如努力程度排名在前三分之一称为工作很努力。这种界定很难。

可判断，另一个含义就是可行为化，或者说可行为标准化。如果可判断是一种个人感觉，那么，这种依靠个人感觉的判断是不能用于个人绩效考核的。成员之间互相打分，是不能用于考核的；当然，管理者给员工打分，也不属于考核。分数是计算出来的，不是根据记忆凭主观打出来的。

可判断，也可以看成是目视化管理的内容之一。通过目测判断工作行为是否符合标准，这是一种对一般基层服务人员的管理方式。这种方式很容易实行，但并不容易记录，因为不可能有人一直对基层服务人员进行目视管理。如果这样做，这个一直进行目视管理的人就是多余的。也就是说，可判断不等于可连续记录。

4. 这个公式主要适用于基层员工

基层员工，毕竟是影响整个组织绩效最小的一部分员工，他们的工资福利等也是最少的。

管理者的岗位职责履行情况，如何“可计算”与“可判断”？如果最高管理者的职责履行情况无法做到“可计算”与“可判断”，那么，就是对组织绩效影响最大的那些人是不能考核的。要考核，应该从高层管理者（层）开始。

高层管理者的工作结果与工作行为的透明化，是这些岗位职责的“可计算”与“可判断”的前提。如果组织成员对于高层管理者的工作结果或工作行为不能感知，那么，这样的组织只能或只会对基层员工采取“计时”“计件”“计分”的方式进行任务考核。严格来说，“计时”“计件”“计分”应该归于薪酬，这三者都属于薪酬方式。

（二）个人绩效指标来源

组织中的个人绩效指标来源，主要有两种方式：一是 FAST（Function Analysis System Technique，组织功能分解法），另一个是 PAST（Process Analysis System Technique，工作流程分解法）。FAST 是由上到下的一种分解思路，也就是组织的整体目标最终传至每一个岗位；PAST 就像是价值链分析，着眼于岗位价值构成或最终产品（或服务）中所起到的作用。

FAST 与 PAST 的结合，如图 6-2 所示，将形成岗位职责的指标体系。这个指标体系的构成则主要体现了两部分：一是工作任务；二是业务流程中的贡献。使用这种方式形成的指标体系，就不得不考虑管理者的指标如何构成。

个人绩效指标来源的这两种方式主要与业务流程相关，即便组织功能分解为各个层级相对应的职责体系，实际上也与业务相关，最终落脚点是最底层的操作者。

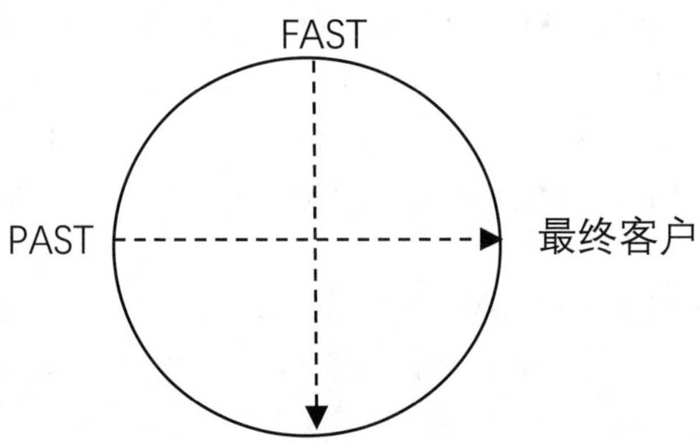

图 6-2 岗位职责指标来源

对于一个组织而言，对于行政人员的任务与岗位贡献的明确程度如何，通过考核这些岗位的绩效而体现出支撑或服务职能的履行情况如何，不仅反映了该组织的绩效考核水准，也反映了该组织的管理水平。如果对于行政人员的绩效不能进行明确考核，那么，组织的考核仅仅是对于那些“挣工分”的人员进行考核，或者称为对“操作者”进行考核，本质上就是利用考核之名进行管人而已。行政部门必然由服务部门变为权力机构。

形成指标体系，制定对应的考核标准，这就是针对员工个人绩效考核方案的核心内容。

不论是个人绩效考核公式，还是岗位职责指标来源，出发点都是明确岗位职责，这是理论意义上的。从理论上而言，应该是制度规范，员工服从于制度安排，并不是来自某些人的指令。用一个例子来说明，8 点上班 17 点下班，是制度规定的，是制度支配员工，员工服从制度。如果领导让某个员工 7 点半上班 18 点下班，那就是人为指令了，就是另一回事了。至于上班时的工作，也是按照工作规范进行的。

二、个人绩效考核的概念与考核目的

（一）个人绩效考核的常见描述

常见的对个人绩效考核的解释是：绩效考核指考评主体对照工作目标或绩效标准，采取科学的考评方法，评定员工的工作任务完成情况、员工的工作职责履行情况，并且将评定结果反馈给员工的过程。这个绩效考核中的关键词有：考评主体、工作目标、绩效标准、评定。针对这个描述，应该考虑这样一个问题：个人绩效考核的目的是什么？这个描述中暗含的个人绩效考核目的是什么？

另一个常见的个人绩效考核的解释是：为客观评定员工的能力、工作状态和适应性，对员工的个性、资质、习惯和态度以及组织的相对价值进行有组织的、实事求是的考评，绩效考核是考评的程序、规范、方法的总和。这个描述的落脚点是程序、规范、方法，但其核心词仍然是“评”。

其他的描述还有如下几种：

对组织中成员的贡献进行排序。

对员工现任职务状况的出色程度以及担任更高一级职务的潜力，进行有组织的、定期的并且是尽可能客观的考评。

人力资源管理系统的组成部分，由考核者对被考核者的日常职务行为进行观察、记录，并在事实的基础上，按照一定的目的进行考评，达到培养、开发和利用组织成员能力的目的。

定期考评和考察个人或工作小组工作业绩的一种正式制度。

（二）个人绩效考核的目的

谈考核，必须从考核的目的开始谈起。为了从理论上确定考核的目的，先从管理的含义开始谈起。

管理是什么？管理是提高分工与合作的有效性。特别要注意的是分工与合作。

从考核来看，如何提高分工与合作的有效性呢？当然就是如何激励分工与合作的主体更努力。考核是为了什么呢？是为了提高分工与合作的有效性吗？从管理（理论）的角度而言，答案是肯定的。

但是，现实中考核的（真实）目的，也许并不是提高合作性，更可能的是利益。利益的分配形式，要考虑可接受性。通过考核的方式进行利益分配，就成为一种选择。名义上是考核，实际上是薪酬，是支配。

利益分配的可接受性，也就是员工公平与公正的感觉。

公平是一种主观比较感受。在考核中，仅仅把纳入考核范围的员工的绩效考核做到公平公正，能够让这些员工感觉公平即可。有人提出的“赛马不相马”，很容易把“马”的奔跑业绩核算出来。这仅仅是“马”，但是，“牛”“羊”呢？还有那些除了“马”“牛”“羊”之外的那些组织成员呢？例如狗，就无法用赛跑的方式进行考核。

考核之下的公平，是让被考核者感觉公平即可，有明确范围限定的，例如，只考核马。

有些人把自己放在驱赶马的角色上，马只有在他们的驱使下才能跑得更快，考核的是马，而驱赶马的人就是考核者，考核的方法就是马鞭。对待“马”们如何公正，也不能算公正。因为有“关系马”“地域马”等各种“马”的存在。也许，对“马”而言，考核与评判能够在“马”的范围内相对公正，马可能就很满足了。在后面将讨论“指标的偏向性”，说明现实情形下的考核即使在“马”的范围内也很难公平公正。

“赛马不相马”，对那些纳入“赛”中的部分员工，实际上就是让他们接受“多劳多得”，接受“按劳所得”，使他们心理上接受“与自己同类的马”相比，通过努力可以获得优越感。

从理论上谈绩效考核原则，没什么用处（毕竟绩效考核是要具有实用性的）；理解现实中具体组织的考核原则，才具有实际意义。以上所谈的个人绩效考核的目的，是谁的目的？真正应该被考核的人或职位应该是哪些？这些人或任职者的工作责任清晰吗？（成员们都知道其职责内容并知道用什么方式履行吗？）工作任务清晰吗？这些人或职位应该由谁考核以及如何考核？如果上述问题未考虑清楚，那么，学习绩效考核也只是学了一些名词而已。

（三）考核目的能否达成需要考虑更多因素

大多数的人相信，个人考核会提升组织绩效。换一个更直接的话题，考核会使人们更努力吗？或者说，依托考核的奖惩会使人们更努力吗？不一定的，有些人可能会选择躺平。

如果考核不是帮助员工成长，不是为了使员工未来有更好的收益，那么，这样的考核，就是用形式掩盖了真实的目的。

一旦考核的目的是分蛋糕，有些员工利益多了，另一些员工利益必然少了。分蛋糕的考核，会导致内卷，破坏合作，从而使得成员之间更加离散，在离散的过程中又会出现抱团，组织文化走向不可逆转。同事之间成为竞争关系，理性的行为必然是“知而不说，懂而不授”。

三、指标与标准的一致性

绩效的考核有两个部分：考核什么和如何考核。这就必然涉及考核指标与标准。一旦开始考虑考核标准，就要在判定个人行为的方式上达成一致。只有达成一致，才能在实际发生的情形与预期不一致时，团队（或组织）知道该采取什么样的补救措施（纠偏措施）。

在此，有一个重要的假设是：组织应该让所有人都心往一处想，劲往一处使，不能各自为政，组织中的员工都必须采取统一的行动。

对于同一个组织，如果考核的指标与标准不一致，那么人们就会问，为什么不一致呢？这种困惑会导致冲突。

（一）案例

1. 美国壳牌石油公司勘探和生产部门的绩效考核

（1）勘探组希望凭借发现石油的证据来考核（评价绩效）；生产组则希望按照从出油开始到油井干涸之前，安全转移的石油量来考核（评价绩效）。

（2）勘探组希望以长期的勘探数据来考核（评价绩效），希望用季度甚至年度数据来考核（评价），如果考核周期太短，有时会导致他们的短时间内的绩效是零；生产组希望用短期数据来考核（评价绩效）。

（3）长期来看，勘探组没有风险；生产组则任何时候都有火灾等风险存在。二者对于风险所占的比重也很难一致。

（4）勘探组同意将勘探成本作为考核（评价绩效）的标准之一；生产组同意将生产成本作为考核（评价绩效）的标准之一。

如果将这两个组按照不同的评价标准进行评价，那么二者之间是否公平？

这两个小组本身就是一个团队，高级经理应该使用哪个指标评价这个团队？团队的绩效（或贡献）在小组中如何反映？

2. 国际难民组织

（1）现场人员认为，通过所处理的难民数量来进行考核（绩效评价），组织的核心使命是帮助难民生存。

（2）高级经理则是以本地政府的态度为考核（绩效评价）标准。管理层要核实的是每一项决策不要冒犯提供援助的政府，以政府满意为第一，这样的做法常常导致“最平庸”的决策。现场救助人员往往大为不满，因为处理危机形势时的慢速可能导致若干难民死亡。

（3）管理层教导现场救助人员要考虑组织的整体生存，维系好与本地政府之间的关系。现场救助人员认为，如果没有满足难民的需要，组织生存下来是不合理的，甚至组织的存在是没有必要的。

到底是以什么作为优先指标与标准？

如果组织不能在使用哪个指标上达成一致，那么他们就不能决断自己到了何种程度以及必须采取什么样的矫正措施。

3. 某医药化工企业

（1）医药部门认为，应该使用内部标准，因为医药部门无论在利润率、成本控制、研发等方面都比化工部门表现得要好。

（2）化工部门认为，应该使用外部标准：医药部门的利润率、成本控制、研发等都要与其他类似企业的医药部门相比；化工部门也要与其他类似企业的化工部门相比。如果以外部标准来看，化工部门的绩效就在平均以上，医药部门的绩效在平均以下。

对于这个企业，到底应该用外部标准还是内部标准？如果用外部标准，医药部门是否会产生“我们做得好，反而‘报酬’低”的想法呢？这样的想法会产生什么样的行为呢？毕竟企业主要靠他们。

如果用内部标准，化工部门是否会破罐子破摔呢？反正不可能比医药部门的利润高，也就不用努力了。

以上内容改编自埃德加·沙因的《组织文化与领导力》。

（二）一致性与利益之争

1. 表面上的冲突

从形式上而言，一个组织应该有一致性的指标与标准，而且这个指标与标准应该尽量相对公平。采取的策略往往是把几项内容都作为考核（评价）内容，这样权重的设置就成为关键。也就是说，权重的设置要尽可能合理。

未经论证的一定不是好的，因为没有人是神。但是，即使经过论证，也要看是哪类人论证。

也许，对于指标与标准的理解出现不一致，主要是由观念不一致造成的。观念不一致的原因有很多，有对顾客认识不一致的原因，也有价值观不一致的原因，还有其他的原因。对顾客认识的不一致，举例来说，渠道商和最终的用户都属于企业的客户，但是，有些企业认为渠道商（包括零售商、经销商等）的客户等级高于最终的用户，也有的企业最终用户的客户等级高于渠道商。但是，企业内部员工的认识是否一致？对于将谁的利益放在首位，也会出现不一致的观念。有人认为应该奉行顾客至上；也有人认为应将员工利益放在首位；也有人认为在位者的利益为先；还有人认为应该是股东利益第一。

奉行顾客至上的企业，往往把最终用户作为唯一的顾客看待，追求的是产品，也就是追求产品的品质更高或更符合消费者的需求。奉行员工利益第一的企业，把最重要的指标放在员工素养提升方面，投资员工的发展，开发他们的潜能以取得实效。在位者利益为先的情形，必然是用等级的形式或制度的形式把在位者的利益保护起来。把股东利益放在第一的企业，经常会使用股权、股票期权和基于每股收益的奖金来激发员工。这些观念与相应的做法，并没有严格的对与错之分，但对于绩效指标与标准的制定和执行，却相距甚远。

2. 实质上的冲突

一个组织以什么作为指标与标准，实际上就已经代表了倾向（偏爱）某类人。如果这种倾向是不公平的，那么，被不公平对待的其他人的心理与行为会如何呢？他们的绩效会如何呢？以合作为目的的方案，即便彼此有异议，也会求同存异向着共同的目标而努力，但是，如果表面上的冲突与实质上的冲突是两回事，那么，考核不仅不能解决问题，而且会导致割裂。

“你多了，我就少了”的游戏，会引起消极情绪。这种消极情绪可以分为防御性或攻击性的情绪。无论是防御性的情绪还是攻击性的情绪，都会产生潜在的焦虑、恐惧、愤怒、压力、嫉妒、抑郁。

看似是考核方案之争，实际上是利益之争。某医药化工企业的案例，本质上不是考核之争，而是薪酬之争。当薪酬与考核措施挂钩时，就表现为考核之争了。即便国际难民组织的那个案例，也存在救助人员、管理人员、当地政府人员的不同利益之争。

四、个人绩效考核的使用边界

在强制排名或根据考核进行分配的制度之下，管理者可能更多地强调或证明自己最终的决策是合理的，同时，强化考核的引导作用，“强迫”员工服从于考核所指定的工作任务或工作目标，并且形成员工之间的竞争关系而非合作关系。或许不同的员工为了利益而进行抱团，这种抱团与合作是两回事。

按照大数定理，员工的绩效大致服从正态分布，也就是除了特别好与特别差的绩效者外，大部分员工的绩效差异较小，对于工资、奖金等的对应关系应该是服从正态分布。但在以考核为依据进行绩效工资或奖金分配时，管理者往往通过操纵和扭曲考核分数，使最后的分数更接近“管理者”想要的分值分布；然后，根据人为制造出来的分值差别进行绩效工资或奖金分配。从另一个角度而言，这种绩效工资或奖金并不是提供真正的奖励或激励，而是一种“再分配”。对管理者而言，这是一种“阳谋”。

实际上，员工个人业绩与可计算的量化分数是两回事。

人，更多受内在回报的激励。这种“人为控制”的再分配方式，不仅破坏了员工的主动性、责任感、荣誉感、事业心，还给员工带来心理上的极大冲击，破坏了认可、彼此工作依赖与合作、平时员工交往以及整个的工作环境，使员工的关注集中到“钱”或“荣誉”上去了。对组织而言，“人为控制”的再分配方式使得整个系统的运作动力出现了问题。

“人为控制”再分配的环境，实际上是充满行政化氛围的环境。在充满行政化氛围环境中工作的普通员工，将被管理者划分为两部分：往上爬的人与停留在底层的人。那些试图向上爬的人会按照考核导向努力工作，或至少看起来在努力工作，但他们所得到的利益是要有所“牺牲”的。员工之间的明争暗斗，焦虑与压抑的气氛必然产生。

这种情形下，造成敌对或竞争关系的是两组：普通员工内部，普通员工与行政人员。最终，通过权力权威的压制，造成分离，形成非对抗不合作的情形。

这种个人绩效考核，看似简单，实际上包含着“粗暴”，与其说这是考核，不如说这是利益或薪酬分配方式，甚至比计件工资制或计时工资制有更强烈的长官意志的分配方式。这样的做法与普遍的人性并不相符。阿德勒[①]甚至认为，真正自由的人，不需要对人进行批评和表扬，因为批评和表扬本质上都是做评判，在创造一种不平等的关系。被表扬的喜悦心理表现，是地位低下的心理已经内化的表现。

（一）个人绩效考核不能代替管理

个人绩效考核，实际上就是对①任务完成情况，②职责履行状态（关键职务履行状态），③绩效形成过程，④人员能力与素质进行考核。

针对个人绩效考核，不论是对上述①②③④中的一项或几项进行考核，也仅仅是员工重要的或关键的一些方面而已，甚至，仅仅是“容易”考核的方面而已。有很多东西在现实中是无法考核的，而这些无法考核的东西一旦被忽略或忽视（考核代替管理往往就会造成忽视或忽略），对组织造成的潜在影响或长期影响就会发生。

（二）个人绩效考核不能直接与个人薪酬挂钩

如果薪酬（或回报）与绩效无关，造成的问题任何人都能想象出来。如果个人考核与薪酬直接挂钩，那也会产生一些问题。

过于功利的个人或组织，总是以“成果导向”为出发点，也必然使薪酬与绩效直接挂钩。这种“短视”造成的积极与负面影响，是显而易见的。

起到激励的奖励总是与所有员工相关，或者在不影响其他员工利益的情况下进行额外的奖励。例如，有些球队设赢球奖，而不设进球奖，就是薪酬与团队绩效相关而不是与个人绩效相关的例证。一旦绩效与薪酬直接挂钩，就必然出现考什么就做什么的情形，合作氛围将受到冲击。

奖励并不总是与绩效相关，薪酬同样并不总是与绩效相关。

有些企业会给员工每年加薪（即使个人绩效并没有提升），例如增加 100 元 / 月；有些企业会给工作满 30 年的员工一笔养老金，并举行员工大会庆祝，甚至把他们的名字写入企业发展史中；等等。这些做法，可以认为工资不与绩效直接相关（存在间接关系）。

---

① 阿德勒，个体心理学创始人，其著作《自卑与超越》在中国广为人知。

对于一个存在淘汰制度的企业，一个刚刚入职的员工月薪是 3000 元，一个已经工作 10 年的员工即使做同样的工作并且与新员工有着“同水平”的绩效考核结果，但会有 4000 元月薪，甚至年终还有机会参与股权激励分享。这样的事情，研究人力资源的人应该能理解其中的道理。只有理解这些，只有理解了薪酬制度，才能更好地理解考核。

如果因为绩效工资或绩效奖金而演变为成员之间的利益之争，从而破坏团队合作，那么这样的绩效工资或绩效奖金必然是存在巨大问题的。

如果从“劳动力的市场价格”来看待薪酬，薪酬不是与绩效直接相关的，而是与劳动力市场直接相关的。也许这是交易观。如果以职责观来看，薪酬的等级应该主要来自岗位价值。岗位价值的实现方式不同，薪酬结构则不同。业绩有可能与直接的业绩奖励相关，但业绩考核结果一般不与薪酬等级相联动。学习绩效管理的人，至少要理解具体的业务提成或具体的项目奖励与最终发给团队的年度奖金是两回事。

绩效会影响到薪酬，但绩效不应该与薪酬直接挂钩，计件工资制或类似计件工资制的（例如业务量与奖金的直接挂钩）除外。

计时工资制、计件工资制，本质上是将考核直接与工资挂钩的方式。这可以使一线操作者“自觉”延长工作时间、增加劳动强度。将薪酬或奖金与考核分数相挂钩的方式，可以称为计分薪酬制，本质上使被考核的员工“自觉”超负荷付出时间和精力。无论是计时、计件，还是计分，理论出发点是“多劳多得”，但三“计”方式的适用范围是有限的，适用对象往往缺乏被尊重，感觉这些劳动者像牛马一样被对待。

将考核粗暴地与薪酬直接挂钩，设置所谓的绩效工资，造成的问题往往是巨大的。

（三）个人绩效考核不一定与晋升相关

个人绩效考核是一条线，薪酬是一条线，晋升又是一条线。晋升属于上升通道的范畴，上升通道不一定是层级上升，也许还要包括专业能力等级上升，服务年限等级上升，等等。一旦组织中形成只有金字塔形的上升通道，那么这个组织必然存在很多问题。

举例来说，对于工作 10 年的员工而言，这位员工在薪酬分享上可以理解为某种形式的“上升”，他对于任务或工作职责的理解与执行，可能已经上升到“导师”的层级，对于组织文化可能达到“传承”的层级。用（2015 年）比较时髦的话来说，他可以释放很多的正能量（他理应获得很多尊重）。如果他释放负能量（例如倚老卖老），那么应该淘汰或辞退。这些无形的上升通道是非常重要的，包含着认可与尊重。

个人绩效考核不一定与晋升相关的重要原因是：不同的岗位需要的知识与技能不一样，在某一个岗位上绩效突出的员工不一定适合晋升到上一个层级。至于晋升制度如何设置，在此不谈。只是强调：不同组织的晋升制度是不一样的，但个人绩效考核不一定与晋升相关，甚至，在同一个组织中，有些晋升是与个人绩效相关的，而有些岗位的晋升是与个人绩效不相关的。而这些，（从理论上或原则上而言）都应该使组织成员认同。

总之，个人绩效考核，不能简单地与个人利益相挂钩；不论是薪酬还是晋升，都不应该与考核直接联动。

（四）影响组织绩效的个人绩效

谁对组织的绩效产生最大的影响呢？明确了影响组织绩效的人，也就明确了组织最应该考核的人。对组织绩效影响最大的人，其获得的报酬也许是最大的，对其效率与效果的监督与控制就应该是最严的。如果这些人或这个人的绩效不能被记录，不能透明化，也就是不能被考核，那么，个人绩效考核就是一种“统治”或“控制”工具而已。

如果考核文化是一种等级文化，那么就会产生很多的等级服从者。这些人往往平时表现很乖或者很和善，但这仅仅是人性的一个方面。这种人，一定要看到他的另一面，就是等级内化的另一面，他认为别人也应该很顺从。没有平等理念的人，对上表现得越温顺和服从，对下往往越严酷刻薄，对同一层级，只接受与他一样顺从的人。

在考核文化下，对组织有最大影响的人，是显而易见的。然而，往往他们是不被考核的，甚至是不被监督的，不被制约的。

最应该被严格考核的员工，一定不是普通员工，一定是重要的员工。从另一个角度而言，不被考核的职位，如何判断其业绩对组织的影响呢？要考核，就应该从最高管理者开始考核，而不是仅仅考核普通员工。

就考核的作用而言，对组织影响最大的岗位应该被考核，普通的岗位需要更多的是管理而非考核。

第7章
个人绩效考核方法

先看一个有关花旗银行的案例[①]。萨利·约翰逊（Lisa Johnson）面临一个难题。作为花旗银行在洛杉矶的30多家支行的地区经理，她需要对詹姆斯·麦克拉伦（James Mclaran）进行年终考核。麦克拉伦管理洛杉矶地区最重要的支行，该支行位于金融商业区，对手有美国银行（Bank of America）和富国银行（Wells Fargo），竞争激烈。

麦克拉伦的财务业绩十分出色——超出目标20%。该业绩在花旗银行的所有支行中是最出色的：收入和边际利润最高。

但存在一个问题。花旗银行正在当地市场努力提高顾客服务水平。为了使每个人都关注该战略，花旗银行开始推行新的平衡计分卡。新的平衡计分卡共有六项指标：顾客满意度、战略实施、财务指标、控制力、人才培养、服务标准化。其中，最重要的是财务指标。集团总裁认为，顾客满意度也是帮助企业长期成功的一项领先指标。

麦克拉伦有五项指标十分出色——除了顾客满意度指标得分未达标。但他有苦衷：他所处的支行地区规模最大、管理难度最大；他需要应付复杂的客户以及面临激烈的竞争；他无法控制花旗银行总部管理的一些业务，如自动取款机和网上银行。麦克拉伦相信他已经做了他所做的一切去提高顾客满意度。他认为，他的财务业绩是最有力的证据。

约翰逊之所以感到为难，是因为麦克拉伦的奖金是与他的平衡计分卡考核

---

① 改编自罗伯特·西蒙斯（Robert Simons）：《七个战略问题》，刘俊勇、余晶、吴彦霖 译，中国人民大学出版社2013年版。

结果挂钩的。若想获得最高奖金，麦克拉伦的每一项指标得分都必须在标准之上。按照规定，由于他的顾客满意度未达标，公司必须扣除他的一大笔奖金，此事不仅关系到麦克拉伦的个人声誉（他去年获得了全额奖金），还可能导致公司失去一名优秀员工，因为其他银行都向麦克拉伦伸出了橄榄枝。在公司内部，其他支行的经理都密切关注此事。若不按规定对麦克拉伦进行考核，公司新实施的业绩衡量系统会失去权威性，但使用新的平衡计分卡对麦克拉伦进行考核并不妥当，麦克拉伦可能会因此辞职。

案例中所使用的考核方法在花旗银行被称为平衡计分卡，这种考核一旦成为花旗银行的制度，在面对麦克拉伦事件时就处于了两难境地。

关于个人绩效考评的方法有很多，在使用绩效考核的企业中可能有不同的称呼，但概括下来，大致常见的有：排序法、平行比较法、硬性分布法、尺度评价法、行为定位等级评价法、行为观察量表法、关键事件法，等等。

任何的考核方法，都有适用范围和局限性。

一、基于个人履历的考评

个人履历，主要是指两个方面：一是学习经历；二是任职经历。

（一）学历与职称

基于个人学习经历的考评，主要是指个人的学历、学习及培训、证书等方面的考评。主要应用于入职评估，以及相应的薪酬定级。

1. 能做什么

一个人能做什么，会做什么，最简单最直接的方法，就是看这个人的学历、学习与培训、证书等方面的内容。

稍微有点理性的人都应该知道：中国一所普通院校的一名学生，与其他学校的学生是无法比较的。个体无法与整体比，随机的个体之间更不可能确定孰优孰劣。也就是说，随机一名普通院校的毕业生与随机一名清华大学的毕业生，是无法进行比较的。或者说，随机一名普通院校的毕业生（的水平）与清华大学毕业生（的水平）也是无法比较的。但是，整体与整体是可以比较的，然后人们头脑中就“偷梁换柱”或“转换概念”了，用整体相互比较的结论代替了随机个体不能比较的结论。

事实上，人们判断的不是个体，而是整体，也就是某个学校的文凭的含金量。

2. 会做什么

有人认为，想象力、创造力、艺术天赋、手工智能、情感智能、社交技能等方面比证书更重要，且这些方面测量的，是证书无法体现的。但也有人说，能够获得高等级证书（包括学历）的人，其自制力、学习能力、执行力以及目标感更强，证书可以等同于会做，至少可以更快学会去做。

学历、证书，能等同于会做什么吗？不能等同，但人们仍然用“证书”来判断会做什么。

3. 关于学历或证书的含金量

含金量，至少包含两点：一是（该方面的专业或技能）水平，主要体现在考试的难度上；二是可信度。一般而言，越容易获得的学历或证书，含金量越低；需要付出越多，考试越难通过的学历或证书，含金量越高。

其实，在有些情形下，学历或证书是一种误导，因为这些东西与个人绩效（在某些情形下）没有什么必然联系。

4. 职称

由学历、学位、证书到职称，本质上所反映的就是“等级”而已。在等级文化中，大多数的人“信”这种东西，甚至崇拜这种东西。例如，到医院看病找“专家”，挂“专家号”。实际上，有些专家的确不仅理论水平高而且经验丰富。但有些“专家”很垃圾，仅仅有“职称”而已，这种垃圾专家甚至还不如一般的医生。在现实中，许多人的职称是用评审材料包装出来的，与能力并不等同。但职称这种东西是能“唬”人的，这种现象在很多职业中都存在。

以学历、学位、证书、职称等方面为考核材料或依据时，这种考核方式就无须多谈了。

（二）工作经历考评

一个人的经验，一个人的履历，将决定一个人下一次的起点，或者下一个平台的高度。也就是说，不是一个人能做什么，而是一个人做成过什么。

无论是学历，还是工作经历，人们在评价这些事情的时候，其实都潜在地使用了“假设”这种思维，然后是根据假设进行了似乎合乎逻辑的推理。

对于工作履历，进行的是“能力假设”。一个人做成过什么，可能有运气成分，更主要的是（人们推理他）具有相应的能力；并且，人们还推理，是能力导致成功，还将有很大可能继续带来成功。

我们是否应该探讨：因为有机会去做某件事，在做事情的过程中获得能力？还是因为具有能力，从而获得做某件事情的机会？也许，在有些情形下，与能力无关，而与机会有关。例如，文凭不等于能力，但往往能带来机会，履历也是如此。

在一个组织中，有些人的工作履历或工作经历是假的或“掺水”的。例如，一名管理者可以在履历中描述曾经做成过很多事情，做成过很多项目，事实上也许他只是一个挂名管理者，真正起作用的可能是他的秘书或助理或其他人。在一个新的岗位上，他不可能把那个“关键人”带在身边，甚至他不想让人知道那个“关键人”的存在。

二、以业绩报告为基础的绩效考评

业绩报告，来源于什么呢？这里的来源，一是指信息来源，二是指来源于“谁”的报告。业绩，是来源于规范化、系统化的记录，还是来源于个人的感觉和主观记忆？报告也就是呈现，呈现的方式又会如何呢？这些方面都会造成影响。

（一）自我报告法

这是一种自评的方法。无论是以表格的形式还是以文档的形式，一般包括如下几点：方法介绍、格式或形式、内容要求、使用范围（使用条件）、优缺点。

自我报告的关键在于自我评价。看看下面的调查研究。

1965 年，美国两位研究人员对 50 名发生车祸的司机进行访谈。这些访谈都是在医院进行的。要求他们对上次驾驶中的表现进行评价，主要是针对“技巧、能力和机敏性”方面进行自我测评。

约有三分之二的司机认为：他们的表现至少不比平时差。有很少人用了“出奇的好”“绝对好”这样的词。

这些司机中，68% 的人对车祸负有直接责任，58% 的人违章，56% 的汽车彻底损坏，44% 的人面临刑事审判（只有 5% 的人对研究人员私下承认应对车祸承担部分责任）。

他们受伤的情况五花八门，另外还有三位乘客丧命。

他们竟然大多数认为，即使在车祸发生的一瞬间，他们的驾驶技术也堪称一流。

然后，对一般的司机进行抽样调查。调查后的结论如下: 93% 被调查者相信，自己的能力超过一般水平。超过三分之二的被调查者认为，自己的驾驶水平属于顶尖水平。

对于大部分人而言，自我评估可能存在高于均位数效应。

对于创业者的调查，只有三分之一的人认为同行业的创业者成功的概率不低于 70%。但对于自己的创业，却有 81% 的人认为成功的概率不低于 70%，有三分之一的人认为成功的概率是 100%。在大学里，每位教师都感觉自己水平很高或比其他人水平高。“文人相轻”就是这个意思，其实，这就是自我评估。显然，自我评估往往会有自我膨胀的现象，特别是获得了奖励、荣誉、职称的人更容易膨胀。

1. 自评的目的

自评的目的仅仅是让自评者再次认识岗位职责，明晰自己应该做出什么样的贡献。但是，如果自评者不能准确客观地评价自己，那么如何使自评者认识自己的职责以及贡献呢？也许，这是使用自评这种考核方式中最应该注意的问题。

即使要求自评者对本月（年）自己的工作目标进行回顾，目标实现程度进行评判，然后分析目标实现（或不能实现）的原因，也必然出现偏差。将未完成目标归罪于外就是一种可能。

2. 自评的应用

自评方式的使用：一是适合什么人使用，一般的书上说适用于管理者和新入职者；二是什么样的组织适合使用。中国的学生往往要进行自评，并且这些自评被放到学生的档案中去，学校的教师每年自评，同样被放到个人档案中。中国的大多数行政和事业单位都有类似的情形。

不应该使用自评的地方使用了自评，或多或少有一种“自我认定”甚至“自我认罪”或“自我标榜”，成为一种“自己签字画押”或“自我宣传”的证据。这种情形下的自评，就是一门艺术了。

3. 应该如何看待自评

“屡战屡败”和“屡败屡战”就是自评的一个典型。自评的语言表达可能就是一门艺术。不同的人对自己的评价，出发点不同，谦虚与夸大的成分不同，会不会导致管理者审阅自评报告时产生误导呢？如果一个人在自评中本身就存在高于均位数效应，然后再用一些“汇报”艺术进行修饰，那么自评材料的价值就很低，用来作为考评或许会出现偏差。

当评价材料由自己整理、包装时，往往会出现“无耻者无敌”的情形。有些人对于“成果”的包装，无论从形式、“名义”还是“意义”上，都能把“垃圾”包装成“高大上（高级、大气、上档次）”的样子。有良知的人往往不会这样做，认为这样做过于无耻。但有良知者认为的无耻者往往是利益获得者，并且这些无耻者从不认为自己无耻，还认为自己是胜利者，是在“符合考核游戏规则”情形下的胜利者，他们往往表现得趾高气扬，也往往吹嘘自己的荣誉或相关方面。在某些组织中，某些奖项或荣誉往往被大多数无耻者获得，或者说被“造材料的人”获得，这是显而易见的。

当然，不能用利益考验人性，也不能用自己的道德要求来强迫他人的行为。但是，在考核组织文化之下，“抢食者”的行为会恶化整个工作环境。

（二）业绩评定表

员工业绩评定表，或者直接主管评价表，都属于这一类。

在此不谈业绩评定表如何设计，也不谈这些评定是否客观，还是过于主观。主要考虑：业绩评定表，为什么要评？

在对个人的绩效进行考核时，无论使用什么方法进行考评，都不是最关键最重要的问题。最重要最关键的问题是：考评的出发点是什么？或者说，考评的目的是什么？然后是信息的准确度如何，信息完备性如何，这些问题不解决，评定就仅仅是一种游戏而已。

对于业绩评定的表格的设计，无非是指标、权重而已。

三、以员工比较为基础的绩效考评

这类方法主要有三种：简单排序、配对比较、强制分布。也许，这三种方法的使用应该慎重。对于弱方来说，人比人，气死人；对于强的一方来说，比一比才有“感觉”。

（一）简单排序

中小学考试，各科的教师总是想方设法使用简单排序，最后是总成绩的简单排序。有些学霸很喜欢考试，更喜欢考试后的排名。必然，就有一些人很讨厌考试。那么，简单排序是鼓励还是打击呢？对于学习差的学生，通过排序，成绩会好起来吗？不可能。为什么？这种排名可能导致学习的动力都没有了，还会形成错误的自我镜像。

有兴趣者，可以去参观保险公司，去参加保险公司的早会，看看保险公司墙上的张贴，就会发现这种简单排序的方式在保险公司中无处不在。

（二）配对比较

任何两个人相互比较，都各有优缺点。心理强悍者能承受住比较，心理脆弱者可能会把骨子中的自卑因素激发了，可能会产生不舒服的感觉，甚至是恨。

对方的优势，也就是自己的劣势，坦然接受自己的劣势（或者说，别人说自己不好，自己能坦然接受），这并不是每个人都能具备的，特别是年轻人，以及埋藏在骨子中有自卑因素的人。越不自信的人，可能越敏感，也越容易受到伤害。

为什么要进行配对比较呢？公开的配对比较产生的敌对情绪也许远远大于激励因素。也许，人比人，气死人，公开的配对比较并不适合大规模的员工考核，仅仅适合于极端的情形，例如，两个人中选一个。

即使是两个人中选一个，也应该明确优先指标，明确哪些特征是符合的，然后，把两个人分别对应于指标或特征进行评价或打分，也无须把这两个人进行直接比较。

（三）强制分布

强制分布的理论来源很强大：大数定律。当人数很多的时候，平均值将趋向于某个值，这就是均值，总人数特征服从正态分布。

现实中，这个规律并不是每次都符合。即便每次都符合这个规律，考核用强制分布也并不必然合适。驾照理论考试只有合格与不合格之分（试题满分100分，90分及其以上为合格，90分以下为不合格），这种情形就不能用强制分布法来考核。

一提到强制性分布，人们都会想到宽厚性误差、严厉性误差、趋中趋势等等，好像强制性分布能够降低这些误差。

强制分布，也许，很多时候是与利益相关的。例如获得奖励的是少数，惩罚的也是少数，中间不奖不惩的是多数。强制分布如果与利益相关，这种考核方法就应该从利益角度思考，而不是从是否公开公正的角度来看待。工具是中性的，关键用在谁手中。阴谋者使用起来，可能就是一种“阳谋”了。

20%或80%的说法，并不一定合理。很多人似乎知道“二八定律”，就以这个定律为“真”，实际上这仅仅是一个极大数下的统计规律。

四、以工作结果或职责行为特征为基础的绩效考评

这类考核方法常见的有：因素考核法、图解式考核法（尺度考核法）、行为锚定法（行为观察量表法）。

（一）因素考核法

通过搜索，可以查阅到因素考核法，往往也会查到因素评价法或因素评分法。会看到如下一些文字：因素评价法，是岗位价值高低判断最常用的方法。在企业的岗位测评中，常用的四大评价要素是岗位责任、岗位要求技能、劳动强度、劳动条件。除常用的四大评价因素外，职位价值因素，即付酬因素（Compensable Factors），应该包括该职位对企业的影响、职责大小、工作难度（包

括解决问题的复杂性、创造性）、对任职人的要求（包括专业技术要求、能力要求、生理要求等）、工作条件、工作饱满程度等。

因素考核法，其思路与岗位价值的因素评价法是一样的，只不过是对工作结果进行分解，或者是对岗位职责的成果表现进行分解，分解成几个指标；然后将一定的分数按权重分配给这些指标，对每一项指标都设有一个考核尺度；根据被考核者的实际表现对各个指标与相应的尺度进行评分；最后根据权重汇总得出总分。

这一章开篇花旗银行对各支行经理的考核，实际上用的就是这里的因素考核法，但在花旗银行称为“平衡计分卡”。

（二）图解式考核法（尺度考核法）

这个考核方法与上面的因素考核法思路是一样的。根据岗位职责做出尺度考核表，也就是构成岗位职责最终成果的一个分解结构，形成指标体系；针对每项指标进行分级（常见的有 7 等级或 5 等级划分），例如每一项都用 5、4、3、2、1 进行评定，根据员工行为表现，确定员工的每一考察点在哪个尺度上。5 表示优秀，4 表示良好，3 表示达标，2 表示需要改进，1 表示不令人满意。

根据绩效记录与呈现，对比指标以及相应的尺度考核表（实际上就是标准）并进行评分，根据权重计算出最终考核分数。这个思路在个人绩效考核中往往很常见。然后根据最终分数，进行排名，也就是进行排序，并进行强制分布。也可以看成是强制等级划分。

这是一种打分式的考评方法，例如学生评教往往就是类似的情形，把教师的教学工作分为几个方面让学生打分，最终形成一个分数。

（三）行为锚定法（行为观察量表法）

搜索或查阅行为锚定法以及行为观察量表法，会查到以下内容：

行为锚定等级评价法也称行为定位法。行为决定性等级量表法或行为定位等级法是由美国学者史密斯（P. C. Smith）和德尔（L. Kendall）于 20 世纪 60 年代提出的。

行为观察量表法也称行为评价法、行为观察法、行为观察量表评价法。美国的人力资源专家拉萨姆和瓦克斯雷在行为锚定等级评价法和传统业绩评定表法的基础上对其不断发展和演变，他们于 1981 年提出了行为观察量表法。

还会查到对这两个考核法的一些说明。

在使用这两个考核法时，有必要思考以下问题：行为量表或行为清单是怎样得出来的？即使有行为量表或行为清单，应该如何进行绩效记录？这些方法用于什么类型的工作人员？信度如何？效度如何？

也许，行为锚定法或行为观察量表法的引导作用或意义要大于考核。

如果行为锚定法仅仅锚定了基层的员工，那么这种方法可以转化为培训，转化为职业行为指导原则，尽可能不要用于考核。

五、以绩效合约为基础的绩效考评

这类考核方法有：工作任务分配法、岗位职责分析法。我一直认为这样的方法更容易操作，也更容易执行，并且容易被理解和接受。

首先一点要明确：绩效合约并不一定要签，因为工作任务明确或岗位职责明确，实际上相当于绩效合约明确。当然，绩效合约也可以签，在流行的“绩效计划、绩效实施与管理、绩效评估、绩效反馈”这种绩效管理循环的说法中（或类似的绩效管理循环说法中），在绩效计划中有签绩效合约这个内容。

关于承诺与责任感的关系，以及建立在彼此忠诚（组织对员工忠诚以及员工对组织忠诚）基础上的心理契约而产生的责任感，在此不进行展开。

（一）绩效合约的基础

在第六章，提到岗位职责考核的公式，一般可以表示为：岗位职责考核＝工作结果计算＋工作表现判断。这个职责考核公式，实际上也就是绩效合约的“理论”基础。即使是工作任务分配，也是基于岗位基于职责而来的。

只有明确了岗位职责，并且对职责进行界定（就是指标和标准），然后对工作的结果和工作表现进行记录、呈现，然后与标准进行对照，就是绩效考核了。

在实际中，工作任务比岗位职责更容易明确，也更容易考核。任务与职责，二者虽然类同，但并不是一回事。例如，高校教师上课，从任务角度来界定：

上什么课程、多少节、具体的时间和地点以及上课方式。如果以职责来界定：本质上而言，要把课程内容讲解清晰以及通过沟通交流使得学生掌握，这才是主要的，至于上课的时间、方式等则是形式上的，是次要的。

任何基于个人或私人判断的考核，首先要考虑：是什么外力或内因使得考核者会中立、公平、客观呢？如果这样的外在约束或内在的道德约束不存在，那么，“用机器评判”比人评判更公平。

（二）绩效合约的表达方式

回看第四大类——以工作结果或职责行为特征为基础的绩效考核，就会发现：绩效合约的表达形式也是这两个方面。

无论什么样的绩效考核方式，无论什么样的绩效合约表达方式，个人绩效考核，实际上就是记录、呈现、评价。

1. 工作任务分配法

在培训需求调查方法中，有一个方法是工作任务分析法。

在绩效考核中，对工作任务的完成情况进行量化、评价，这些量化与评价的标准，预先以合约的形式由直线管理者和任务承担者签订。

2. 岗位职责分析法

这类方法不再展开。

至此，如果仔细回顾和思考一下个人绩效考核，就会得出：所有的个人绩效考核方法，无非就是基于岗位职责考核公式，通过对工作过程、工作行为、工作结果的记录与呈现，最后根据指标与标准的对比进行评判。

选取什么样的指标和标准，以及如何进行评判，就成为“某种”绩效考核（或考评或评价）方法。

六、其他绩效考评方法

绩效考核方法还有很多，人们也在不断地研究或创造出新的绩效考核方法。常见的绩效考核方法还有：关键事件法、不良事故考核法、360 度考评。可以通过各类教材或书籍去学习这些方法，也可以通过网络搜索、查找这些方法，看看他人是如何描述或论述这些方法的。

以360度考评为例，这是一个辅助方法，所适用的范围和情景都很窄。首先，考评来自记录和呈现，360度考评的各个考评者，从何处得来的信息呢？没有准确的记录和呈现，考评就是一种主观感觉，甚至带有个人情感倾向。其次，360度考评的各个考评者，是以什么样的指标体系进行评价的呢？其指标体系对应着什么样的标准呢？再次，360度考评是否有道德风险等问题存在呢？如果一个考评方式无法解决这些问题，那么这个考评是非常不严谨的，甚至是劳民伤财，或者该考评方式仅仅是“工具”。

这种方法，不论形式上的应用，还是作为“阳谋”来应用，都应该慎用。

正确看待各种考评方法，需要自己建立起“对这些方法的评价体系”，需要个人的独立判断。

七、关于个人绩效考评与考评方法

（一）考评方法是次要的

关于个人绩效考核，考核方法实际上是次要的，其本质仍然是指标来源与标准确定以及有关绩效信息的记录。只要掌握了基本理念，这些内容都是很简单的。

不论什么样的考核方法，归根结底，就是指标与标准。如果从考核实务来看，还是如何进行考核信息的获取（记录），考核信息的整理（呈现），最终与指标和标准进行对比（考核）。接下来，把考核结果告知被考核者，或是进行分析，或是将考核结果使用在奖惩、升迁或辞退、培训、薪酬等方面。

当考核者选用某种考核方法时，出发点是使被考核者像黄牛一样更努力工作，还是为了使被考核者更幸福更快乐，这是人性的反映。考核者是谁？被考核者是谁？考核制度的制定者是谁？考核指标的选取是根据什么确定的？……对这些内容的思考或质疑，可以加深对考核的认识。

在现实中，个人绩效考核最容易犯的错误是将个人绩效考核与薪酬挂钩，考核变成如何打分和计分，特别是那些不应该使薪酬与绩效考核相关联的“非营利性组织”。

（二）简单的处理措施导致更深远的问题

有些事情不能用钱来解决。

假如，幼儿园放学之后，家长在规定的时间之后接孩子，每迟 10 分钟交 10 元钱，那么，很多家长会心安理得晚接孩子。也许，在这样的情况下，有些父母会在晚上看一场电影（两个小时）之后来接孩子，反正花 120 元请人照顾孩子而已。

世界上任何一个幼儿园的管理者都应该明白：用交钱的方式无法解决有些家长迟接孩子的问题，反而可能导致有更多的家长迟接孩子，甚至有个别家长更迟接孩子。

钱有时不仅不能解决所有问题，还会制造问题。

以幼儿园的教师为例，如果家长在幼儿园放学后迟接孩子按时间收费，那么孩子的家长不会对这些延时照看孩子的教师有任何尊重，从而对幼儿园教师这个职业不会再有尊重，因为教师的付出有了金钱的衡量，一切变成了交易。同时，幼儿园教师获得了钱但失去了尊重，甚至尊严，幼儿园教师的辛苦已经用钱补偿了，这个职业纯粹变成了为了挣钱谋生。既然是交易，家长应该不要期望老师付出太多的情感，老师照顾孩子就像看管动物一样，只负责孩子安全即可，但家长们还很挑剔，似乎一边是交易，用钱来衡量幼儿园教师，而另一边却对幼儿园教师提出很高的要求，甚至是师德、责任感、使命感等等。教师的工作既然用钱来衡量，在同样时间内付出感情精心照顾孩子与只负责孩子安全的管理，挣到的钱是一样的。在以钱为解决手段之后，家长、孩子、教师都将失去了一些东西，如此一来，用钱没有解决问题，反而制造出来了很多问题。

既然钱会造成问题，那么加上权呢？有些使用考核的组织，除了将工作或项目换算成分数之外，一定还有最高管理者的人为判断，通过管理者的表扬和批评来体现。仅仅以上这两点还不够，必须有潜在的或未知的奖惩，例如升迁或辞退。这种潜在的利益或风险，主要是领导主观意志的体现。

对于非营利性组织而言，应该赋予员工工作“使命”“意义”“责任”等因素作为努力的动机，而不是完全以“考核与薪酬”进行工作激励。在这样的组织中，即使将岗位等级或职业能力等级与薪酬直接挂钩，也会发生“激励性排挤效应”，就是金钱上的激励会排挤掉非金钱意义上的动力。

如果非营利性组织主要是由“经济动物”成员构成,并且使用“考核与薪酬”且“岗位等级”“权力等级”“能力等级”“考核等级”等与薪酬相关，那么，这种非营利性组织是无法做到有效的。

总之，合理的个人考核的目的不应该是让员工忙起来，更不是让员工多做事，而是应该让员工更热爱工作，工作更轻松，更专注，身心更健康，生活更好。这一章的各种个人考核方法，放到这种思维下重新咀嚼一遍，感受一下。回味之后，就会有了更清晰的认识。

第 8 章 部门绩效考评

对于个人考核而言，无论用什么考核方法，根本的目的应该是发现问题并解决问题，以提升绩效；或者，是通过考核提升员工的能力，使员工的工作适应性更强。对于部门考评而言，同样是为了发现问题并解决问题，提升部门的绩效，提升部门员工的合作性。

关于部门绩效，有两个案例经常被提到，一是英格尔曼的实验，二是吃比萨饼案例。

英格尔曼的实验，是拉动绳子测量人均力量大小。英格尔曼实验得出：1 个人，63 公斤；2 个人，53 公斤；3 个人，31 公斤。人越多，每个人的所付出的力量越小。这个实验得出：在团队中，由于个人贡献往往无法直接衡量，个人可能会隐身于群体中，成为集体努力中惰化的一员。这也就是搭便车效应。

吃比萨饼案例，大致内容如下：设想我们要和一群朋友共 10 人外出吃比萨饼。通常是由这 10 位用餐者平摊费用。侍者过来问大家要喝点什么。每个用餐者都想要一杯啤酒。上好的进口啤酒每杯 5 元，普通啤酒每杯 2 元。用餐者开始进行如下推算：如果我要一杯进口啤酒，总费用会增加 3 元。但摊到我头上的只有 0.3 元，只要我觉得喝进口啤酒的价值比喝普通啤酒多值 0.3 元，我就要贵的进口啤酒。当然，桌上每个人都做了同样的推算，因此，总费用高出 30 元。这个案例说明，在团队中的一个成员“既然不用承担自己行为的全部后果，那么就可随意乱来”。

一、部门绩效考评的相关者

考评什么就做什么，另一句话就是：考核谁，谁去做。这时，就要考虑：

部门考评是考评谁呢？或者说，部门绩效考评的利益相关者是谁呢？大致有以下三种情形。

（一）无实际利益相关者

部门绩效考评无利益相关者，是指无论部门最终的绩效考评结果如何，奖惩并不与任何人直接相关。对于整个部门而言，并不会因为绩效好或差，会对应于部门整体的奖惩。对于部门的管理者而言，部门绩效考核结果并不影响自己的职位，更不影响自己的薪酬，与升迁也没有什么关系。对于部门成员而言，无须考虑部门任务或部门绩效，个人只做与个人绩效考核相关的工作。对于那些部门内部成员需要合作才能提升部门绩效的事情，如果这些合作产生的绩效成果与个人绩效考核无关，那么，这些合作是很难发生的。

在这种情况下，部门管理者会通过开会等各种形式提及“部门任务”，强调或要求部门成员努力去完成“部门任务”，至于部门员工做或者不做，其实部门管理者不会真正关心。对于部门管理者而言，也不会真正努力去完成“部门任务”。“他”只是形式上安排或强调了“任务”。他的工作，就是“布置或安排任务”，并在个人工作汇报中予以体现。

这样的情形下，会议一般较多，管理者把开会当成工作，忙于“把工作布置下去”以及收集最终形式上的材料；成员合作的意愿较低；权威或利益是“组织黏合剂”。

（二）仅与部分成员相关

仅与部分成员相关，一般而言，就是只与核心成员甚至只与管理者相关。

在只与管理者相关的情形下，普通成员在心理上对部门绩效会“漠视”。管理者所采取的方式，就是强迫成员“重视”，例如通过将任务分解给普通成员，责令成员努力完成，根据成员的任务完成情况给予奖惩。另一种方式是树立或构建团队荣誉感，增强团队意识，使普通成员更加努力。前一种属于“胡萝卜加大棒”的个人考核，后一种方式属于管理方式，不属于考核方式。总之，部门业绩归于管理者，将过失或过错归于下面的员工，以及打着“利益共同体”的旗号对员工进行施压……

部门绩效考评，与管理者相关。一是与管理者的奖金或绩效工资相关联，这是一种把部门绩效等同于部门管理者绩效的做法，并且直接将绩效考评结果与奖金或绩效工资挂钩。在销售型公司或销售部门中，这样的做法更常见。二是与职位升迁相关。也就是部门绩效优秀，部门管理者可能会得到升迁或升迁的概率会增加。不论是绩效工资或奖金，还是职位升迁，只要绩效考核结果只与管理者的业绩和利益相关，那么本质上就是管理者个人的事情，而不是部门所有人的事情。如果部门管理者具有绝对的权力，那么，严厉的奖惩下属员工是很可能发生的事情。

管理者喜欢“数字工程”，因为“这些部门数据”似乎就是他们的业绩，构成他们职位升迁的重要支撑资料。在此情形下，以团队或部门的名义不惜代价制造考核材料,控制或激励员工把所有的时间与精力投入到制造考核材料上，实际的出发点就是他们自己的私人目的。

（三）与部门所有成员均相关

既然部门绩效考评与所有人都不相关，那么所有人都会“漠视”。如果部门的年终奖金与部门绩效考评相关，并且部门的年终奖金是成员均分的，那么，部门绩效考评就与所有的成员相关。这种情形会如何呢?

这种情形下，就会出现搭便车者，或者说，这就是搭便车情形。

看如下案例。

一名员工与其他四名员工共在一个团队，这个团队被要求完成一项有严格时间要求的任务。每个员工都被告知，如果他们比进度每提前一天完成，这个团队就可获得 100 元的奖金，这笔奖金由团队的五名成员平分。设想任意一位成员小李，他既可以选择加班，也可以回家看喜欢的电视节目。小李很喜欢这个电视节目，但也想得到早完工的奖金。他知道，如果今天晚上加班，就可以使任务提前一天完成。这对他的小组来说值 100 元。100 元可以使他放弃晚上的电视节目。可是这 100 元，他只能得到其中的 20 元。考虑再三，小李最后还是回家看电视节目去了。

既然做与不做，每个人拿到的是一样的，那么，就会选择不做。如果能够拿到奖金，那是“不劳而获”；如果拿不到奖金，也没什么，反正自己也没做。

为了避免出现上述情形，有人就想到了考核个人。

如果奖金是因人而异，也就是因每个人的贡献不同而奖金不同，这实际上就是个人考核，那么部门考评是没有任何意义的。况且，个人考核会摧毁团队协作。

经常引用的案例如下：

在 NBA 篮球比赛中，如果公牛队按个人表现付酬，如按个人的得分多少来进行奖励，那么每个人都会单打，而不进行合作。假设在一种情况下，乔丹[①]既可以自己投篮，又可以把球传给队友皮蓬。如果乔丹的报酬只与他自己的得分有关，他就更想投篮，哪怕皮蓬正处于一个更佳的投篮位置，乔丹也不会把球传给他。

上述两种考核方式，无疑是存在问题的，例如，两类过程丧失和三种现象。

1. 两类过程丧失

在《群体绩效——有效管理的基石》[②]这本书中，伯纳德·尼斯塔特认为，群体绩效等于潜在绩效减去过程损失。

斯坦纳区分了两种类型的过程丧失：动机丧失和协作丧失。

（1）动机丧失

动机丧失发生在成员没有受到最大程度的激励的时候，成员所做的努力低于取得最优绩效可能或需要达到的程度。以拉绳子为例，当群体成员拉绳子时，就会有动机丧失的可能，也就是可能不尽力拉绳子的情况会出现。比如，在群体做决策时不提供信息，也是动机丧失。

任何一个职位，都应该考虑有什么动机使之尽职尽责，例如企业员工，高质量完成工作的动力来源于什么。常见的动力源包括利益、被认可、存在感、责任感、使命感等等。如果考核不能增加动力，那么，考核的方式就不是解决问题的方式，甚至可能会造成新的问题。

（2）协作丧失

协作丧失发生在群体成员不能以最优的方式组合其贡献的时候。以拉绳子

---

① 乔丹和皮蓬，是 NBA 公牛王朝时期的公牛队的核心成员。

② 伯纳德·尼斯塔特：《群体绩效——有效管理的基石》，曹继光译，人民邮电出版社 2013 年版。

为例，群体成员不能在同一时间朝同一个方向拉绳子，就会发生协作丧失。另一个例子是解答数学题。假设一个成员得出了问题的答案，但是该成员未能说服其他成员相信他的答案，群体最终选择了一个错误的答案。

协作丧失的最大问题是：有什么样的激励使群体成员协作？团队成员之间的竞争或竞赛机制，是否进一步导致协作丧失？什么样的竞争方式才是良性竞争？这是一个良性群体或组织应该考虑的。

群体的实际绩效的形成中，除两类过程丧失外，还有三种现象。

2. 三种现象

（1）搭便车

搭便车，这个词大家可以先去查阅一下具体含义。搭便车产生的原因有很多。比如，一位女性加入一个男性群体的拉绳子的团体中时，她可能会认为她的贡献是非必需的，这就导致她发挥较小的努力。再举一个群体解决数学问题的例子，如果群体中某些成员觉察到或认为其他成员更擅长数学，他们就有可能倾向于退缩，让那些他们感觉到或认为更擅长数学的成员去解决问题，因为他们认为自己的贡献并不是必需的。

（2）公共利益困境

西方经常以纳税为例来说明公共利益困境。假设税收都用于公共设施，那么逃税者与纳税者都受益于某些公共设施。逃税的人实际上就是搭便车。也就是说，既然是大家的事，就不是哪个人的事，那么，就会出现事情没人管、没人做、没人问的现象。

（3）傻瓜效应

如果人们意识到（或感到）搭便车的人在利用他们，搭便车的人赚了便宜（显然自己被这些搭便车的人当作了傻瓜），人们就会厌恶这种“傻瓜”的角色。所以，当人们意识到或发现他人在搭便车时，就会撤回努力。于是，为了避免被推向傻瓜角色，人们甚至更乐于接受负向结果。这就是傻瓜效应：为了防止搭便车的群体成员“剥削”而减少努力。

当一个群体出现“聪明人”的时候，群体的绩效往往会变差，群体的协作会丧失，甚至群体会解体。在某些群体中，很难形成团队，其实际原因之一是有“聪明人”存在。这类组织中的“团队”，往往是由共同的利益或权威作为黏合剂。创业团队中最忌讳存在“聪明人”。团队创业很难，与“聪明人”一起创业更难。

对于创业期的团队，因为创业期，无法进行有效的考评，更无法根据个人的精力、体力、时间等投入进行核算。在创业期首要问题是“在投入的时候，不可能有分红”，很难按岗位（或按付出）支付薪酬。“聪明人”的斤斤计较会摧毁创业团队。一旦“聪明人”思想和行为上“不能多付出”或“不愿多付出”（仅仅是不多付出，实际上就已经是斤斤计较）产生了，也许，这个创业团队就要解体了。为什么？这是因为一旦斤斤计较，往往会低估他人的付出，高估自己的付出，就更容易形成不平衡心理，就会更快地“撤回”自己的付出。

二、管理者职责

一个管理常识：一个组织或企业的绩效，最终责任由最高管理者所承担；一个部门的绩效责任由部门管理者承担。最终责任是无法转嫁的，也无法推卸的，并且绩效水平反映了管理者的管理水平。

在这样的常识下，人们却很容易做出错误的推理：部门绩效等同于管理者绩效；部门绩效考核等于部门主管的绩效考核。事实上，任何人都知道如下一个简单逻辑：部门绩效不好，管理者要承担责任；部门绩效水平高，不等于管理水平高。

我们经常看到或听到国际上一些引咎辞职的事情，这些引咎辞职的事情往往与辞职者没有直接的关联，但属于自己所管辖范围（准确地说是职责范围）内的事情。这实际上就说明了一个“规则”，整体职责或最终职责的承担是无条件的，不论是偶发原因还是情境原因，都是管理者要承担的。一个部门的绩效不好，或事情没做好，不等于管理者没做事或没尽力，但责任要承担。

在此可以推知，正常的情形应该是：部门整体的业绩良好不一定与管理者相关，但部门出现了问题则一定是管理者的责任。在这样的责任逻辑之下，管理者往往以不出事为原则。

现实情形往往是“功劳”是管理者的，“问题或过错”则属于下属，或者由下属“背锅”。这种类型的组织，谈考核不如直接谈权力，通过权力行使奖惩使下属完成任务。如果下属未能完成所分配的任务，除了奖惩，还可以冠以“不合作”“不配合”“没有大局观”“站位有问题”等进行“舆论谴责”。这种组织是无法谈管理的。虚话是无可辩驳的。

如果谈管理，就应该对管理者的职责进行分析。

（一）管理者职责构成

管理者的职责分为整体职责部分和个体职责部分。整体职责部分，也就是整个部门在分工合作中承担的工作，对应着部门绩效；个体职责部分，是指管理者所承担的具体工作与任务。如果一名管理者没有具体职责，仅仅有一些非具体职责，那么，这名管理者应该仅仅是名义上的，就不应该匹配实际的职权，也不应该匹配实际的资源。

举一个例子，在传统的大学班级中，有一个名义职位是“班长”。这个职位并没有具体的职责，只有一些上传下达事宜或来自学校等部门的临时或具体任务，关于班级的学习质量、学习风气等最重要的绩效并不承担必需的责任，也没有具体工作是与这些重要绩效内容相关联的；当然，这个职位也没有多少实际的职权，也几乎不匹配什么资源。

如果一个职位匹配了资源，例如专门的办公设施（办公室、办公桌椅、电脑等），也匹配了一些职权，例如人员与事务的安排权、调整权，那么，这个职位就要有实实在在的责任，而不能仅仅有一些虚职责或名义职责。

因为某个职责而领取工资或奖金，就不应是虚职责或名义职责。

如果一个组织中的管理者的绩效不能够被记录，不能够被呈现，则必然不能被评估。如果管理者的绩效不能被评估，那么，就等于组织中影响作用最大的一部分人是无法进行考核的。

无论绩效如何进行界定，能够进行考核或考评的绩效，仅仅是绩效的一部分，对管理者如何进行考核或考评，则必须对应于管理者的职责。管理者的职责必须是透明的，其完成职责的记录与呈现也必须透明化，对应的考核指标与标准也是公开的，以及其履行职责所对应的行为和努力，是部门成员可判断的，甚至是可计算的。如此之下，管理者的绩效才有可能进行考核。

1. **业务流程**

业务流程，是指为了完成某特定的任务或达成特定的目标，依次按顺序完成一系列的活动。这一系列的活动可以分解、划分，由不同的人去依次完成各项活动，经过相互衔接或交接最后达成目标或完成任务。

具体的业务流程多种多样，有单线式的，也有几条并列式最后逐次汇集成一条线的，还有其他诸多形式。对于甘特图中的时间与活动关系的理解，可以更好地理解业务流程；关键路径法（CPM）或网络分析法（PERT），也是分析及优化业务流程的工具。

对应于业务流程，管理者的职责行为是否含有业务流程中的活动。如果管理者的职责行为含有业务流程中的活动，那么，其岗位职责是相对容易界定的；如果管理者的职责不含有业务流程中的具体内容，那么，管理者的职责就只包含管理流程中的责任。

2. **管理流程**

管理流程，是与业务流程密切相关的，是建立在业务流程基础之上，为了保证业务流程有效运行的相关管理性工作。

何种活动才能保证业务流程有效？经常提及的有计划、协调、信息收集、检查监督等活动。这些管理活动，出发点或原则不是把业务活动者“管死”，而是激发出业务活动者的责任感。除了这些常规的管理活动，管理流程还应涉及业务流程优化，在保证有效性的同时给予业务活动者更大的自由度以及能动性。管理流程也可以看成是为业务流程服务的。从这个角度而言，管理者有没有做好服务、支持、帮助等工作，则表明其职责履行优劣。

3. **管理流程的价值体现**

管理流程的价值体现，可以近似地看成是管理者岗位价值的体现。

管理流程的价值体现，实际上仍然是通过业务流程来实现的。在某种程度上，业务流程出现了问题或低效，那么，管理流程一定存在问题。管理者有无服务心态与行为，成为关键要素之一。“服务变成控制”，这个归纳尤为精辟，在许多情形下很符合实情。

管理者的职责，就可以简单地看成由管理者所承担的业务活动和管理活动所构成；其岗位价值，也可以根据这个思路进行界定。

对于任何一个有效的组织而言，成员一定非常明确（各层级）管理者做哪些事情是有利于（其所负责的）团队的绩效提升的，并且也一定非常明确（各层级）管理者应该做哪些事情以及用什么方式去完成；否则，这个组织极有可能是低效或者是无效的。

（二）管理者利益与部门绩效

部门绩效，是指部门整体表现，狭义上是指能够量化的部门整体表现。

为什么有些管理者要让员工忙起来呢？为了让员工“充实”，美其名曰让员工有更好的利益前景，实际上只是一种任务驱动方式而已。

无论是采用严厉的奖惩，还是通过“集体荣誉”，真正被忽视的却是管理者的职责；管理者真正关心的是部门或整体绩效与自己的关系。管理者或在位者的利益与整体绩效是相关的，但整体绩效并不与全体成员的个人利益相关。

（三）监督与考核职责

如果把工作分解给员工，管理者只剩下权力、权威或者监管的话，那么这样的管理者无论多么忙，实际上仅仅是履行了其职责的一部分，即监督与考核职责。（事实上，能把监督与考核职责履行到位的管理者，在现实中也可以称为是优秀的管理者了）

虽然监督与考核职责是管理者（例行）职责的一部分，但往往被认为是其主要职责。如果说管理者的职责由管理职责和业务职责构成，那么管理职责应该包括如何最大化利用部门的所有人力资源（及其他资源），进行合理的分工与配置，形成更好的协作团队。这时，就要求管理者要有统筹能力、决策能力、预判能力、团队意识、分享意识与激励能力等。当管理者把业务职责去掉，把管理职责缩小到监督与考核的时候，这时候管理者最重要的能力就变成督查能力了。

督查能力是管理者的能力之一，并且具有约束性。因为督查很多时候是例行性的，需要按规章按流程按时（及时）合规地进行。（现实中具有督查能力的人并不多，因为任何能力的获得都需要有意识地训练或强制性训练。督查能力的训练往往从督查意识以及职责或责任的理解开始，这些环节在现实中是欠缺的）按照规章例行性的督查，往往被“下放”给一般行政人员去做了。督查往往不是帮助员工成长，而是规范材料。

对于一名管理者而言，只想发布一下命令，不想每天重复做提醒、检查、监督、信息收集等工作，那么，这个人本来就不是管理者，只是权力者。

权力者主要的工作是“下达命令”“传达与指示”“评价与奖惩”。当这样的管理者存在时，甚至几乎全部是这样的管理者时，这个组织中的考核“游戏规则”（或称为制度）都是经不住分析的。

从理论上而言，管理者的督查执行力，应该更多地归于制度，归于责任意识和行为。

举例而言，一个家庭主妇或主夫，不只是洗衣、做饭、打扫卫生这些事情，还要按时提醒以及检查未成年子女的学习与成长事务（更重要的责任是培养孩子具有自我管理能力以及有更大的自由度以及能动性）。这些事情每天都要按时及时去做，或者说，同样的事情，每天都要做，并且要按时做及时做，不能有任何的疏忽或遗漏，直至养成孩子的自我管理能力。对于一名管理者而言，道理是一样的。

培养孩子有好习惯，培养孩子的自我管理能力，培养孩子的专注……这些事情不仅花费的时间与精力多而且难度高。简单地呵斥或责骂，绝对不是好的培养方式。对于培养员工的工作习惯、自我管理能力、专注……管理者往往忽略这些工作，管理者往往选择使用简单粗暴的奖惩方式。

组织中存在问题，实际上最大的可能是管理者出了问题。这是一个常识。

三、部门绩效考评与部门管理者的绩效考核的关系

对管理者的绩效考核，往往有人想到权重，也就是如何设置管理者个人业绩与部门业绩的权重，从而考核管理者。

权重，往往是处理一些考核问题时用到的一个重要工具。对管理者而言，部门绩效、管理职责、业务职责，这三部分往往会构成管理者的绩效考核成分。对部门的员工而言，部门考核系数与个人绩效评分的联动，往往也是被经常使用的。

如此使用部门绩效考评的最终结果，是否合适呢？也许，这样的使用，也无可厚非，但分析这样使用的背后动因，会更有意义。以部门考核为主还是以管理者个人考核为主，就是哪方面权重更大而已。

（一）以部门绩效考评为主

部门绩效考评为主，必须对部门责任的来源进行分析。

一个组织的目标或使命，或者一个组织的责任，要分割成“块状”由各个部门承担。一旦某个部门的责任在履行过程中出现了问题，则必然会导致整体出现问题。接下来，就涉及职责分工、责任分解、形成流程；然后，就会涉及科层制、流程优化等事情。这似乎是一连串必然的事情。这种思路，与个人指标（以及权重）的来源非常相似，就是FAST（组织功能分解法）与PAST（工作流程分解法）。

对企业而言，往往是从不规范到规范，从规范到固化，从固化到低效，然后是失去创新能力和竞争能力，被淘汰或逐渐衰弱。越是强化考核，似乎每一步都会更快地过渡到下一步。

部门绩效考评的主要作用是“透明化”。透明化可以分为两个方面：一是内部流程与职责透明化；二是对外顾客服务流程及工作内容透明化。在透明化的基础上，优化流程或简化流程，明晰责任而不是将任务或工作固化，才符合部门绩效考评的提升作用。

部门考评的主要作用是对部门责任的清晰化，奖惩是次要的。在薪酬体系以及职位通道的设计中，应该是责任与能力匹配，责任与薪酬匹配，让适合的人到合适的位置上去，而不是以绩效情况进行简单匹配。

（二）以管理者的绩效考核为主

如果进行层级考核，例如从整体考核到部门考核再到个人考核。这种考核方式中，实际上，部门考核就是一个过渡而已，针对的还是个人考核。这种情形的考核中，个人绩效往往与薪酬或奖惩相关。

对部门管理者的绩效考核，首先，明确部门管理层与部门绩效的关系；其次，明确部门绩效所占管理者绩效考核的比重；最后，明确管理者职责构成中除了管理职责外的职责履行情况。

部门管理者绩效考核的指标与标准必须清晰化，职责履行记录清晰、准确（并有良好的呈现）。

既然责任分解，考核责任也应该分解。既然责任分层级，考核责任也应分层级。如此情形之下，如何避免过度层级制就成为一个重要内容。当放弃了制衡，强化监督或考核，绩效考核也许仅仅有利于完成眼前的任务，或高额完成眼前的任务。长期而言，可能会产生更多的不利情形。

四、部门绩效考评与部门管理者

任何的绩效考核，都是指标与标准的事情，各个指标所占权重的事情。任何的绩效考核实务，都属于记录、呈现、评价的事情。部门绩效考评，也不外乎如此。只不过，对于部门绩效考评而言，记录、呈现与评价是针对“整体”的而不是部门中的个人，是“集合”的概念，是部门的整体表现。仅仅如此。

（一）“集合”具有欺骗性

21 世纪初，在高校中的大学生会遇到很多的考核以及很多的课外学分或实践类学分，例如参加竞赛获取实践学分。这些考核或学分，最后，会转化为一些“学生管理部门”的业绩。

在高校，如何让学生做事情并且“光明正大”地让学生“自愿且积极”地做事情，往往与考核或课外学分的设置有密切关系。那些不是因为兴趣爱好而参加竞赛的学生，往往是为了荣誉或学分，这些学生就是考核文化下的“抢食者”，是考核制度推行的先行者。

很多大学生会发现，有些行政人员的工作主要由两部分构成：一是发通知；二是收集与整理材料。第三项工作是做材料。很少有行政人员做材料，少的原因，是因为做材料的事情都转给学生或学生干部了，或者转给普通老师了。但最后材料的“集合”，却成了业绩，当然这些业绩是学生做出来的或老师做出来的，但“功劳”却归于“集体”。甚至，有些学生干部在这个过程中，也学会了把做材料的事情转嫁给他人。甚至，某些高校中的教师也会把很多事情转给学生或学生干部。

这些事情，对于学生认识做事和考核是有帮助的，特别是认识大学生的各类课外或实践学分的设置以及各种优秀的评比指标构成和标准，是有助于理解所谓的“制度”的。

（二）管理者以考核为手段让他人做事

对于部门绩效的考评，主要的问题就是部门绩效与管理者绩效之间的关系。当然，另一个方面是看管理者在部门绩效中的作用。有些管理者只会“命令”与“奖惩”，并不进行引导、指导、支持、帮助、参与等行为。

在许多组织中，权力或权威才是组织运行的最重要因素。在这样的组织中，管理者如何具有权威，如何使用权威以及用权力（奖惩）推进事情的进展，才是这类组织中的常态。对员工的考核仅仅是这类组织的辅助工具而已。以考核为手段让他人做事，或者以考核为手段将任务量提升上去，这样的做法现实中很常见。

（三）管理者的责任以及履行方式透明化是关键

对于一个正常的组织而言，员工“应该知道”或者任何一个员工都“能够知道”最高管理者应该做什么以及有什么事情在做。部门管理者的职责以及有关职责履行的信息至少应该透明，否则，部门绩效考评也许与部门管理者并无实质上的关系。把部门员工或部门中的各个分支的绩效简单加总作为部门管理者的绩效，不仅缺乏逻辑关系，甚至是极其荒谬的。也就是说，把部门绩效或组织绩效等同于管理者绩效，是有条件的。

（四）对管理者的考核与奖惩

部门管理者的薪酬是否与考核挂钩以及如何将部门考核与部门管理者考核进行明确的界定，这是理解现实中考核的关键点。

管理者把部门业绩“包装”成自己的业绩，通过职位提升自己的声誉，其目的也许就是个人利益。当把部门的业绩等同于部门管理者的业绩，并且“这些业绩”可以作为“升官发财”的依据时，部门管理者必定坚定地按照“上级的考核要求”将任务分解给下一级部门或单位，并对员工进行严格的任务考核。这是等级制度考核的必然情形，与本章中所谈的部门绩效考评是不同的。

（五）部门绩效考评的目的

部门绩效考评的目的主要有两个：一是部门管理者的职责界定，促使部门管理者更好地履行职责；二是如何提升部门的绩效，简化流程，发挥部门员工的主动性与能动性。

对于绩效考核而言，部门绩效考评的重要性远大于对个人的绩效考核。也许，大多数的绩效考核进行部门绩效考评以及对部门负责人的个人绩效考核就可以了，不应该对普通员工进行绩效考核。这是因为，对部门的绩效考评或许有利于部门员工的分工与合作，对个人的绩效考核或许破坏合作（变成成员之间的相互竞争）。是否禁止或限制部门负责人对成员进行考核，也许在现实中某些情境下应该考虑。如果员工个人单独的业务或工作可以直接与业务提成(或奖金）相关联，那么这种情形下根本不需要考核，只要进行相关的薪酬制度设计即可。

当一个组织进行部门考核时，至少表明这个组织的高管人员认识到“真正的绩效是合作产生的，而非单打独斗的结果”。对于企业而言，流程的关联度是重要的，例如，如果采购、库存、销售之间存在联动效应，就应该将它们放到一起进行考核。再例如，相互关联的部门以流程的思维进行的考核，就是把几个职能部门放在一起的“大部门考核”。所以说，在进行部门考核时，是将部门作为利润中心还是成本中心，将联动部门放在一起还是独立进行，这在考核实务中的具体做法，才是部门考核要思考的问题。

非营利性组织不能将部门看成利润中心，但是，可以看成成本中心。如果非营利性组织不计成本而造业绩，无论这种业绩考评分数多高，都应该质疑是不是相当于用钱买来的“业绩数据”。这种造业绩的行为，实际上是得不偿失的。

在现实中，存在一种情形，各个部门的核心职责的履行情形相差无几，但为了争名夺利，就费尽脑汁从材料或文字表述上制造出特色或亮点，就像三件T恤衫，质地最差的一件“花时间花精力”绣了一朵花，另一件最不合身的T恤剪了一个口子，第三件相对质地最好、最舒适、合身的T恤就必须做点什么了，否则就是最差了。这种扭曲的考核逻辑，往往忘掉了核心职责，而更多地关注本来无足轻重的亮点了。

第9章 组织绩效评价

在《大空头》[①]这本书中，有段文字如下（略有改动）。

一家大型日本房地产企业的首席执行官把自己公司的财务报表交给艾斯曼，随后带着翻译去争取艾斯曼的投资。“你甚至没有持有你自己公司的股票。”艾斯曼听了这位日本商人的详细介绍之后说。翻译与这家日本企业的首席执行官进行了商议。“在日本，管理层通常不拥有股份。”这位首席官最后说。艾斯曼注意到，这个家伙的财务报表没有披露有关他的公司的任何真正重要细节。但是，艾斯曼没有直接这样说，而是把这份报表拎起来，就像捏着一堆不干净的东西。“这……就是厕纸。”他说，“把这翻译给他听。”

当时一位在场者回忆道：“那位日本佬摘下了眼镜，他的嘴唇颤抖着，‘厕纸？厕纸？’”

上面的文字中，艾斯曼如何评价一家企业？艾斯曼阅读财务报表时，想要寻找有关“真正重要细节”的信息，这些信息是指哪些信息？对于组织绩效评价而言，特别是营利性组织，也就是企业，其绩效评价是不是由财务报表就可以大致反映出来？

接下来看同一本书的第61—62页的一段文字。

先驱公司是一个很好的例子，巴里通过在新闻里搜索“同意”这个关键词

① 迈克尔·刘易斯：《大空头》，何正云译，中信出版集团2015年版，第8页。

找到了这家公司。他知道，在竞争中毫无优势的他需要找出非常规的方式，让胜利的天平向他这边倾斜，而这通常意味着必须找到其他人还没有意识到的不寻常的形势。“我不想找关于骗局和欺诈的新闻报道，”他说，“那种做法太过保守了，我希望能够有超前的意识。我寻找的是那些在法庭上发生的或许能够把我们引向一个投资主题的事情。比如法庭同意了某个论据，同意了某个请求，同意了某项和解。”法庭同意了一家名叫先驱公司的软件公司的请求。先驱公司曾经被起诉从一家竞争对手处窃取了软件的源代码，并以此作为先驱公司全部业务基础。该公司的市值只有 2.5 亿美元！迈克尔·巴里开始对它进行仔细的研究，在他完成这项研究的时候，地球上没有谁比他更了解先驱公司的了。他能够看出来，尽管先驱公司的高管被关进监狱（这是他们应得的），而且支付了罚金（这也是应该的），先驱公司仍然要比当时人们普遍认为的更值钱。它的大多数工程师都是持有签证的外国公民，在获得绿卡之前，任何人都不会辞职，从而公司不会有因员工离职而造成的风险。然而，要想在先驱的股票上赚到钱，必须承受短期的亏损，因为投资人在对负面消息做出的恐惧应对的时候，会大量抛售他们手中的股票。

巴里在 2001 年 6 月以每股 12 美元的价格买入了他们的首批先驱公司股票。随后，先驱公司管理层的照片在《商业周刊》的封面上，上面的大标题是“犯罪者被惩处了吗”。股价跳水，巴里买入更多。先驱公司的管理层入狱，股价跌得更凶，迈克尔·巴里继续买入。先驱公司的股价一路下跌到了每股 2 美元，巴里成了先驱公司最大的单一股东。4 个月之后，先驱公司以每股 22 美元的价格被收购。

上面的一段文字中，我们无法清晰地知道迈克尔·巴里如何判断一家公司的价值，但是我们应该相信，这其实就是对一家公司的评价，或者说是价值评估。

收集信息，分析评价，这是一种重要的能力。

有人说，沃伦·巴菲特是无法复制的，因为他有独特的价值判断能力。其实，应该是他评价一家企业所选取的角度，所收集的信息，然后用他认为适合的逻辑来评价这家企业的价值，这一切是难以复制的。或者说，之所以难以复制或模仿，就是我们不知道他将会从什么角度来评判一家企业，我们无法用他的角度，无法知道他要获取哪些信息，无法知道他用什么样的逻辑。除了价值评估、风险评估、趋势评估、政策环境评估，当然还涉及投资方式、投资的时机与时间长短（反映在股票上则是买入、卖出时间点以及持有的时间长度）；最重要的也许还有当时的时代背景与行业状态。

投资与理财，是任何法人或成年自然人该有的知识与能力。当投资与理财的对象是企业时，对企业的评价就与营利性组织的绩效评价非常接近了。

一、组织绩效评价的角度

什么情况下，或什么时候，要进行组织绩效评价呢？或者说“谁”会对组织进行评价呢？大致上可以分为两个方面：他方评价和自己评价。

（一）他方评价

他方为什么要对组织进行评价？目的应该主要有三个：投资、竞争、合作。这三个不同的目的，所选取的评价指标体系一定是不同的。

1. 投资

当进行投资（或投机）的时候，对一家企业进行价值判断，实际上可以看成是对整个企业的绩效评估。当然，股市中的投资（或投机）不仅仅要评判企业的价值，还有股价趋势，以及市场等因素。一家公司，在某个时点其股价在某个价格上，该公司是有价值的；但换一个时点，还是同一个公司，也许股价在另一个价格上，该公司就没有投资价值了。除了公司股价之外，还有行业趋势、技术环境、金融环境、政策环境、环保发展的要求等各个方面，都将影响对公司的评估。不同的指标模型，实际上对应的就是不同的指标与标准。

对于投资而言，要有投资思维。清晰的投资思路，至少是从清晰的企业评价开始的。如果对一个企业的资本结构、资金成本等方面尚且不理解或看不清楚，去评价一个企业则很困难了。

个人要进行投资，企业也要进行投资。投资到哪里，投资给谁，这个当然要分析的。当对一个企业进行投资时，企业的整体绩效分析就是必要的。

真实的信息，是最重要的基础。

2. **竞争**

最著名的竞争模型之一是波特的竞争力分析，在这个分析中，有五个方面的竞争。根据这五个方面的竞争，相应地有五个方面的评价：①直接竞争对手评价；②供应商评价；③销售商评价；④潜在进入者评价或潜在竞争对手评价；⑤替代方评价。这五个方面，就可以转化为五大指标体系。

其他的竞争模型，同样需要的是对竞争方的评估或评价。对于这些公司的评估，信息收集是最为重要的。如何收集信息，如何评价，事实上也对应着评价的指标与标准。对于评价而言，用战争的思维来表达，就是“知己知彼，百战不殆”。知彼，就是对对方的评估；知己，就是对自己的评估。

3. **合作**

对于以利润为出发点的公司而言，其思维往往是竞争；对于一家创造价值的公司而言，其思维更多的是合作，即一起创造价值，或者说共同创造价值。合作就是一起创造更大的价值以及分享价值。

如果是战略合作伙伴关系的供应商或销售商，其信息是“封锁”的或封闭的，无法获取对方的有效信息，那么，肯定不能进行战略合作。信任是基于制度的，具体来说，是基于彼此规范的流程，而非人为的政策和规章。

因此，合作要进行评估，甚至可以说，要进行严格的评估。企业间要进行合作，就必须进行彼此评估。

对于企业而言，评估一家企业的目的主要是出于投资、竞争、合作等三个方面。除这三个方面外，还有一种情形是加入。对于一个有能力者，应该是能够正确评估自己价值的人，加入一个什么样的公司，当然也是要评估该公司的。不论“加入”哪里，都应该对自己以及对对方有一个准确的评估。也许，这些评估越准确，“加入”与否的决策就越理性。即使根据模糊信息和直觉做出的决策，实际上也是一种通过直觉评估之后的决策。对于有足够的评估信息和评估能力的人，是一回事；对于一个没有能力者，那就是另一回事了。

（二）自己评价

除他方的评估外，还有自己对自己的评估。要知彼，还要知己。对于企业而言，进行企业内部评估，也有很多方式和方法。下面列举五个。

1. 德鲁克认为的企业绩效评价

德鲁克在《管理实践》中认为，企业应该设定绩效和成果目标的领域共有八个：市场地位、创新、生产力、实物和财力资源、获利能力、管理者绩效和培养管理者、员工绩效和工作态度、社会责任。①

德鲁克认为的评估，是从企业的经营角度（经营角度是否可以继续分为竞争、盈利、持续运营、成长等方面），还是从业主的角度，或是从顾客、员工、社会的角度呢？也就是，这种评估的出发点是什么？在现实中是否可以应用？以及谁会用这样的评估角度？沿着这样的思维“进行对话”，也许才能够真正形成自己的观念，以及形成自己的判断。

不要轻易相信任何一个人。要了解他的真实含义，必须先仔细分析并明确他的前提假设、视角以及出发点。也不要盲目地否定或质疑一个人，在阅读任何人的作品时，都应该靠自己判断。

2. BSC

平衡计分卡（也称平衡记分卡、平衡积分卡），由 Robert S. Kaplan 和 David P. Norton 提出，是现在公司最常用的评价方式之一。可以从财务、战略落实以及绩效评价这三个不同的角度去使用这个工具。

平衡计分卡的最终指标是财务指标，或者说是财务目标。要实现财务目标，从内部而言是运营流程，从外部而言是服务顾客流程。支撑“更好地服务顾客”以及“更优化的内部流程”的是“组织的学习与成长”，这里的“组织的学习与成长”，有时候直接转化为“学习与成长”或“员工的学习与成长”。

平衡计分卡，可划分为四大类指标，然后根据这四大类指标，进行指标的分解（二级或三级指标，或称为次级指标或次次级指标），确定相应的标准。也就是说，平衡计分卡，本质上就是划分指标的一种指导方式。

3. KPI

BSC 是一种划分指标的方法，KPI 也是。根据德鲁克的理解，关键绩效指标有八个方面；根据 Robert S. Kaplan 和 David P. Norton 的理解，关键绩效指标

① 彼得·德鲁克：《管理的实践》，齐若兰译，机械工业出版社 2006 年版，第 53—73 页。

则是四个方面。也就是说，不论德鲁克八个目标领域的提法还是 BSC，实际上都是 KPI 的一种具体形式而已。

关键，什么是关键？

如果德鲁克提出的八个目标领域是关键领域，那么由这些领域提炼出的指标就属于关键指标，那么对应着这些指标的绩效表现就属于关键绩效表现。同理，对于 BSC 也可以如此理解。所有的一切，归结于如何理解关键。

不论是时间管理，还是精力管理，认识关键与重要，都是这些理论的前提。也许，识别关键，认识关键，利用 KPI 这种方式，找到关键（以及重要），才是这个方法的意义。如果不能识别关键与重要，那么，仅仅知道 KPI，也就是仅仅知道一个名词而已，与不知道这个名词相比，差距并不大。（有些人也许不知道这个名词，但能够识别什么是关键，什么事情重要）

4. EVA

EVA 是经济增加值模型（Economic Value Added）的简称，1990 年由斯特恩·斯图尔特（Stern Stewart）咨询公司首次提出后迅速在世界范围内获得广泛的运用。

EVA 模型为我们解决上述问题提供了一个基本工具，其公式为：

$\mathrm{EVA}t = \mathrm{E}t - r \times \mathrm{C}t - 1$

其中，EVAt 为公司在第 t 时间阶段创造的经济增加值大小；Et 为公司在 t 时间阶段使用该资产获得的实际收益；r 为单位资产的使用成本；Ct–1 为 t 时间阶段初使用的资产净值。

EVA 体系，一般用四个 M 的概念进行阐释，即评价指标（Measurement）、管理体系（Management）、激励制度（Motivation）以及理念体系（Mindset）。然后是 EVA 的评价和操作程序。

5. OKR

OKR 的全称为“目标和关键成果”（Objectives and Key Results），是在改进 KPI 的基础上进行的一种方式。KPI 理论上是必须严格按照“SMART”原则制订的，是否达到甚至达到比例多少（小于 100% 还是大于 100%）都是要能测量的。但这就导致一个问题，有些事情值得去做，但在一部分做出来之前无法测量，因此无法制定目标。有时，在不能测量的情况下，也无法确切知道各项工作的权重，所以只设定目标，而不设置权重。在这样的情况下，OKR 就是绩效工具，而不是考评工具。OKR 关注目标和行动，而不是考评。反之，如果 OKR 与考核挂钩，也就是目标的达成度和关键成果的评判最终与奖惩相关，那么，这样的 OKR 实际上就是考核。

考核的目标不论是具体的流程、任务，还是指向性的目标，只要存在评定和比较，最终就仍然变成员工与员工之间的竞争，变成员工的优劣排名。

理解一个指标体系并不难，根据一个指标体系模仿、套用，也不难。对于评估，最终落实到指标、标准上。

二、组织绩效指标的根本来源

组织绩效指标，也就是从哪几个方面评价组织绩效。

组织绩效指标，一般而言是指标体系。对于企业而言，盈利能力一般可以看作其中的一个指标，那么，盈利能力是什么含义以及如何评价呢？盈利能力与利润并不是一个词。如果查一下“亚马逊什么时候开始盈利”，就能查到 2015 年的一些报道，亏损了 20 年的亚马逊开始盈利了。但是，在亚马逊持续亏损的 20 年，其股价一直上涨，说明人们对于其“盈利能力”一直看好。

企业，可以看成是营利性组织，盈利是其评价指标的一部分，无可厚非。企业凭什么盈利呢？

从理论上而言，是凭借其产品给顾客带来的价值！认识产品以及评价产品，才是最根本的评价。因此，从理论角度而言，从哪些方面对“产品”进行评价，也就大致构成了组织的绩效指标。

只要清晰认识了一个组织的“产品”，那么对于其他组织的产品的认识就相对容易了，人类具有“某些自动推理”的能力。但是，认识一个组织的产品也不是件容易的事情。例如，某企业募集资金种植苹果树苗。募集说明书中表示，该苹果树苗要 3 年后才能开始有苹果且富含某元素，5 年后才能规模生产苹果，8 年后才能进入苹果的高产期，在最近一年内还要进行三轮融资，明年企业上市。这家企业的产品是什么呢？

也许，很多人认为是苹果；也许，有人认为这家企业是卖苹果树苗的。这时候，向你募集资金你是否愿意呢？明年企业上市后，你准备继续持有该公司的股份，还是卖出手中的股份呢？

也许，上述企业就是“卖故事的”，它的产品就是“故事”而已。

至于这家企业最后是什么，在这阶段很难判断。

从产出（产品）的角度出发，必然就会追问到什么样的过程才会得到想要的产出，然后是应该投入什么。组织绩效评价的指标构成，往往就转化为产出要素、过程要素、投入要素。

如果说组织评价的要点是清晰的，那么，组织绩效评价的难点在哪里呢？

三、组织绩效评价的难点

无论是用BSC还是EVA，还是用KPI，对组织（或企业）绩效进行评估时，往往考虑的是方法的适用性，技术方面的难点，操作或执行过程中可能出现的各种情形。事实上，只要是一个勤奋的人，对任何一种绩效考核的工具或方法，至多一周的时间，就能够全面了解；只要用心思考，操作的难点和要点是不难理解的。

也就是说，对于学习绩效评估的人而言，都可以自学这些方法，并且能够学会、学好。本章中要交流的难点，当然不是这些。本章认为的绩效评价的难点，是以下内容。

（一）组织目标

以某一所小学为例，如果以学生的学习成绩以及安全事故作为目标，对于这个学校的评估就很简单很容易，并且按照这个思路去评估各个班级（班主任或教师）也很简单很容易。

如果一所小学把以下几点作为目标：学生的身心健康，明辨是非的能力，习惯、兴趣、爱好的培养，与人交往的能力，权利、独立、自我的认识，等等，那么，评价一所小学相对就很难。

到底这所小学的目标是什么呢？应该是什么呢？这才是评价的难点。当把几门容易考试的课程的成绩或分数作为唯一的评价指标时，一切似乎简单易行，但是，这也许已经远远偏离了教育的真实含义。

目标管理，在绩效评价甚至绩效管理中经常被提到（或用到），但是，目标是什么以及目标如何表述，则关系到绩效评价。对于 OKR 而言，O（目标）是什么以及 KR（关键成果）如何定义，才是重点。

无论评价者是谁，以什么作为评价指标和标准最为重要。

1. 以利润为目标的企业

对企业这种典型的组织而言，以赚钱为目标无可厚非，甚至是天经地义的。以利润为目标，至少也应该有底线：对顾客，不卖假货，不卖假信息，不设计圈套套路顾客；对员工，不故意让员工加班，不降低各种保险和劳动保护，等等。

钱该怎么赚呢？中国有句古话：“君子爱财取之有道。”取之有道，应该就是为客户提供价值，提供的价值越大或越高，理应获得的回报就更大或更高，这才是天经地义的，但现实中却并非如此。举一个例子，某电器公司提供免费上门安装服务，名义上是出售同样性能以及价格的电器，以“售后服务增值”的方式提升竞争力。但是“免费上门安装”转变为“上门销售配件”，并且价格高昂。这种情形又会如何呢？这种做法本质上是把电器分为两部分：主体部分与配件部分。配件部分上门销售（如果不用他们的“同品牌配套”配件的话，那么电器的使用出现异常，则顾客自己负责，以此种方式“强行”推销）。名义上是免费上门安装，实际上安装费用包含在配件之中。

诸如此类的事情，天天都在发生。例如免费领取净水器，免费上门安装，然后收取“配件费”，实际上收取的就是“净水器、配件、安装”的总费用，前面的两项免费是“钓鱼”。所谓的免费清洗、免费诊断、免费公开课……实际上都是上门推销或直销的一种接触顾客的手段。只能相信“没有免费的午餐”，如果你真的没花钱，那么，至少你也要成为宣传或广告媒介。各种手机注册获得的“奖励”，无非就是以个人信息以及手机注册（接收企业信息）与“所获得”的一个交易或交换。本质上是相互交换或交易，却包装成“免费领取”“优惠”“减免”“提现”等花言巧语，实际上还是“诱骗”或“诱饵”。

对于这些以利润为目标的企业，其绩效指标的设定，就是直接的数量指标，抓住老鼠的猫就是好猫。

如果说以上行为还属于市场行为，那么利用行政手段进行推广的企业，就无法对其评价了。利用行政手段，必然有利益交换，必然是将付出的成本与获得的市场转化为数量指标。

2. 不同的视角

两个人在谈话，其他几个人在听。

其中一个说："日本，清洁干净，饭菜好吃；日本企业生产的是优良产品；日本是个优秀的民族；只要去过日本，没有不喜欢的。"

另一个人说："日本侵占朝韩半岛期间，有计划地系统性地破坏这个地区的工业产业和教育；侵略中国时第一发炮弹就投到当时世界上最大的图书馆之一的上海东亚图书馆，直接毁坏人类的文明成果，大量的图书孤本瞬间就没了（造成上海遍地纸灰）；侵犯中国期间把妇女和小孩都残忍杀害了，这样的事情全世界也不多见。实在看不出这是一个优秀民族所能做出来的事情。"

第一个人说："这是以前的事情了，我们不能把以前的事情归于现在的人身上。"

第二个人接着说："三峡水电站购买的发电机组，外面标着是日本进口的，打开一看，全部是中国小企业生产的部件，甚至是劣质零件，但价格是按整机进口价（实际上是日资企业在中国组装的机器）。免费提供给中国东北老百姓一次性筷子生产机器，而且是大量提供这种家庭作坊式的小机器，并且所生产的一次性筷子全部按合同价收购。一次性筷子运回日本，使用一次后，回收用来造纸，日本本土的森林是一点也不砍伐的。这些事情发生在 20 世纪末 21 世纪初了，是现在的人干的吧？"

第一个人说："谁让你们中国人傻呢。"

第二个人说："按照你这样说法，骗子骗人没错，是因为别人傻。好奇怪的理由。"

第一个人说："虽然你说的事情可能存在，但你怎么知道不是中国人骗中国人呢？也许中国人更差呢？"

这两个人“话不投机”，各有各的观点，甚至话题都转移了（由讨论日本的环境到讨论日本人，再转变成了讨论中国人）。他们二人评价视角是什么呢？孰对孰错？（上面的这种讨论，信息是否真实？边界是否清晰？日本人的卫生习惯是生存环境造成的还是高素质的体现呢？还是二者皆有？日本、日本民族、日本人、日本政府、日本企业、日本侵略者，这些有什么区别？他们为什么把这些都混淆在一起，又为什么会把讨论目标转移了？是不是应该讨论日本干净卫生的环境引起的“晕轮效应”？）

评价一个组织，应该以什么作为指标呢？以什么作为标准呢？外人的视角，社会的视角，政府的视角，还是企业的视角？（即使是企业的视角，企业的视角是指管理层、业主、董事会、员工，还是什么呢？）无论以什么角度进行评价，在不同情感频道上的人是无法进行交流的；当然，站在不同的利益角度也是无法进行交流的。

（二）公司最高层管理者的兴趣爱好

评价一个组织，要看最高管理层的真正兴趣和爱好，这一点似乎很少在绩效管理有关书籍中提及，但在现实中却是时有发生。投资人往往把被投资人是否喜欢豪车、帅哥或美女作为重要的信息，这就是对于兴趣爱好的考察（这实际上是对感官与欲望的判断，从而判断其事业心的原动力）。现在的投资人考察被投资人时，往往还考察其是否喜欢玩电子游戏或用即时聊天工具等方面的内容。

为什么投资人不仅要评估企业或项目，还要评估这些似乎没有什么关系的（管理者或项目执行人的）兴趣和爱好呢？事实上，有些投资人要全面评估被投资方管理团队的价值观、行为底线、行为准则、执行力等方面的情况，这些考察内容往往可以从其兴趣爱好中表现出来，项目背景等内容反而不是最重要的考察点。

兴趣、爱好、价值观，如何评估呢？

1. 兴趣与关注点

一个人的精力是有限的，一个人的时间是有限的。在有限的时间有限的精力情况下，人们往往把大量的时间与精力花费到自己所关注的事情上面。一个团队所关注的事情，往往与管理层的兴趣爱好密切相关。例如，一个喜欢“稳定、有序”的管理团队，则有可能拒绝或排斥冲突、创新以及变动。一个喜欢“掌控”的管理团队，则可能厌恶“他人的挑战”并且整个团队也尽量避免接受挑战。

如果一个管理团队中的核心成员，由于年龄增长、家庭变故、组织内部情况、社会环境等诸多因素中一种或多种而导致关注点变化，实际上也就是兴趣爱好的变化，或者称为个性的改变，也必然影响组织的发展趋势。

管理层核心成员的欲望、行为、观念，将会极大地影响着组织的绩效，甚至影响着组织的兴衰。

也许，利益是需要业绩支撑的。这里的业绩，往往是团队或整体的业绩，却被管理者“包装”成个人业绩，或者仅仅是数字或形象上的业绩而已，再或者仅仅用于宣传或汇报的业绩。名望与地位也需要精心包装，在利益的驱动下必然把个人的名望与地位凌驾于团队或整体之上。为了利益，能够获得利益，能够凌驾于团队或整体之上，必有过人之处。如何看待或评价这类人，也许，往往会走向两个极端，很难做到客观。

2. 关注点与行为约束

《门口的野蛮人》[①] 记录了公司管理层喜欢享乐，使公司成为实现个人欲望的工具，最后导致公司被收购（但管理者们并没有什么利益损失）的真实故事。从这本书中的描述可以看到，公司核心管理者们的关注点并不是公司绩效，也不是公司成长，其行为可以认为是不受约束的。该公司无论从内还是从外，都是很难评估的，甚至核心管理层都不能估算出公司的真实价值。各个“收购方”想尽一切办法“获取评估信息”，这些收购方所想获得的仅仅是“公司的财务价值信息”，而不是管理层或员工的价值，也不是公司长远经营与发展的价值。

可见，管理层的关注点和行为，造成了评估的困难。

真实的信息与透明化，也许是评估的关键前提之一，但这样的信息并不是

---

① 布赖恩·伯勒、约翰·希利亚尔：《门口的野蛮人：史上最强悍的资本收购》，张振华译，机械工业出版社 2010 年版。

“自动”呈现出来的。《蓝血十杰》记载的是福特汽车的事情。当时的福特是一家私营企业，最高管理决策者就是业主，但业主也没有可靠的真实的评价信息，老板和管理层并没有把信息真实化以及透明化作为首要目标。显然，彼时的福特汽车是很难评估的。

管理者的行为约束，这是一个很深刻的话题。仅就营利性的企业而言，开办企业的人（业主）也许不仅仅是为了盈利（或赚钱），也许还有其他的欲望或目的，例如，事业心、控制欲、权力欲等等。

3. **制度观念**

最高层管理者是如何理解制度的？个人的兴趣爱好以及行为习惯，是遵循制度的，还是其他情形呢？如果最高层管理者把“责任归于集体，把利益归于自己”，那么，这种组织中管理者所认为的制度是很容易分析出来的。

观念是关键因素。如果一个组织信奉平等、分工与合作、职责履行、透明化、参与等理念，那么必然在其制度上体现出来；如果最高层管理者也有同样的理念，那么在其个人兴趣以及行为习惯上必有体现。习惯于命令和奖惩的人，必然喜欢游离于制度之外，在其权力（本应是职责）范围内必然高高在上。其个人必然不喜欢透明化。如果信息不透明，则很难评价。

制度的观念，实际上体现出组织内在深层的欲望与偏好。

对于组织的评价，必然要评价制度。制度，是指真正执行的那些规则和程序，而不是纸上的条文。或者说，具体执行的才是制度，即使与条文不一致，例如未明确的潜规则也属于“运行的制度的范畴”；纸上的条文仅仅是文字而已。

当思考绩效评估或考核时，一定要看到这个东西可怕的一些方面，特别是与权力结合可能出现的变异方面。

（三）往往忘记了最根本的东西

最根本的东西是什么呢？也许每个人的认识各不相同。但本章认为，对组织而言，最根本的东西就是合作。一切有利于合作的考核、考评、评估，可能是合理的，否则，就可能是存在问题的。管理者关注的并不一定是合作，可能是权力，可能是任务，也可能是指标。

从合作的角度来审视，不仅可以评判考核，也可以评判组织中的任何制度，甚至可以评判整个组织的机制或体制。如果割裂合作，使人们更加离散，那么，这样的组织必然走向衰败。通过权力、“运动”或情境制造“齐心协力”的声势，例如，在人与人比较和明争暗斗的考核下的团队聚餐或野营的虚假团建，类似这种虚假的“团结一致”是无法阻挡组织走向衰败的真实趋势的，这种虚假更可能走向的是拉帮结派与暗斗。

一个人可以想一想，你所考察的组织，其最高管理者（层）与最基层的员工是分工与合作的关系吗？如果是，则是一种情形；如果不是，则是另一种情形。

四、组织绩效评价的概括

无论一个组织的绩效信息可信与否，都不是组织绩效评价的重点。评价组织绩效，实际上可以转变为评价组织的制度与最高层管理者。对于这两个方面的评价，无论是营利性组织还是非营利性组织，都是适合的，甚至，它们可以用来评价一个社会体系。

对营利性组织而言，除了对组织制度与最高管理层的评价，还有其他的一些方面，例如行业发展趋势、产品寿命周期、流程效率等等。这些则可以参考德鲁克的论述，也可以使用 KPI、BSC、EVA、OKR 等方法。

不论是他方评价还是组织自己评价，不论使用什么样的工具或方法，理解评价信息与评价用语是关键点之一。数据是会“失真”的。例如，如果有这样的表述，“超市购物占日常消费的比重逐渐降低”是什么意思呢？即使这个表述是真实的，也没有说明超市的销售额在降低，更没有说明超市的盈利能力在降低，是不是呢？数字也会引起误解。曾经流传“一个人一天一个鸡蛋的营养就够了”但不等于“一个人一天吃一个鸡蛋营养就够了”。

总之，任何的评价都会出错，即使看似不出错的评价也可以被错误理解或错误使用。如果再次反思“投入产出”，也许就会质疑：组织的产品真可以分解为投入要素、过程要素、产出要素吗？这是不是仅仅是一个假设呢？在这个假设下谈组织绩效评价是一回事，如果换一个前提假设，也许就是另一回事了。

专业知识，专业能力，符合逻辑的直觉或推理，这些与评价能力有密切关系。

第 10 章 考评的特性

考评的本意，应该是查漏补缺，分析出现的错误或问题，探究根源，解决问题。如果人们希望通过考评获得公平，是不可能实现的。如果用考评追求公平，获得的可能只是无奈。要清晰地认识考评，应该从认识度量开始。

一、度量方法

人们在判断工作价值时，由于不同工作分工，导致判断自己工作的付出偏高，认为自己获得过低。即使是同样的工作也会出现这种情形，例如两个业务员一年的业绩总量相同，都是 1000 万，一个业务员的业绩是由一个重点客户带来的，另一个业务员的业绩是由很多客户累积而成的，那么这两个人对于公平感的判断则会出现差异。（可能这两个业务员都认为自己的工作价值更大）

我们对这两个人进行绩效评定。

第一种方式，按照业务量考核，两人绩效相同。

第二种方式，按照大客户量考核。如果设定能带来 500 万以上业务量的才算大客户，那以 500 万为起点，每个 500 万业务算 1 个业绩点，每增长 100 万，业绩点增加 0.1，以此类推。这时候的绩效考核结果会如何呢？第一个业务员的业绩是 1.5，第二个人的业绩是 0。

第三种方式，按照客户数量评定绩效。每个客户算业绩点为 1，绩效考核情况又如何呢？第一个业务员的业绩点是 1，第二个人的业绩点则有很多。

还可以设置若干种考核方式。考核，如何打分，是艺术，也是魔术。

这个案例是认识绩效考核的基础案例。

如果这个案例所涉及的两个业务员中的第一个业务员是靠关系拿到的这个业务单，自己从来没有去做业务；第二个业务员辛辛苦苦跑了一年业务跑来这个业务量。这时，每个部门必须评出一个优秀员工，并且只评一个，你作为主管，该如何设定考核呢？

（一）人们对于度量方法的认识

在透明的前提下，人们对于度量方法的认识则成为关键。评价方法本身，已经说明了“偏”于哪些人，即便是严格按照度量方式操作，也会有人感觉不公平。造成这种不公平感的主要是度量方法的问题。

稍微了解中国高考制度的人都知道，从 1980 年到 2015 年的高考是不公平的，也许，从 2015 年之后的若干年高考会继续不公平。为了掩盖统一试卷的高考明显不公平，分地区分省市进行单独命题，但任何有点教育常识的人都知道北京、上海的高考入学率明显比较高；如果北京、上海的学生更优秀，那么与其他省市统一命题统一录取不是更占优势吗？如果高考不公平，就业也就不公平，社会福利也有地域或城市差别，那么，户口的含义就出来了。

针对不同的人，用不同的评价体系，也许是一种掩盖不公平的手段。这种不公平，经常出现在一个组织针对不同岗位的薪酬中。让人们无法直接比较，甚至让人们根本无法比较，这是一种看似“消除”不公平的方式（实际上是掩盖不公平的方式），但这种方式并不高明。

1. 指标体系

指标体系，就是选择哪些方面作为指标，以及各个指标的权重是多少。BSC、KPI、EVA、OKR 等都属于构建指标体系的一种方式而已。仅仅以 KPI 为例，关键绩效指标的含义是什么呢？是流程中的关键环节，还是流程中的关键要素？如何理解关键就成为关键。如果财务数据、顾客服务中的数据、内部运营数据、员工的培训和履历等方面是关键，那么，KPI 与 BSC 就没有什么区别，或者说，BSC 仅仅是把四类指标认为是关键绩效指标而已。

2. 选取的指标体系

采用什么样的指标体系，实际上就已经说明了考核的目的。以财务指标为重，则说明组织是“利润中心”或“成本中心”的观点，目的当然是为了钱。以质量指标为重，说明组织是以“做事为中心”，是事业心，做好了事情理应获得相应的回报。这时候财务指标是第二位的。如果财务指标表现太差，说明事情没做好或者是没有得到客户的接受或认可。

当组织选取评价指标体系时，（对于组织中的一个人而言）要么调整自己的行为使之符合指标体系的要求，要么继续做自己认为正确的事情而不要在意评价结果。无论是一个人，还是一个组织，种瓜得瓜种豆得豆，理解自己的行为以及现实，就应该“心平气和”地接受最终的结果。人们往往把最终的“物质获得”进行对比，实际上这是没有必要的。一个人要么选择在“游戏规则”内竞争，要么按自己的意愿特立独行。对理性人而言，结果是自己行为导致的，当然就应该“心平气和”地接受。

人们最大的失衡，往往是自认为自己所选择的优先次序与现实的优先次序是一致的，但突然发现二者并不一致，因此不能理解或释怀。这样的失衡往往会导致悲观、消极。

（二）人们对于度量方法的错误认识

人们必须了解对比的对象的工作付出以及工作结果，还有就是正确认识度量方法。

例如一家生产性企业，生产部规定“上班期间中午不能喝酒”，并且中午吃饭以及休息的时间仅仅一个小时。生产部的员工们经常看到市场部或商务部的人员中午喝酒，并且中午吃饭用时远远超出一个小时，心中则感觉非常不公平。生产部的有些员工会这样想：我们在干活，他们出去喝酒，工资待遇还比我们高，真的不公平。

生产部经理告诉大家：我们中午是吃饭休息，他们中午实际上是上班，因为这些酒席款待就是他们的工作内容之一，你们有什么不公平呢？不能因为我们按时上下班，就看不惯他们上班迟到而产生不公平的感觉。要看到我们按时下班后，他们还在继续上班，甚至还要去招待客人招待客户。我们要看他们的市场、商务等工作完成情况来评判他们的贡献价值，而不是在背后叽叽咕咕。

1. 对于度量方法的错误认识往往导致对评估结果的错误解读

绝对的公平是不存在的，期望考核或评估的公平就是一种幻想。然而，导致问题产生的原因，也许不仅在于度量方法，还在于人们对考评结果的解读。例如，某位教师学生评教第一名，或者学生评教优秀，不能解读为其教学优秀或教学质量高，甚至获得教学奖，也不等于教学水平高，仅仅是评比材料比他人的材料完备。如果解读为教学优秀或者教学质量高，则必然是错误的。因为“评教得分高”与“教学好”二者（有些情形下）没什么关系，甚至（在某些特殊情形下）二者是相反的。当然，“评教得分高”可以成为优秀教师，这时，“优秀教师”的含义 =“评教得分高”，但是，这种情况下的优秀教师与是否优秀没有关系，与教学水平或教学质量没有什么关系。也就是说，同样的词语其含义是不同的，此处的“优秀教师”与彼处的“优秀教师”具有不同的含义。这不仅带来交流的困难，还带来对评价认识的困难。“匹配度越高的也许才是越好的”，与不学习或不想学习的学生群体相匹配的是那些“不教书”但能用各种形式“哄着学生玩”的教师或者吹牛的教师，他们才是“最匹配的”，因此学生评教分数也会比较高，这也许才是实际情形的解释。评教分数高至多等于学生喜欢，仅此而已。

类似的一个问题，学习成绩好，不能等同于专业知识水平高，更不能等同于专业技能高。准确的解读是“课程考试或考核的分数高”。至于怎么考核以及分数是如何获得的，则是另一个话题。对于放水的考核，分数无论多高也没什么意义。反过来说，学生成绩不好不能等于学习不好，更不等于学生不好，当然也不等于没复习或不努力。学习成绩或许仅仅是试卷所反映的分数，也许粗心失误或考试内容与自己所掌握内容有偏差或身体原因等等造成了最终分数（较低），或者由于某些原因而获得了较高分数，但是，这些分数仅仅是学习成绩（不能扩大化）。明清两朝那么多状元，几乎没什么成就，即便诗词小说的创作也不突出，并没有什么优秀作品流传下来；但他们是状元，或仅仅是状元，这不能等同于他们具有超高的智商、创造力、艺术智能等。考试成绩好，就是考试成绩好，不能延伸。

对评估结果的错误解读，往往与对度量方法的错误认识有关。意象、概念转化、模糊化以及晕轮效应等，在现实中是常事。

任何的绩效评估，最后都是以指标体系反映整个的评估架构的。最终，无非是“评价的可用性”或“评价的方便性”而已。哪些指标更容易使用或可以使用或方便使用，相对应的信息“容易获取”以及“可以透明”，以及管理者的意图，这些才是决定使用什么样的度量方法的因素。但是，数据的含义是不能延伸的，任何的延伸都将产生错误。

采用某种度量方法，使这种方法“名正言顺”，当然就是有意曲解。错误的认识，也许来自故意的或有意的引导。厚此必定薄彼。

2. 不可能“统一”指标

不同的岗位，本应使用不同的评价体系，但人们往往希望用相同的指标体系进行评价。行政人员要按时上下班，但业务人员可能上班的时间并不需要那么准时，但与客户约定的时间一定要准时，即使约定的时间是在下班之后。这二者在上下班的准时性方面无法用统一的指标和权重。不仅上下班的准时性不能用统一的指标，有时候上班时间的长短也无法用统一指标进行衡量。例如，在高校中的行政人员在办公室的时间就属于上班，高校教师在家备课或者对课程知识的累积过程可能在很多人眼里就不是上班。

硬性的统一，也许导致的就是错误。如果不能统一，该如何评判或评估呢？因人而异（准确地表达应该是因岗位而异）的指标体系，也许更合适。这种因岗位而异的指标体系以及标准，则需要准确认识岗位价值，以及准确评估岗位价值。

如果评价是为了发现问题和解决问题，不同岗位既不可能也没必要使用相同的指标，人们很容易接受不一样的评价方法。如果评价是一种薪酬计量方式，那么人们当然希望统一计量。

既然评价是薪酬，本质上就是利益分配，反而不可能用统一的指标。例如将员工分为计时与计件两类。对于“计件制”的工作是很容易奖惩的，对于“计时制”的员工很难与“计件制”员工统一指标，也就是说，一般的行政人员计时而一线的业务人员却计件，那么就不可能“统一”，必然导致不公平，考核的副作用将逐渐累积和显现。针对不同的岗位，采用不同的考核指标体系，以掩盖不公平，使得人们的比较只与身边的人比。

二、价值判断

形式上不能统一，指标上不能统一，但最终的评价仍可以统一，这就是价值判断。

对于个人的绩效考核而言，始终应该问自己这样的问题："我的工作是有价值的吗？""我的工作是必需的吗？""我的工作价值体现在哪里？"

团队也可以这样问，无非是把"我"换成"我们团队"。

例如，清洁员的工作是必需的，清洁工作是有价值的，清洁员的工作价值在于给予其他工作人员一个整洁卫生的环境。但是，很多的管理者的工作是不必要的，即使勉强需要，也没有太多的价值。例如，有些管理者是负责安全工作的，但实际有这个管理者或没有这个管理者，安全情形是一样的。再例如，某个管理者的职责是抓"工作风气"，实际上有或没有这个管理者，工作风气是一样的，甚至这个管理者为了抓工作风气而经常开会，反而导致形式化加重。这样的例子有很多。

岗位价值判断，也涉及对薪资的认识。薪酬应该与哪些方面相关？一般而言，岗位职责越重要（越不可或缺）或岗位价值越大，则薪酬越高；履行岗位职责所使用的知识技能越高，则薪酬越高；工作压力越大，体力、精力需要越多，则薪酬越高；工作环境越恶劣，则薪酬越高。一般的行政人员，岗位价值并不高，需要的知识技能也不高，工作中的压力、体力、精力付出也不多，工作环境也不恶劣，那么工资低才是符合价值判断的。由此可以得出：主要工作是发通知、收材料的行政人员或一般的公务员低工资才是公平的，否则，就不公平。薪酬与考核无关，在此，仅仅是用薪酬来谈岗位价值或岗位职责。

如果出现"没有实际价值的工作，却领取相对高的薪酬"的情形，只要这种情形不改变，人们就不可能有公平感。况且，这些没有实际价值的工作岗位（但位高权重），却不断强调这些岗位的重要性。岗位人员也不断显示自己很忙碌，不断人为地制造很多事情，特别是把常规管理搞出"花样"来，过度痕迹化。如果继续分析下去，就会得出结论：公平与效率，实际上是相关的。越公平，效率越高；越不公平，效率越低。

在有些组织中，越是没有实际价值的工作，越是不用考核，当然这些岗位的薪酬就不会与考核挂钩。

（一）价值很难评估

对员工的个人评估，也许就是一种工具，或是一种手段，只是一种“自圆其说”的工具或手段。但“自圆其说”也是有前提条件的。

人际关系的互动，其维度有三：交易或交换的维度，责任或职责的维度，情感维度。在考核或评估中，实际上也是体现出人际互动关系的。如果情感维度在考核中使用，考核就是人情世故、圈子文化、地域文化等价值体现了。对营利性组织而言，经常采用的维度就是交易或交换的维度，或称为市场价值。一旦把一个人放到市场价值中去衡量，那么，就是其工作（岗位）价值所带来的市场效果。这时候，人或人的工作，实际上就是商品。既然是商品，就需要包装，例如对球星的包装，对各种“专家”的包装，等等。包装需要数据、等级、故事等。包装的目的，当然在于市场价值或市场价格。

一个人，可以审视一下自己：“我”的市场价值或市场价格是多少？如何体现呢？“我”能被包装或如何自我包装呢？从这一点而言，绩效不应该与薪酬挂钩。根据薪酬理论，薪酬主要反映的是“劳动力的市场价格”。一旦把薪酬与绩效考核挂钩，反而产生内部利益分配问题，造成诸多矛盾。

如果回想有关个人评估的内容，就能想到：谈个人绩效评估时，往往是从职责这一点开始的。这就是职责维度。单纯的评估，可以从岗位职责着手，但是，评估之后的“交易或交换”形式，例如薪酬，带来的问题就更难以解决。

责任，与角色认知应该是相关的。有什么样的角色，就应该有什么样的责任。对组织内部而言，就是职责。

关于职责，现实中有以下几种观念：①一个人只需要做好自己的工作，薪酬等事情不用考虑；②拿多少钱做多少事；③资源（包括平台、人脉）的掌控才是重要的，做事情仅仅是获取资源的手段；④只做与数据相关的事情；⑤“宣传”比做事更重要（例如朋友圈内晒加班）；⑥只有努力工作才能获得更多工作技能，才能有更高的职业等级；等等。

1. 数据也许是一种价值误导

举一个现实的例子。某学校某专业的学年总结中有如下一句话：经过辅导员、班主任以及有关教师的引导和努力，今年报考研究生考试的人数比往年翻了一番……

翻了一番是什么含义？如果是从 1 个到 2 个呢？ 1 和 2 在这种情况下本来都可以看成是随机数字，对一个专业（每一届超过 60 人的毕业生）而言，只有 1 人或 2 人报考研究生考试本来是一样的，但用数据表达出来就似乎不一样了。如果到下一年是 3 人，则可以用增长了 50% 来表示。甚至，刻意表述为“经过两年的努力，今年报考人数是前年的三倍”。比率，很多时候是容易造成误导的。

即使不是比率，也可能造成误导。

当一切用数据来描述时，已经无法谈价值了。绩效数据是功利性的，甚至是一种绝对功利观念的体现。

2. 价值，也许是一种感知

价值，也许是一种感知，来自自己内心的价值标准（或群体的内在价值标准），也来自某种记忆。这些有关价值的记忆，是否能用数字来体现？如果不能用数字来体现，又该如何保留这些记忆？如何评价这些东西呢？数据可以转化为价格，但价格不等于价值。

在球场上，最有价值的球员应该是改变了对方的防守的球员，或者是改变了对方进攻的球员，而不是数据漂亮的球员。但是，这仅仅是一种感知，还是有很多人用数据进行评价。

用不同的价值判断标准，最后评判的结果是不一样的。不同价值标准的人，不同价值感知的人，彼此之间其实没必要讨论问题的（无法对话）。

3. 不易实现的价值判断

准确地说，“信息”是评估的基础，“记录”是评估的起点。但是，现实中记录下来的，往往就是数据。在大数据分析年代，更是如此。

数据，是价值的一部分。一旦认为数据是价值的全部，就是一种误导。但是，一个人的拼搏精神、干劲、专注度、尽职尽责等方面，往往是数据不能体现的。只有把这些东西评估进去，也许才是全面的。但是，这些东西是不会被评估进去的。

只有数据才是无可辩驳的，但是数据的含义往往容易被延伸，而一旦延伸就产生错误。在考核中，专注于考核数据的人，往往是钻营的人；只有数据思维的人，往往是功利的人。

在由“政治动物”和“经济动物”组成的组织中，不可能允许出现价值判断这样的声音或类似的思考。如何获得权力，如何获得资源和利益，或者如何获取金钱，才是主流声音。这种组织的价值观是明显的“成王败寇”思想。

价值，或者说价值观，也许是一个应该提及的事情，但是，一旦谈及这个事情，则可能进入一个哲学范畴了。在这里不讨论这个话题（不等于这个话题不重要）。

（二）评估是一种价值误导

用生鲜类食品的考核来分析。

任何贴条码的商品，需要理性分析。贴条码与打码是不一样的。打码，相对难以更改。为什么要更改外包装或生产日期的标签呢？这种欺诈或不诚实的商业行为，带来的危害是长期的，也是深远的，但仍然有人在欺诈。主要是因为考核（或潜在的考核）。

任何有生产日期的产品，必然会影响顾客的选择。今天上市产品，昨天的产品必然受到影响，要保证把昨天的销售出去，该怎么办呢？这样的产品有：面包、酸奶、鲜奶等。本周上市的产品将影响以前的产品，例如牛奶、饼干、啤酒、鸡蛋等。推迟新的货品上柜（甚至推迟打码），一直等到商品接近卖完或卖完后再从仓库拿出来，是一种方法；另一种方法是更改标签。第一种方法更为常用，因为这样的做法更容易使员工执行。对于第二种方法而言，是否存在不执行更改标签的员工呢？当然存在，甚至有些企业很难使员工做“不道德”的事情，因为存在其他更优先的原则，这些更优先的原则保护或支持员工做符合道德的事情。如果为了谋生而工作的人（且这些人没有明确的是非行为底线），那么，换标签的可执行性就会很高。

水果、蔬菜等生鲜货物，各种的考核指标或（商贩们）考虑的因素，其价值就是一个字：钱。仔细分析财务指标以及与之相关的指标，例如周转率、损耗率等，就会发现一切都是围绕着钱；与各种指标相关联的奖惩或工资，实际上还是钱。

管理者在什么情形下可以对那些不执行“推迟新的货品上柜”或“更换标签”的员工进行粗暴的惩罚，甚至辞退呢？这些管理者为什么这么做呢？钱，也就是说以考核为工具的奖惩是直接因素之一，权力权威体系是深层次原因，更深层次的原因是“环境”。在这样的环境下，类似的情形在形形色色的组织中存在，包括你我身在其中的组织。当看到某些“组织”行为或组织中有些人的行为明显违背人性时，可以尝试从“考核”这个视角去分析问题。例如，2019 年某高校给外国留学生安排“学伴”（Buddy）的项目引发激烈争议，大家一定要去思考，他们为什么这样做？为什么有学生愿意做免费陪学的“志愿者”呢？事实上，当时中国大多数高校都有类似的情形。有些人问，为什么我们中国人出去留学没有享受到这样的陪学服务呢？为什么中国的高校“花钱”请外国人来读书呢？大家可以尝试着从考核角度去思考这个事件。当“国际化”成为考核指标时，此类事情就见怪不怪了。

商业之间的竞争，最终是利润率以及销量的竞争，这就是 BSC 所考虑的第一类指标，也就是所谓的战略导向指标；然后分解下去，才是所谓的战略落实指标。

很多人喜欢具有两个特征（之一或两者皆具备）的员工：一是听话（不折不扣地执行）；二是喜欢钱（容易激励）。当今现实中，很多管理者最不喜欢那些具有思考或讨论工作价值、使命、意义等特征的员工，其次不喜欢有明确是非行为底线的员工。

（三）顾客导向的价值判断

任何组织，按道理应该考虑“顾客是谁”。以顾客为导向的价值判断，当然就是为顾客创造价值。例如，对邮政或快递公司而言，完美送达的含义就是保证货物安全并及时或准时送达。对一名邮递员或快递员而言，不仅知道准时的重要性，还明白为什么要准时，更重要的是，他们了解怎样做才算真正意义的准时。

以顾客为导向进行价值判断，似乎是“合情合理”的。但实际上，考核时总是以利益或利润为考核的价值出发点。还是以邮政或快递公司为例，考核时考虑运输成本、运输量以及一个邮递员或快递员的送货数量（按件考核），这样做已经偏离了以顾客为导向的价值判断。宣称以顾客为导向，实际的考核是以利益为导向。

（四）员工的价值判断

一个人的价值判断，不是“声称”的，而是“行动”的。在利益文化环境中，大多数人本质上是以利益为价值判断的。

价值判断的另一点，是认可与尊重。如果没有认可与尊重，那么，每一天的工作都意味着受到贬损而没有做出贡献的感觉。群体认可与接受的游戏规则（绩效评价方式），实际上就是群体内在的承认与尊重的尺度。这种群体内在标杆必然对不同的人产生不同的作用，要么“扬”，要么“抑”。“扬”者越加意气风发、底气十足；“抑”者只能自我“解救”，寻求另外自身有优势的方面去参与或行动，或者对群体认可的评判方式进行重新解构，以寻求平衡。

拥有信心、乐观和能力的人，在一个不能给予他认可与尊重的环境中工作，将是痛苦的，极有可能会造成“失调”。其中的原因，主要是评价指标与这个人的价值判断存在偏差。在这样的环境中，要么调整自己的行为、观念与感受，要么离开这个环境。在现实中，也许一个人并没有足够多的自由去选择何去何从。

群体的工作行为，是群体价值观的反映；一个人清晰的工作行为表现，实际上就是清晰的工作价值观表现。如果一个人把主要的精力与时间投入到某个方面上，那么，则体现了其工作价值判断与选择。当这个人在投入方面没有“业绩”时的“毫不在乎式”表达，或者“产生业绩”之后的“风轻云淡式”的表述，也许是虚伪或虚假的。

三、透明化

岗位工作，业绩透明，价值判断标准具有一致性（一致性，就是说，不仅自己认为有价值，其他人也认为有价值，并且，每个人对该项工作的价值大小判断是基本相同的），这些是基础。现实的情形往往是：第一，上面层级的岗位人员的工作内容、工作业绩（表现）下面层级的人员并不清楚；第二，上面层级的岗位的价值判断，下面无法判断，即使下面层级可以判断上面层级的工作业绩也经常会出现与上面层级的价值判断不一致的情形；第三，平行层级人员的工作业绩彼此不清晰，价值判断不一致。

如果谈及公平感，除了涉及工作价值判断外，还有工作回报（薪酬）。因此，岗位工作内容透明、业绩透明、价值判断一致性、与工作价值相对应的薪酬体系，是产生公平感的关键。

为什么不透明？也许是因为他们的“忙碌”经不住分析，也许是因为他们的“忙碌”没有什么价值，甚至，他们的忙碌是负价值。不透明也许就是为了掩盖不公平的方式，但这种掩盖方式仍会产生不公平感。

（一）信息透明化

考核，离不开信息。

信息透明化，是一切的基础。透明化不一定能够解决问题，但不透明，往往会造成诸多问题。

当然，也有人说，不透明的情况下大家不知道（实际情形），还是容易“管理”的（实际上是蒙骗或忽悠）；如果信息透明了，员工知道了实际情形，各种问题就产生了。这种说法实在是滑稽。不透明的情况下，这些问题也存在，只是隐藏起来了而已。在不透明的情形下，人们并不会信任“老板们”或管理者们怎么说，他们只是无奈而已。

在不透明的环境下，在位者往往告诫他人“管好自己”即可，或者直接说“你管好自己，别管别人”，不允许员工公开讨论问题，更不允许员工公开质疑。这样的观念，目的是把群体离散，割裂员工情感的共同体理念。但是，这样的在位者往往用“我们是命运共同体”来忽悠员工。

信息透明化的前提，是信息的可靠与可信。如果信息不可靠或不可信，当然就谈不上信息透明化。信息透明化，是指完整地把信息呈现出来，没有什么信息隐藏。以各种重大、机密、关键、安全需要、战略需要等条件把信息“保护”起来，实际上就是隔断人们之间的信任纽带。无透明，则无信任。

最麻烦的事情是：员工不知道管理者应该做什么以及做了什么。

考核的范围，仅限于可以信息透明化的有关范围。因此，管理者往往游离于考核之外，特别是最高管理者（层）。

（二）评价指标透明化

考核，离不开指标。指标的权重以及优先度，说明了一切。透明的指标总比不透明的指标更符合评价的需要。

如果认为指标不合理，愿意迎合考核还是不愿意迎合考核，就是一个“自由”的选择。如果不迎合考核，那么最终的考核分数必然低，那么自己应该“心平气和”地接受。

指标，有时可以理解为游戏规则，也就是说，有什么样的指标（体系），就代表了什么样的游戏规则。当以工作年限、某种“优秀”、某种奖励、某种培训经历（或学习经历）、某项技能、某些“标志性”项目或成果等为指标时，就已经说明了游戏规则。在这种情形下，讨论游戏规则的公平与否已经没有任何意义，一个人的“自由”就是愿意参与这个游戏规则还是不愿意参与。甚至，有时候一个人愿意参与却无法参与或根本不让参与，有时候却是被强制参与。

无论如何，只要评价指标透明，就可以去分析。

只要涉及考核或评估，指标体系透明化与信息透明化，就是最基本的前提。

（三）考核透明化仍然存在问题

透明化是合作的重要基石。然而，在绩效考核（评价）中的透明化，还是会产生问题的。也许，透明化本身并没有问题，问题是透明化将考核更加“标准化”。真正的合作要共同努力，要使得绩效大幅度提升就需要员工创新，而员工创新则要求工作不能过于标准化。

如果工作不能标准化，则影响考核，影响度量的准确性。越透明则越需要标准化，越标准化则越固化，越固化则越阻碍进步。

考核本身天然存在的问题，是很难解决的。所以说，过度考核，导致的一定不是绩效提升，而是统治。即便以透明化为遮羞布的过度考核，仍然是“摆在桌面上的”统治方式，可以看成是“阳谋”。

四、结果为导向的目的是什么

换一个视角看世界，这是最重要的个人能力之一。

《练习的心态：如何培养耐心、专注和自律》[①]这本书的第二章是“以过程为导向，不以结果为导向”的内容，值得绩效考核或绩效管理的人仔细读。

很多人似乎认可“以结果为导向”的正确性，换一个视角，也许会发现一些问题。以一个人练习投篮球为例，在一个定点进行3次投篮，以结果为导向和以过程为导向则明显不同。以过程为导向，关注点在于肢体如何发力，从“收球”“架球”到“出手”的一系列动作，第一次投完，其投篮结果并不影响第二次的投篮。以结果为导向，则关注投进与否，并且关注投进几球。这两种导向是不同的，心理上是不一样的。

让一个群体“以过程为导向”还是“以结果为导向”，二者的出发点是不一样的。

以结果为导向的目的是什么呢？就像“多劳多得”的说法不一定是对的，“多劳多得”可能是一种变相地让员工“延长工作时间”“增加劳动强度”的方式。让员工把“多劳多得”，转化为让员工“管好自己”就可以了，然后就是“各人自扫门前雪，莫管他人瓦上霜”的自私自利宣传，必然更加离散，这和分工与合作相违背了。“以结果为导向”，其目的不是为了公平，也不是为了提升，而可能是为了交易或交换；以结果为导向，可能就会出现不择手段的情形。

有些情形下，应该以结果为导向，但有些情形下，可能就不应该以结果为导向。至于该以什么为导向，我们应该学会分析、判断。当然，当我们在具体

① 托马斯·M. 斯特纳：《练习的心态：如何培养耐心、专注和自律》，机械工业出版社2019年版。

的环境中并无话语权时，也应该有自己的判断和取舍，选择理性且有底线的行为。

不论是以结果为导向、过程为导向，还是以目标为导向，只要最终落实到指标、标准、权重等方面，那么在实务上就是记录、呈现和评价，最终导致的是合作还是更加离散，则是理性判断的一个重要前提。

考核是一种工具，“多劳多得”的宣传也许同样是工具，至于目的是什么，值得每个人去思考。既然考核是一种工具，就应该思考这个工具在谁手里，用这个工具的目的是什么。“多劳多得”是考核与薪酬的结合，但本质上属于薪酬。任何将考核与薪酬结合的方式，组织为个人设定的目标导向与组织所谓的宗旨、使命必然不是一回事。组织已经假定员工是为了薪酬而工作，就应该把员工看成“雇佣军”，拿多少钱干多少活，或者干多少活给多少钱，或者是在其位就应该履行其职责并获得相应的报酬。工具，就应该谈工具价值，其他的都是忽悠。

无论达到什么程度的文明，工具的本质仍然是工具。

第 11 章 比 较

比较，是绩效考核的一个必然环节，但是，如何理解比较以及如何比较，对长期绩效存在着潜在的影响。

如何比较，首先，确定选择的角度——内部还是外部。就如同在标杆管理中，选择的标杆是来自外部还是来自内部一样。其次，如何界定产品或产出。再次，比较投入。最后，比较“环境”。

对一个组织而言，往往是部门之间的比较或成员之间的比较。

一、部门绩效的比较

对团队而言，绩效比较应该与团队“自身”进行对比。这里的团队自身，并不是个体，而是整体。对于比较值，并不是平均值，而是一种总量。当团队整体有进步时，所有的人都“享受”进步带来的快乐，进步带来的奖赏（这类奖励一定是共同分享的）。这就是整体考核与个体考核的区分。也许，对有些人而言，个体的绩效水平过低而被“惩罚”，但整体绩效的进步又享有“奖励”；也许，会出现另一种情形，个体的绩效水平高而获得“奖励”，但整体的绩效退步而“被惩罚”。

任何时候，把绩效考核与奖惩链接起来，或者说，以奖惩的方式解决绩效问题，都过于简单粗暴了。

（一）部门与部门进行比较

有些企业采取内部事业部制或内部成本结算方式，实际上是按照利润中心或成本中心的思路进行管理。这种方式，仅仅是平行部门可以考虑使用的方式，并不适合那些前后衔接的部门，例如研发、生产、销售三者衔接的部门。对于前后衔接的部门，如果使用成本中心的方式考核，前提是先进行成本划分。

1. 比较与竞争

部门之间除了推诿扯皮外，还有利益之争。

比较与竞争，实际上是丛林法则的文明形式，最终将落实到权势与利益方面上。

部门与部门比较，首先是一种价值评判。在一个企业中，如果一般的办公室人员比技术与研发人员的待遇更高，这个企业会是什么样子呢？会存在吗？也许会存在的。存在的不一定合理，但必有存在的原因。

部门与部门的比较与竞争，按道理应该是关键与重要的判断，但实际上也许是地位与权势之争，这一点在非营利性组织中将更加明显，在“产品”或“产出”模糊的组织中也必然更加明显。什么是绩效？绩效的含义在不同的组织是不同的。

2. 价值观与权益保护

在前面曾经提到“换标签”，也就是将贴在包装上的旧日期换成新日期的情形。员工为什么服从换标签的“任务”，这是值得深入思考的一个现象。通过换标签的行为，可以分析一般员工为什么会去做，接下来，就应该分析职业经理人的行为：他们为什么会安排员工执行这样的任务？也许直接的原因是与部门业绩或个人业绩相关，但背后应该是价值观或权益保护等因素导致的；与这些相联系的就是有关利益、升迁或降职、招聘与辞退等方面的制度安排。

部门价值与岗位价值，实际上是同样的逻辑。有人总结了世界顶级公司的经营法则。其中有一条是“一切以客户为中心”，为客户创造价值成为一切活动的起始点；另一条是“给员工绝对的安全保障”；还有一条是“保持清醒和守纪”。在这样的一些经营法则之下，一个部门（或部门经理）实际上就有一个“客观”的比较“标准”：首先，正直而兢兢业业做事的人就几乎不会被降职或辞退，企业辞退员工（特别是职业经理人）的成本高昂（完备的社会法律服务体系是权益保障的重要基础），在此情形下，就可能不做“坏事”；其次，业绩是建立在为客户创造价值的基础上的，违背这一经营法则的人或部门即使“业绩”很高，也很难获得“个人利益”，那么，做“坏事”的可能性就降低。以上分析是有前提条件的，如何实现这些前提条件，实际上才是关键因素，否则就是纸上谈兵，是一种期望或梦想而已。

（二）利益与等级

人们谈论分工与合作时，往往自动设置了一个假设前提：分工与合作的各方是平等的、互助的。实际上这个前提往往不成立。

分工与合作的形式有很多，平等、互助是其形式之一。在不平等的等级情形下，也可以形成分工结构。

这与比较大有关系，因为这将决定由谁去比较（评判），以及以什么作为比较（标准）。以什么为标准以及由谁去评判，这必然会出现“偏差”。

“领导说的”“领导的指示”在某个时期某些组织中是经常被使用的，例如某个私营企业的员工可能就会用“这是老板说的”来应对他人或经理们。“拿着鸡毛当令箭”的情形让人们意识到“什么才真正说了算”。以“领导的话”为行为指导，必然存在“领导”有很大的主观评判权。

一切将归结为“利益”与“等级”。等级，也是为了利益；利益，也是通过等级来获取的。最高等级者，必然获得最大的利益。在这样的情形下，“等级”就是“价值”，不论薪酬等级、技术等级、岗位等级……

1. 既得利益者

无论怎么比较，既得利益者会牢牢地守着“他们认为应该属于他们的”“蛋糕”，他们对于既得利益的维护绝对超出“一盘散沙”的民众的想象。

对既得利益者来说，如何获取以及维护等级就是最重要的事情。

利用各种方式，形成等级序列，然后用等级进行比较，事情似乎就顺理成章。但是，更为可怕的是好大喜功与鸡犬升天。

2. 好大喜功与鸡犬升天

在等级是获取利益或名声或资源的前提下，提升等级是必然的选择。等级序列中的所有“玩家”都认为这是理所当然的“正确”路径。如何“造大”就成为获取更高等级的通行证，短期利益或急功近利行为就是必然。

好大喜功者，喜欢更大的团队以及更多的层级。在团队扩大以及层级增加的过程中，必然形成鸡犬升天的景象，冗官冗员持续增加。等级序列的新加入者必然继续“造事”，只有“造事”才能“造势”。随着轰轰烈烈的“造大”过程，泡沫不断吹大，浪费不断加大。吹大的泡沫迟早有一天会造成灾难。

如果比较的内涵转移为利益与等级的情形，绩效就变成了“数字工程”或“等级象征”。

二、个人绩效的比较

个人绩效比较，往往是人与人之间的一种比较。

根据阿德勒[①]的观点，人有追求“优越”的根本动力。一个人感觉到(有东西)威胁或危及自身的优越感时，这个人就会在心理或情绪上产生不舒服感。在这样的情感之下，如果承认或接受了他人的“优越”，则会产生自卑。为了避免自卑感，在补偿机制的作用下，人会产生两种情绪或行为：一是诋毁或轻视他人劳动或价值的情绪或行为，甚至进行攻击；二是寻找更高或更有“优势”的人物来降低对方的“优势”。如果补偿机制未能平衡自己的心理，那么，自卑感还是会产生的。

人追求优越，实际上是一种相对优越，也就是人比人。

人比人，往往是与周围的人、与自己最近的人比，例如亲戚、朋友、同事、同学、家人等等。当一个人不能正视自己，不能承认或接受别人的成就，必然很难尊重对方的劳动、成就或工作价值。在此情形下，不仅不会真诚地帮助他人，更不会真诚地祝福对方所取得的成就。

也许可以根据阿德勒的心理学理论做如下推理：同事之间很难存在真正的友谊，很难真诚合作，仅仅是利益联盟。与相似的人在一起，更容易获得心理平衡，物以类聚就是一种必然。另一方面，越是“聚”在一起的人，越是自己超越的目标（以获得优越感）。同时，人们越难以容忍身边的人具有优越感或

① 阿尔弗雷德·阿德勒（Adler Alfred，1870—1937）：奥地利心理学家，个体心理学派创始人。

者超越自己，就越难以接受或承认身边人的成就（除非比自己成就低很多）。为了权力和利益会内斗；为了地位和优越感，更会内斗。

与自己最近的人相比，能够多1分（或多1元钱），也会带来“舒服”；少1分（或少1元钱），则会“不舒服”。无论在绩效分数还是工资、奖金上，这样的心理或行为表现，则会有意无意地去占据“优势”或获取“优势”，这样的人是无法合作的，这样的人经常会有“偷偷”做事的习惯。

在学校，从学习和玩乐两个维度可以把学生分为四类：第Ⅰ类学习的时候真的努力学，不伪装自己；玩乐的时候真玩，放松地去玩。第Ⅱ类学习的时候努力学，不伪装；玩乐的时候假装玩，应付同学一起玩。第Ⅲ类学习的时候假装努力学，看起来很用功，但学习效果一般。第Ⅳ类根本不学习，时间精力主要用于玩。这四类学生中，第Ⅲ类学生尽量远离，因为这类学生情感上存在问题，既不想（不会）付出努力又想让周围的人“夸赞”他听话、老实、兢兢业业。在任何的工作场所中都存在这样的人，这类人的伪装目的就是让别人不要伤害他（她）。

除了要辨别第Ⅲ类学生，也就是工作中要辨别第Ⅲ类员工外，还有两类更要识别。这就是，第Ⅴ类学习的时候假装不努力，但偷偷努力学习。也就是具有偷偷做事情习惯的一类人。这类人就是要把身边的人踩在脚下。这种人玩的时候拉着他人一起去玩，学的时候自己去学，偷偷地学习，与这种人在一起注定要成为其垫脚石。偷偷把“同伴”往脚下踩是一种必然行为。第Ⅵ类学习方面真的不愿意努力，没有拼搏的能力，但会使身边的同学一起不努力学习，而自己仅仅凭借偷偷地学一点就可以获得比较优势的一类人。第Ⅴ类人很可怕，第Ⅵ类人更可怕。这类人极度自私但将其隐藏起来，具有用最小的努力获得最大的相对优势的小聪明。这类人的优越感主要是对比“身边”人，这类人是绝对不可能希望“身边”的人多1分或多1元钱。如果你和这类人在一起感觉比较“舒适”，则可能是因为你也是不想付出太多努力的人。但是，你和这类人在一起就错了，因为这类人是最不希望你有任何业绩的人，一定是最“柔和”地伤害你的人。

当你和第Ⅵ类人在一起时，有时候不得不在一起时，例如住在同一个宿舍，那么，一定要培养自己的独立情感和独立判断。如果你也是喜欢在舒适区不愿意努力的人，要避免自己成为第Ⅵ类人，避免和第Ⅵ类人有太多的关系和不必要的交集。这类人是不能合作的。

任何一个人并不会严格符合上述的某一类特征，人是复杂的。但是，一个人往往以某一类特征为主，兼有其他特征。[①]组织中的成员构成，也可以按照上述方式进行分类。

如何接受他人，如何正视自己，也就是如何接受自己，不是本书所能做到的事情。但对绩效管理者而言，为了更好地提升组织或团队绩效，这也许是一个关键因素。

如何避免人比人，对个人绩效而言，标准的制定以及观念就是重要内容了。

（一）与标准比较

从理论上而言，先有绩效标准，然后才是“实际绩效”与标准进行对比。那么，就必须探讨：标准从哪里来？

1. 绩效标准来自“客观”

客观，具有说服力。举一个截取管材的例子，截取管材长度 100 厘米，刀具以及基准造成的误差在 0.1 厘米以内，假定人工失误率定义为万分之三，也就是说每截取一万件管材，应该有 9997 件在 99.9—100.1 之间，才算合格。这就是客观标准。

存在客观标准，与客观标准对比，这在很多时候都是一种正常思维。例如，在一个（中国）孩子成长期间，初中毕业时应该掌握 1800 个英语单词（个别地区中考的阅读理解词汇量达到近 3000 个），高中毕业应该掌握 3000 个英语单词（高考英语获得高分，词汇量需要达到 4500 个左右）。这就是以升学考试为前提的客观标准，父母可以要求自己的孩子在每个阶段至少会写会读相应

---

① 这里简单解释一下结构性思维，常用两个维度四个象限表达四种情况。我在这里也用维度表达，一个是学习维度，另一个是玩乐维度，但更接近矩阵表述。在学习方面可以分为真学、假学、不学、假不学四种情形；在玩乐方面可以分为真玩、假玩两种情况。这样就组成 4×2 矩阵式。4×2 矩阵有八种情况，这里有五种情形属于矩阵中的情形。文中的第Ⅰ类就是真学真玩，第Ⅱ类是真学假玩，第Ⅲ类是假学真玩（但假装不去玩），第Ⅳ类是不学真玩，第Ⅴ类是假不学假玩，第Ⅵ类属于不学但有假不学的情况。

的单词（当然，掌握的含义不仅仅是会写会读，但至少是会写会读）。但是，有些家长在对自己的孩子提要求时，总是与孩子周围的同学或伙伴进行对比，这就是错的。如果不是以“客观标准”比，那么可以按孩子自身水平进行要求。

显然，在制定标准时，讨论标准的客观性则尤为必要。

2. 绩效标准来自“任务”

任务，与职责具有一定关系，但与职责并不相同。如果任务来源于职责，那么，就转化为讨论职责的界定。

任务，许多情形下不是来自职责，而是来自“工作量”或“分派”。这些情形下，对于任务的“质”与“量”的标准，越来源于“客观”或接近“客观”，人们的接受度则越高。

对“分派”的任务而言，标准的制定往往是按照“如何完成任务”的思路制定的，（完成）时间、（完成）数量、（完成）质量都是从任务总量分解而来的，这种“摊派”的方式，其标准往往是根据任务分派者的意图而定的，起作用的是等级或权威（也可能是威权）。

3. 绩效标准来自“平均”

“平均”是不固定的。所谓来自平均，就是与周围的人比，与身边的人比。排序法、硬性分布法，这些方法的绩效标准来自什么呢？确定中间的基准。如果来自平均，那么，当所有的成员绩效水平都提升了的时候，基准会相应提升，此时，大多数人对于这样的标准将会产生“气馁”的情绪。

平均法，实际上就是变相的“人比人”。

人比人，在大多数时候是不可取的。一个人应该有意识地“拒绝”与他人比较，尽量与客观标准或自己的实际情况或自己的过去情形进行对比，把一切建立在客观或自己的基础上。这样就不会产生“羡慕嫉妒恨”。

“羡慕嫉妒恨”，在现实中既是一种情感，也是“一个词”，这个东西非常不好。如果“羡慕嫉妒恨”的情感深入骨髓，人们也许就会失去了真诚地赞美别人与祝福别人的能力。面对“羡慕嫉妒恨”情感强烈的人，真诚的祝福也许“被怀疑”是虚假的奉承话。

如果存在如下假设：人们也许只会真诚地赞美或祝福那些与自己没有“竞

争”关系的人，或者“远比自己低”的人。在这个假设下，合作的难度会大大提高。在这个假设下，很容易推理出：别人优秀了，自己则就会显得“拙劣”了，或者是“差”了。强于别人，也许不是来源于自己更强（别人其实也很强），而是来源于如何使“竞争对手”变弱，或者是自己并没有变强而只是采用了“歪门邪道”的一些方式（例如作弊）。

绩效，从哪几个方面来衡量（以及每个方面的权重），衡量标准是什么，这个看似简单，实际上（在很多情形下）非常难。

（二）比较与排名

我们对于排名是非常熟悉的，从小学、中学到大学，无时无刻不经历排名。总成绩排名，单科成绩排名……各类排名伴随着一个人从学校一直到工作。

对单个的个体而言，即使与客观标准比较（例如考试分数，是与“客观”答案进行比较后的得分），但最后还是要进行总体的排名，这个排名实际上还是“人比人”。这也许是“能够让人接受”的人比人。还有更多的排名是经过“投票”“打分”等各种“人为操作”进行的排名，这些是人们不得不接受的排名。还有一种排名，是某个人说了算的排名。

现实中排名五花八门，如何看待以及使用这些排名，是绩效考核应该考虑的因素之一。在现实中“排名”也许对有些人是一种激励，特别是那些靠自己“努力”就可以获得的排名。

1. 排名的意义

排名往往是游戏规则的一部分，或者是游戏规则的一个体现。

排名，往往是一个群体中的大多数人甚至所有人在乎的一些东西，是人为树立起来的竞争方式。这样的群体中的主流是非常在乎别人的评价的，并且认为这些评价或多或少是与那些排名相关的。这无疑是排名的最重要意义。

人比人，在乎人比人，在乎排名，在乎外界……

世界上大多数的排名是要不得的，甚至是应该取消的。在合作关系或伙伴关系中，排名或多或少是树立某种竞争或榜样，这种竞争或榜样对合作关系或伙伴关系所产生的作用，是值得探讨的。在同一个群体中，排名也需要慎重。

排名的意义或许在于竞争，也或许在于利益分配。通过排名进行利益分配，这样的组织往往存在有些人不需要排名，而这些人往往才是真正利益得到保证的人。

排名的意义也许在于“标榜”，似乎具有“厉害程度”的意思。对于“厉害程度”，每个人的理解是不一样的。对于营利性组织的某些排名，也许存在的意义是明确的，例如，业务员的业绩排名，但是，并不是所有的排名都是如此，有些排名表面意义与实际意义并不相同。

一个组织是否具有合作性，最简单的判断或直觉就是“你身边是否有人真的希望你好”，或者你是否会对身边人的进步真心感到高兴。如果你所在的组织是不具有合作性的组织，或者你本身就是一个不具备合作性的人，那么，只有不在乎排名会让自己更快乐一些。

2. 比较与竞争

竞争是在公平的游戏规则下的不同个体的独立行为或竞争行为，最终比较出孰高孰低，失败者真诚地恭贺胜利者，然后提升自我进行下一次的竞争。但是，对于彼此独立的个体而言，竞争关系是一种复杂的关系，不能简单地看成是合作、离散还是敌对。但是，比较的本质是竞争。

（1）竞合关系

竞争的关系也许在更大的范畴内可以看成是合作，例如不同球队的竞争构成了球市，激烈的竞争却共同打造了一个繁荣的市场。

在合作心态下的公平竞争，会形成你追我赶的情形，这种竞争关系当然是积极和正面的。这种关系不仅有利于合作，并且能够使合作最大化。对于很多群体而言，要合作就要存在共同的利益，并且这种共同利益一定是重要因素或关键因素。例如同学之间，共同读书，相互促进，就是一种良好的竞争合作关系。这种竞争关系，是一起追逐的合作关系。

（2）非合作竞争关系

没有合作意识以及合作行为的群体，“各人自扫门前雪，莫管他人瓦上霜”就是一种常态。当他们不进行比较时，仅仅是离散还不至于暗斗；当他们有比较之心时，则必然导致明争暗斗了。离散的群体走向明争暗斗的关键一点，是“利益争夺”或者“优势感争夺”。

竞争可能导致群体更加离散，考核会促使竞争。对这种群体进行考核，走势是可以预测的。

（3）掩盖下的敌对关系

在缺乏共同利益之下的比较或排名，也许就是不同的个体的敌对行为，当然，个体之间可以抱团，甚至可以“站队”。在这样的群体中，很难存在公平的游戏规则，很难存在合理的价值判断，这种情形下不能称为竞争，只能称为“明争暗斗”，甚至表面和谐下的尔虞我诈。这种观念与行为，会形成一种可怕的环境，也可以称之为“文化”。

当共同利益并不存在时，让成员们相互比较，也许是一种“看似不错”的统治方式，除了防止员工过度抱团，则必然使得他们更多地采取单打独斗，难成气候，威胁不到统治。当比较深入人心时，与别人比就是“自然而然”的情形。在此情形之下，个体为了各自的“某种地位”或“比别人强”的感觉，拼命按照“指定的游戏规则”努力工作，似乎就是合情合理的行为了。

（4）考核下的员工行为

威胁与薪酬差别，在某些情境下是非常实用的工具。让“他们”为了“更优的位置”而竞争，获得“更优位置”的人会有极大的内心满足感和快感。为这次未获得更优位置的人留下努力的空间和机会，以使得他们将关注度和注意力集中到考核的目标上去，从而可以达到或超过既定的目标。

通过考核，可以“名正言顺”地让员工进行比较、竞争，从而努力完成更多的工作量，甚至同时还可以让普通员工获得相对更少的利益或工资。

至于普通员工为什么会关注考核或排名规则，然后根据规则争取到更优位置，而不是质疑考核的出发点或目的，这可能属于思维惯性，深层次可能是“优势争夺”思维，是一种“你上我下”的价值观。

比较和明争暗斗，会产生焦虑；焦虑，会影响工作和生活，甚至影响身体健康。一个人一旦进入这种环境，只有“奋斗”，获取优势感，才能获得“心理上”的承认与认可，才能获得所谓的尊重。这也许是在此环境下能够“神清气爽”的唯一方式。

3. 优越感与敌对

专注、精益求精、竭尽所能，是人性最积极最有活力的表现，也是优异组织的表现。但是，比别人强或者超越某个人的思维和行为是要不得的。从小的教育，就应该是树立起“学会、学好而不是第几名或超越谁”的观念；可以树立考满分的思维，但不是第一名的思维；从小就应该建立起独立的思维。

优越感，一旦超过了某个度，就会导致人性的扭曲。优越感，往往比较的对象就是周边的人（包括亲戚和朋友）。在组织中，比较对象则是组织内部的人，这可能会导致“看不见的敌对或内斗”。追求优越感的人，往往会打击别人。优势地位和利益的争夺导致敌对和离散。

学习不是竞赛，工作不是竞赛。同事之间是合作，不是谁比谁强。对于企业，不应该设立“假想敌”，可以设立标杆，以标杆企业达到的高度为目标。设立的是目标，超越的是目标，而不是对方。超越了目标，是一种成功感或成就感，而不是优越感。当自己达到了目标，至于对方是什么样子了，与自己没有多少关系，因为自己要设立新目标了。

对孩子，不应该向他们灌输“听话”“好孩子”的观念，而应该让他们建立“专注、精益求精、竭尽所能”的观念。尽力了吗？任何一个人，在任何的年龄，只要尽力了，不留遗憾即可。没必要与他人比。

（三）不同人的比较观

不同的比较观，体现在与什么进行对比上。

1. 与自身比

与自身对比的人，更多地分析自身的条件以及面临的环境，客观地自我评价昨天的自己，用今天的自己与昨天的自己对比，（自我评判）是否有所进步；客观地评价今天的自我，为明天的自我设定目标，（目的是）更进一步前进。例如，一个百米短跑只能跑18秒的人，目标是下一次跑进17秒以内，这就是进步。如果每次都进步（而不是停滞不前或倒退），那么，应该有一种充实感和自我满足感。

2. 与客观标准比

与客观标准对比，则一定要判断客观是什么。在20世纪90年代，在偏远地区的农村，外语教育极其落后，是很难与（国家的）客观标准进行对比的，特别是在听、读、说等方面。客观标准则要与自身环境相对应。一定要有自己的独立判断，标准是否来自客观。

以上两种比较观是阳光的、积极上进的，是应该培养的。然而，还有一种比较观，就是人比人[①]。

3. 人比人

人比人而产生的激励力是复杂的，一定要认识到其复杂性。

首先，人比人会激发人的努力程度；成为第一，或排名靠前，在人比人的文化环境中，似乎是“天然合理”的逻辑。人比人会导致合作、离散、对立等各种情形。至于哪种情形会出现或者是否几种因素纠缠在一起，则必须根据具体情形进行判断。例如人们在衣食住行等方面的比较，实际上是一种物质财富的比较或物欲的比较，会激发人努力工作。在人比人的情形下，无论生存需要满足到什么程度，这方面引发的激励力在现实中仍然强劲。

其次，人比人会使人更认可等级，服从等级。这是因为等级这个东西本身就符合人比人的一切要素。等级必然形成一种“管人”的思维，一旦群体中建立起这样的思维，管人就比较简单。观念会导致行为，一旦观念上接受了，那么很多方式就可以实施，甚至认为是“天经地义”的。认可等级的人，一旦谈论起强弱，最后的落脚点必然是等级因素。等级，符合清晰的“优越感”或“优势感”认知。

将一切等级化，是某些组织常用的方式。在这样的组织中，消费也是等级化的，不同消费等级也是比较因素，也是努力工作的动因。

---

① 人们有一种“天然的倾向”进行人比人，也许因为这是人的自信心或优越感的主要来源之一。人的自信心及优越感主要来源于“拥有资源”“拥有能力”“拥有优势”。所谓的优势，就是通过比较而得以确认，以形成自我感觉。比较是彼此的，你拥有了优势，我就变成了劣势，反之亦然。选取的比较对象，往往就是最近的人。当你和这样的人距离越近，就可以推理出这类人必然不会“为你好”或“期望你好”。

利益与等级，是最好的工具。钱能驱动的人和服从权威的人，是最容易管的，或者是最容易征服的，他们的工作驱动力是金钱、权力、地位或者他人的“认可”，他们也会以这些来“征服”同类；还有一类是爱慕虚荣的人，也就是卑微的灵魂很想享受“优越感”的人。

4. 以“领导”制定的目标为标准

与自身对比、与客观标准对比、人比人，除了这三种比较观，还有一种是以“领导”或“组织”下达的标准进行评判。具有这种比较观的人并不思考这些评判标准的对或错，例如，不会思考“做大”“做强”或许仅是一种好大喜功的数字标榜，但员工会“自动”承认与接受这些标准并以这些标准的要求内化自身的行为，然后衡量一切，这似乎是一种常态或正常。这些标准，或许，可以看成是“权力”标准。

喜欢被表扬，盲信权威或专家，这类人往往会更接受和认可“权力”标准。权力标准的奖惩往往与表扬和批评相关，而奖惩往往就是升/降职或发奖金/扣钱。

“把一件事情做到8分好，也许因为钱；但，把一件事做到极致，一定和钱没有关系。”当一个组织采用绩效工资时，也许已经假定了做事与钱有关，那么，能把事情做到8分，应该符合“组织期望”了。

当绩效考核与工资挂钩时，人们关注的是考核以及绩效工资等级或标准，而不再是岗位职责；当关注考核以及对应的绩效工资等级时，人们关注的是与之相关的各种材料，事业心、责任感也许就会丢失。

5. 比较与考核文化

让一个人兴奋的事情，可能会让另一个人感到心灰意冷。在以考核为前提的尊重与贬损，就像跷跷板游戏，或者说是“你多我少”的零和博弈，或者是一种“强弱”观。在“比较文化”盛行的地方，包容或许仅仅是表面上的，“和谐”也是表面上的。文化与价值观常常紧密缠绕，难以分割。

炫耀还是分享，本质上是不同的。

一个越是没有自我的人，越可能与别人比。当一个人炫耀感或虚荣感表现很明显时，他内在的羡慕嫉妒恨的情感也会很强。在这类人为主的群体中，考核文化很容易形成。一旦考核文化形成，转变为考核者的那部分人必然进一步强化考核，考核别人的感觉是一种巨大的心理享受。在这样的组织中，考核必然形成一种情境，这种情境会发挥作用，会形成一种新的行为规则，这种规则可以统治或压制别人，因为人们会“理所当然”地认为他们的行为只是符合规则的一种表现。在这样的规则之下，有些人会长期扮演某种角色，慢慢变成无法脱离角色的演员。当某种考核形成惯性之后，这种考核的实用性即使已经消失，或者当更好的方法已经浮出水面时，个人和组织更有可能将原有不好的考核方式继续下去。情境阻止人们用全新的眼光来审视旧的问题。

如果失去了合作性，就将导致一盘散沙。当员工更加离散时，有些情形的演变就是一种必然。

三、被设置了的人

一个人应该基于自我独立判断的观念而决定做什么，也就是说，一个人要基于内心的是非对错去做事情，而不是基于外界如何评价或评判去做事情。

这并不是说，一个人可以抛开责任。这里说的意思是按照自己认为的是非对错去履行责任，而不是在外人的看法或标准下去履行责任。这就像有人说的，精神独立的人，仍然可以过“你耕田来我织布”的日子，因为“你”和“我”都知道：要通过耕田织布来营造一个更好的生活。分工与合作本来就是基于独立的个体，越是独立的个体之间越容易进行分工与合作，而不是越多的冲突和矛盾。

鼓励更好地分工与合作的组织，与仅仅在乎“执行力”的组织是不同的。鼓励团队的分工与合作，也许就不应该过度考核，更不应该使员工进行直接的“你多我少”的利益比较，更不应该让员工产生“等级”的观念以及行为。鼓励员工更好地分工与合作，也许，就应该让员工基于个人判断而采取的职责行为，建立起职责行为的是非对错观念。努力是基于职责本身而非与外界的比较，更不是仅仅为了绩效工资或绩效奖励。

王小波写的《一只特立独行的猪》中有如下几句话：“我们知道，在古希腊有个斯巴达，那里的生活被设置得了无生趣，其目的就是要使男人成为亡命的战士，使女人成为生育机器，前者像些斗鸡，后者像些母猪。” 也许，王小波的这个描述并不是最差的情形，更差的情形是斗鸡之间还要相互明争暗斗，考虑如何把其他鸡搞下去从而让自己获得“优越感”或“优势地位”，这些暗斗或内讧所获得的所谓“优越感”或“优势地位”其实是别人给予的或设置的，这就是王小波用了“设置”这两个字的含义。

能够考核别人的人，提到考核就兴奋。因为，此时此景，“优越感”或“优势地位”滋味满满，这才是他们人生得意之时。其实，他也是被设置了的，过着被设置的人生。

当我们在一个群体中看到不同的人的绩效行为或绩效表现时，用“每个人有不同的兴趣爱好”来解释，还是用“每个人的个性不同”来解释，或者是“因每个人在不同的生活中被设置了而不同”来理解，这将对自我或群体产生不同的认知。也许，很多人已经失去了自我认知、自我反思的能力，独立的判断再也不会存在，只能按照“别人”的观念或标准进行“比较”，过着被设置了的生活。

自我与独立判断，对每个人都是重要的。与什么比，如何比，对于绩效判断而言，是很难绕开的话题。

第 12 章
绩效分析

绩效考核，就是如何构建指标体系，如何设置评判标准，如何设置权重，如何获取信息（记录），如何呈现（与指标相关的绩效描述）以及如何评判。利益分配结束，上一轮的绩效考核就结束了。这样的绩效考核，其目的就显而易见了。

绩效分析，很多人认为已经不属于绩效考核了。其实，绩效分析，才是绩效提升的关键，才是绩效考核的重点。没有绩效分析，绩效记录就是“浪费”。要进行绩效分析，就要了解绩效分析技术。大多数的绩效分析技术，其实很多人都很熟悉，只是没有直接与绩效分析技术相联系。

一、财务与会计类的绩效分析技术

财务分析、成本分析，这些本质上都属于绩效分析。由于这些内容有专门的书籍或专著进行论述，在此仅仅提及一些常用的内容。对于一家营利性组织（或者说企业）而言，如果不懂得或不能熟练运用财务分析工具，基本上是不可能进行绩效分析的。

很多人所熟悉的 BSC 绩效评价，第一类评价就属于财务评价，当然，第一类分析就属于财务分析。

（一）偿债能力分析

对于现代的企业或公司而言，其资本来源于两个方面，即自己投入的部分和借来的部分。也就是所谓的“资产＝负债＋权益”。企业运营过程产生的利润，最后要结转到“权益”部分。企业的一个假定是“连续经营”，所以对现金流的管理是非常重要的一件事情。短期负债的偿还以及长期负债到期的偿还，无疑就是影响企业经营的重要因素。

偿债能力分析，分为短期偿债能力分析和长期偿债能力分析。短期偿债能力分析主要包括：净营运资本、流动比率、速动比率、现金比率、现金流量比率。衡量企业长期偿债能力主要就看企业资金结构是否合理、稳定以及企业长期盈利能力的大小。长期债权人为判断其债权的安全尤其关注长期偿债能力。其指标主要有资产负债率、产权比率、或有负债比率、已获利息倍数、带息负债比率五项。

（二）营运能力分析

营运能力，在财务上是指运用资产或资本的效率或效益。企业营运能力分析（Analysis of Enterprises’ Operating Capacity）主要在同一行业或相似行业内进行对比性判断。对于营运能力分析，主要分为三个方面：整体资产的效率或效益分析；流动性资产的运转效率分析；固定资产产生的效益分析。

营运能力分析，可以看成对应于 BSC 中的内部营运类指标分析。

对于一个成熟的资产市场而言，如果一家企业的营运能力弱，则必然有机构会逼迫管理层“下岗”，进行资产收购或并购。记录了 20 世纪最强悍的资本收购的著作《门口的野蛮人》中，雷诺兹-纳贝斯克集团被 KKR 公司收购，其中的原因之一就是原雷诺兹-纳贝斯克集团的管理层对于资产的利用效率或效益过低，评估“溢价”而被收购。当然，这里面还有成本—费用分析，也就是原管理层的经营成本—费用过高。从这一点而言，成熟的资本市场，可以对经营者带来很大压力和鞭策作用。

（三）获利能力分析

获利能力分析，或者是盈利能力分析，从财务分析角度而言，主要是资产—利润关系的分析。如果从绩效角度而言，可以考虑当前获利能力（也就是财务方面的获利能力分析）以及预期获利能力分析（行业趋势、产业趋势，公司战略与核心竞争力、公司发展趋势等方面的综合判断）。

获利能力分析中，资本结构分析、成本—费用分析、产品（或服务）价值分析是关键点。此外，市场容量、市场份额、市场地位分析，是分析预期获利能力的重点内容。如果获利能力与外部客户相联系，则可以看成 BSC 中的客户类指标。

（四）发展能力分析

从财务分析角度来看，发展能力是指资产的增加。从“资产=负债+权益”这个角度来说，首先是权益的增加（速度和数量），也就是营业利润转为资产（的速度和数量），另一个方面则是融资能力。

从以上四个方面，对照 BSC 绩效评价，不仅可以更好地理解 BSC，也可以得出报表的重要性（数据的准确性、使用的折旧方法、计提方式、成本费用的归类与结转）。没有良好的报表（也就是绩效呈现），要进行分析无疑是空中楼阁。当然，对于分析技术的理解的深度与熟练程度，也必然影响到绩效的评价与分析。

（五）财务综合分析

财务综合分析方法，例如杜邦分析法就是常用的一种。BSC（平衡计分卡）和 EVA（经济价值增加）等方法，也逐渐被归入财务综合分析之中。

除了以上五类分析，还有投资分析，它也是一个企业绩效的必要构成。

二、质量管理类的绩效分析技术

质量，不论是产品质量还是服务质量，是绩效的重要方面。所以，关于质量分析，本质上就是绩效分析。但是，质量分析技术很少被纳入绩效分析技术中来。这是因为：质量分析被认为是专业分析，并且属于内部分析。虽然财务分析（在财务数据准确的前提下）在外部可以用于绩效分析，可以被中立方用作咨询工具，在内部可以用于评价分析，但是，质量分析更多是被内部使用。

对于质量分析技术而言，涉及的主要是统计技术，并结合流程分析。对于当今而言，质量似乎是一个基本条件，但不足以成为竞争优势（实际上质量是竞争优势的一个有效构成要素）。当然，对于到处都是伪劣产品的地方而言，与其说质量是产品竞争优势，还不如说信誉是竞争优势。质量和信誉是与制度行为和品牌相关联的。

最重要的是制度，包括制度环境。

虽然质量只是一个基本条件，但质量分析的工具和方法，在绩效分析中应该是熟悉甚至熟练的。重要的技能有两个方面：一是统计方法；二是数据分析。

财务分析与质量分析技术，需要训练才能掌握。也许，财务分析与质量分析，更适合组织层面的绩效分析，若转化为部门绩效分析或个人绩效分析，则可以从成本分析与工作质量分析着手。

从考核角度看待绩效考核，应该是绩效记录、呈现、分析、改进。缺乏了分析和改进的绩效考核，本质上就是通过考核实施奖惩而已。

三、流程分析

关于流程分析，主要分析战略流程、运营流程、人力资源流程。这些分析，主要是内部分析，用于绩效改进。

流程分析的关键之一，首先是定义企业，或者说企业的定位。先看网络上流传的一个案例。

哈佛大学一堂经典的商业案例课。

某跨国保健品公司，生产一种能促进儿童生长发育的口服液，配方独特，利润可观。但是近来他们发现自己的产品中含有少量的性激素，如果儿童长期服用，会造成早熟。

教授要求学生扮演该公司的总经理角色，提出自己的经营方针。

A 组学生的方案是：公司应立即改变产品的配方，以使产品中不再含有性激素，并且停止生产原产品，已经出厂的要尽快地收回并向公众进行解释和道歉，取得公众的谅解，树立公司良好的形象。否则，明知其有害于儿童的生长发育仍生产出售是不道德的。

B 组学生的方案是：他们算出销售这种产品所获取的利润，也算出停止销售及改变配方可能引起的损失，又探讨了用其他产品能否填补这块利润损失，然后得出结论：首先，该产品为公司获取了巨额利润；其次，停止销售和改变配方会给企业带来很大的损失，并且这种损失是无法用其他产品的增产来弥补的；最后，产品既然已经通过有关鉴定，就表明生产该产品并不违反法律规定，公司完全应该采取各种手段追求最大利润，以对股东负责，根本不应该自寻烦恼自找苦吃。

A 组学生立即反驳：企业行为如果存在道德上的问题而仍长期坚持的话，其势必会影响企业的长期发展，最终对企业是有害的。同时，企业不得不想办法应对人们对公司广告的不信任感和抵抗情绪，这种企业形象的最终恶化，势必导致企业的最后失败。

C 组学生给出一个折中的解决方案：公司是否考虑将这种产品换汤不换药地悄悄改名为青少年口服液，或者在广告宣传中加入疗程说法，告诉人们，这种产品用一段、停一段效果会更好，这样就不会发生由于使用太多而造成儿童成熟明显提前的现象了。因为企业必须考虑自己的利润，但是，那却不是长久之计。公司应该在继续销售该产品的同时，投入大量的人力、物力尽快改进配方，在外界尚不觉察中完成产品的更新。

看了这个故事以后就会发现：其实每个人都在从不同的角度去解决同一个问题。第一组学生注重人际关系对企业的影响，他们强调道德和责任；第二组同学有着良好的数理分析思维，他们善于把问题量化，给出比较具体而精确的解决方案；C 组学生善于融合和变通，又会在讨论的过程中提出更为综合的解决方案……所以对于同一个问题常常会有不同的理解。

站在不同角度的人，往往难以沟通。

以上 A、B、C 三种解决方案，各自对企业的定位是什么？各解决方案对产品是如何界定的？或者说，这三种答案的背后，企业的目标或使命有什么不同呢？这三种方案（的背后），如何制定考核（评估）指标体系？如果进行评估之后，如何进行绩效分析？每个人会为自己的观点辩护，是非对错的标准不一样。每个人只愿意接受自己想接收的信息或观点，并且只愿意收集自己想收集的信息。

能够换一个视角看问题，能够进行反思的人，也许是少数，或者说具有换一个视角的能力并不容易。

（一）界定产出

界定产出是比较难的事情。举一个例子，一个冰箱企业如何界定自己的产出呢？这个（产品界定）看似很容易，但实际上也不容易。比较准确的界定是“满足顾客需要的保鲜、冷藏、储藏需要的一个物品”。限定语“满足顾客需要”该如何定义呢？可能延伸出节能、美观、稳定、储物的方便性等要素，这也属于该产品的界定要素，还有就是价格、环保等要素，并且这些方面是需要持续改进、持续提升的。仔细思考之后，就会发现“冰箱”这个产品的界定要素有很多。如何实现这个产品的各个方面（也就是这个产品的规格），就是流程。

1. 产品的界定与定位理论

市场细分、市场定位、目标市场，这一套理论已经成为经典。虽然存在“满足顾客”还是“引导顾客”等不同的角度，还存在着“满足客户需要”还是“为客户提供价值”等不同的角度，从而对定位理论有不同的看法，但是，界定产品仍然被认为是一个重要的前提假设。（满足客户需要与提供客户价值是不一样的，例如，垃圾食品可能满足了客户的某些需要，但实际的价值很低甚至为负。一个制造垃圾食品的企业使更多的人吃更多的垃圾食品，对这个企业而言就是“成功”了）

做什么，为什么做，之后才是如何做。做什么，可以看成是产品界定；为什么做，可以看成是定位理论。

如果一个组织的产出，也就是其“产品规格”不能界定，那么怎样进行评估呢？怎样进行绩效分析呢？这样的情形在现实中是存在的。

2. 企业产品界定

明确做什么，也就是明确为谁服务。企业的产品界定就是提升产品的价值，尽量用更低的成本提升更大的价值，价值应该与价格相关。

为顾客提供更有价值的产品，一直是企业产品界定的一个重要假设。（这只是一个假设，因为现实中并非如此。例如前面所讲的某跨国保健公司，其出发点就不一定是通过提升价值获得更多的利润，也许是通过“坑蒙拐骗”的方式获得更多的利润，即便这是“临时”的策略）在提供更高价值的产品的这个假设下分析出来的流程，只有在这个假设成立的情况下才是有效的流程分析。当不符合这个假设的时候，那么，以这个假设梳理出来的流程分析就是无效的。因此，准确的企业产品界定是流程分析的关键。

流程分析的第一步，就是界定产出或界定产品。

对于产出或产品的界定，并不容易。一是模糊，例如某些高校的“产品规格”就很模糊，这是因为有些高校人员对于“教育服务”的“参与主体”是谁都不清楚（甚至搞错），也不清楚顾客主体是谁（甚至搞错）；事实上，有些高校的产品本质上就是“文凭”，有些高校的主要产品是论文和项目，教与学仅仅是辅助产品或边缘产品。二是“管理者”或“领导层”不想进行明确界定。对于有些企业而言，还有第三点，就是只要有钱赚就可以。这些情形，考虑的出发点是利益，是某个人的利益或某部分人的利益。所谓的绩效考核以及延伸出的绩效工资等方面的内容，仅仅是利益获得或利益分配的工具而已。《助推》[①]这本书中提到“没有专业知识的客户经常会受到利欲熏心的顾问看上去十分有帮助的指点”，“利用客户的困惑坐收渔利，客户在不知不觉间把大把的钞票塞进了他们的腰包”。这些顾问的产品，绝对不是提供专业顾问服务。他们的产品应该表述为：在不“直接”违法的前提下，如何通过“顾问服务”这个媒介赚到更多的钱。在这些人的眼里，产品就是赚钱的媒介，如何将产品（包括服务）变成商品，才是他们所思考的。

清晰地认识产品，才能清晰地分析流程。

如果做什么都不明确，就无法谈为什么做，怎么做。接下来的第二步与第三步，是指在知道做什么的情况下紧接其后要完成的流程。

（二）界定过程以及投入

流程从为谁服务开始梳理，一直到如何提供。就企业而言，如何把“产品”交付到顾客手中，是首先要考虑的。

谁是顾客，是考虑这一问题的起始点。这一点看似很简单，实际上并不容

---

① 理查德·泰勒、卡斯·桑斯坦：《助推》，中信出版集团 2015 年版，第 147 页，第 153 页。

易。例如，把产品定义为礼品（例如有些玩具），那么顾客是谁呢？购买者还是使用者？

与顾客链接的这段流程，是界定流程的第一步。（很多时候，人们把这段流程忽略掉了）链接与客户的流程包括信息流程（如何让客户充分了解自己的产品或者是引起客户购买产品欲望的信息及时恰当地送达到客户，以及购买过程的各种交付数据、售后客户的使用数据和满意度数据等反馈信息流程）、资金流程与物流。第二步是内部的生产流程。第三步是各种投入以及供应流程。

分析下面的案例，界定其过程以及投入。

下面是从一份培训材料中摘抄出来的一段内容。

在做客户促成时，一定要用下面说法中的一种：

"请把名字签在这里。"

"请在这里签字，用力一点，因为里面有三份复写纸。"

"麻烦您确认一下。"

"你是刷卡还是付现金？"

记住：要求，要求，再要求，要求就是成交的关键。记住：在结束销售时，必须要求顾客成交。要求一次不行，还要要求第二次。他说no，还要要求第三次。只要他还没离开，你还要第四次第五次要求。

在这一过程中，一定要赞美对方。为了吃到肉，狐狸可以赞美乌鸦的歌喉；为了成交，你为什么不去赞美客户呢？赞美对方！大胆地去赞美客户！赞美的水平越高，就越接近成功。让顾客感觉你真诚赞美。对于有知识的人，赞美他们素质高；对于公务员，赞美他们工作好；对于个体老板，赞美他们赚钱多，自由；对于普通工薪阶层，赞美他们诚实、善良、可靠；还可以赞美他们的家庭、配偶、孩子。对于顾客自我感觉良好的方面，大胆赞美。记住最关键的目的是提要求，促成交易。重要的事情说三遍：提要求，提要求，提要求。再次强调，礼貌是态度，赞美只是过渡，最重要的是提要求，坚定地提要求，促成交易。

上面的培训材料（其中的一段），属于销售流程培训或销售技巧培训。这也许就是“专业”销售培训。他们一定明确知道，哪些流程环节或哪些投入能够提升“绩效”。

（三）流程的分解

流程分析，也可以从工作行为分析、信息传递分析、物品的交接分析等几个方面进行。

工作行为分析，也就是从工作分解和职责承担方面进行分析。

工作行为，一是要从整体性和规范性着手。有些工作行为是整体性的，例如一些决策、创新等职责；有些工作行为是要进行规范的，例如流水线上的操作行为。二是要从日常工作、阶段性工作、集中性工作等几个方面进行。每天都要做的事情，称为日常工作，对这些工作行为所要占据的时间、精力以及价值进行分析。阶段性工作是指临时性的或周期性的一些工作，例如年报、年终总结、某个项目等。集中性工作，例如攻关项目、决策等。阶段性工作、集中性工作与日常工作，都要考虑到流程中去。如果一个人的职责承担主要是阶段性的，那么，必然这个人在其他时间是在流程之外的，或者说，涉及这个流程运转到该职责时，其工作行为要及时并且不会造成流程的阻塞，而其他时间该职位是相对空闲的。

信息传递分析，主要涉及信息生成、信息传递方式或技术、信息传递中人的行为。这三个方面都属于信息传递分析。信息传递就像人的神经，一旦信息传递出现问题，流程就必然出现问题。

物品的交接，更广义的含义是指流程的上一个环节的“产品”流转到下一个环节的中间衔接情形。相互之间的配合与协作，将对效率产生重要影响。在衔接的形式中，要考虑按顺序一对一、一对多、多对一衔接，还要考虑交叉衔接、多对多衔接等。

工作行为分析、信息传递分析、物品交接分析，属于个人绩效分析。除以上的分析外，还要对流程进行价值分析（结合必要性分析、价值分析、效果效率评价）。

流程分析中还涉及关键点、关键职责以及核心流程的判断以及界定，甚至，还包括员工行为和投入程度分析。

（四）简化流程

流程的简化，也就是去掉不必要的环节，就是简化业务流程，同时简化管理流程。从这个角度考虑整体绩效问题，就有可能延伸出“管理者是不是可以去掉了”。

如果使用一个新的工具，例如信息化工具，能够使得流程简化，那么这个工具是恰当的，否则，就应该质疑；如果增加一个岗位或变动一个岗位，使得原有的流程简化了，那么这是恰当的，否则，就应该质疑。使得事情越来越多的任何情形，都是违背利润原则或成本原则的，当然，背后一定是与某些人的利益相关的。简化流程并不容易，增加流程反而相对容易。

简化流程，增强合作性。

简化流程，已经属于绩效分析之后的事情，或者说属于绩效管理的内容了。

如果考核使得流程越来越多，材料越来越多，人员越来越多，那么，考核不是为了提升绩效，而是为了业绩材料，甚至“造材料”。

基于常识的思维与判断，要先建立起来。

四、绩效技术

绩效考核，是一件容易引起误解或歧义的概念或行为，很容易被“误”认为是绩效工资、奖金或利益分配的一种工具。绩效考核的关注点，往往是考核结果之后的奖惩。

考核，可以没有奖惩，但必须有分析。绩效分析，将关注点转移到“绩效结果”以及形成绩效的过程上。

只有将关注点转移到如何提升绩效上，人们像看待质量改进一样看待绩效改进（其实，质量改进技术本身就是绩效改进技术的构成部分，但现实中往往不被如此看待），绩效考核或绩效管理才是本该有的情形。在这样的情形下，人们会关注绩效技术。假如影响绩效的因素是人，那么，应该对人员进行培训，提升人员的工作技能或改变工作方式，从而提升绩效，而不是简单地通过对人员进行奖惩提升绩效。如果人们关注的是绩效之外的工资或奖惩而不是如何提升绩效，那么，绩效考核实际上是发放绩效工资的前期工作，人们的关注点在于利益分配，管理者认为这种简单粗暴的方式可以提升绩效，事实上这样的组织是不可能真正提高绩效的，这样的组织中的管理者不会真正关注绩效技术。

绩效技术（Performance Technology，简称 PT）又称为人类绩效技术（Human Performance Technology，简称 HPT）。绩效分析技术中的工作场所分析，假如在办公室政治很浓的工作场所，提升绩效的最好办法是改变这种工作氛围，而不是对员工进行奖惩；如果在这样的工作场所，对员工进行奖惩或使用绩效工资的方式，不仅不会改进绩效，而且会使办公室政治加重，以至于使人焦虑。

简单粗暴的绩效考核与奖惩，不论考核如何科学，不论奖惩如何公平，都不会使人真正关注绩效提升。何况，这种简单粗暴往往是不科学和不公平的。从这一点上来说，绩效考核与绩效管理是两回事。绩效管理，必然关注绩效技术。无论从人（工作技能、工作方式、执行能力）的方面进行提升，还是改进工作（流程、惯例），或是改变工作环境（组织层面、文化、沟通协作方式），关注点聚焦在如何提升绩效上，而不是在薪酬或奖惩上。

所有绩效分析的方法，都是容易掌握的，经过训练之后也是很容易学会使用的。难以改变的是人的观念和思维，特别是既得利益者的，更难改变。

五、绩效与目标

绩效考核中的 KPI 考核，其实已经说明了绩效的关键因素和影响因素。如果说评价是打分，那么分析就是找出各项指标分数高低的原因。

从绩效管理角度来说，评价也许仅仅是基础，找出打分高低的原因才是关键。例如，评价企业或某个员工的产品或工作质量，要找出为什么高或为什么低，哪些原因导致哪些方面高或低，才是绩效改进的起始点。如果是由外在环境或不可控因素造成的，那么就应该改变战略流程或业务流程，使之适应环境或变不可控因素为可控因素。如果是由制度、人等方面造成的，那么，就必须推进改革或学习。这些属于绩效管理的内容。

有些影响因素也许并不是形成绩效的关键因素，但是这些因素一旦发生，则会对绩效造成较大的影响。例如对某些人员的不恰当处理（辞退或精简），造成了士气的影响；再例如不恰当的惩罚或奖励或薪酬改变，影响了整体士气或合作氛围等。对于影响因素的分析，也是绩效管理必须考虑的方面。

只有界定清楚目的是什么或目标是什么，才可能谈及关键因素或影响因素。思考以下各个目标的区别：①赚钱；②合法地赚钱（符合交易原则地赚钱）；③最短时间内赚到最多的钱；④长远而稳健地赚钱；⑤以付出最少的方式赚钱；⑥有尊严地赚钱；⑦赚钱是为了更好地生活而不是生存；等等。对于个人来说，应该是更充实地生活，更快乐地生活，更幸福地生活。赚更多的钱应该也是为了这些吧？当赚钱与这些方面冲突时，那么就应该“理性”思考了，甚至应该放弃。例如，在压力过大的情况下赚钱，不仅影响心理健康，也影响生理健康；再例如，长期在某个状态下工作而得不到缓解，可能会带来慢性身体损伤，这样“拼命”赚钱就是不理性的。

对于一个人而言，目的或目标清晰，才能分析关键因素或影响因素；同样，对于一个部门或组织而言，也是如此。

在利益的驱动之下，绩效考核往往是获得个人利益的工具，特别是管理者。管理者对下属考核的内容，往往与他所能获得实际利益和“职业荣誉”密切相关。在考核中，往往把这些内容设计成具体的指标，并将指标的来源模糊化，声称是由组织目标分解而来的；将个人的利益和目标隐藏起来。有些职位是需要用业绩材料来证明职位存在的合理性的，这样职位上的人，本质上是为了自己（而损害他人）；自利的人为了自己，实属常见；但，这样的职位存在，是组织出了问题，是系统性原因。

不论是什么样的目标，对于绩效数据的分析，皆有利于目标的实现。对于有些组织而言，目标包含着让员工服从和听话，那么奖惩就是实现目标的可行方式。当目标没有实现时，加大奖惩是很可能的趋势。

六、价值与利益

对工作价值的判断是绩效管理的第一步，也是关键的一步。如果没有这一步，绩效管理就不要再谈了。

要真正进行绩效考核，还必须以价值判断为出发点，但是在现实中，往往是以利益为出发点的。当以利益为出发点时，如何将一些毫无价值的工作包装成业绩，甚至用冠冕堂皇的“目标”浪费他人的时间和精力造出很多材料，就是一种必然。

工作有没有价值，或者说，这些工作有什么作用？看看下面的例子。

某所高校，每天早上让学生值班（站在由食堂通向教室的路口）检查学生（是否将早餐带到教室），这起到什么作用呢？还是这所高校，安排学生去检查各个班级的上课学生到课情况（学生在上课期间突然有人进来检查有多少学生在上课，实在过于唐突）。安排督导检查教师上课情形，例如是否带教学五大件（课本、教案、教学大纲、教学进度表、学生点名册），类似的这些工作有什么价值？那些“执行这种工作的人”为什么去做（甚至乐此不疲）？存在必有存在的原因，即便看起来对整体没有任何价值的事情，但对有些人而言，却可以从这些事情中得到了他们想得到的东西。

任何组织，都应该考虑：每一项工作，或每个职位上的工作，到底有什么价值？在管理者花钱买业绩的情形下，整个的评价体系已经价值扭曲了。

现实的情形往往是：越是没有价值的岗位，越是“制造出”很多的事情，越是要显得自己很重要，而无价值的管理人员制造出很多无价值的事情浪费了更多人的时间与精力。形式化、规范化与冠冕堂皇总是相伴随的。

当一个人骂社会上的产品不好时，骂提供这些产品的企业时，应该想一想：一个为了眼前利益的企业，只要赚到钱就可以了，对他们而言，当下能赚到钱才是有价值的；质量，也许没有太多的价值。重视销售的手段，而不重视质量，是必然的。对于这些企业，只有质量构成销售的影响因素时，质量才会被考虑。企业通过政府的行政手段进行业务推广（例如某企业使用 App 经常变相通过政府行政方式进行推广，典型方式是与政府的某些码变相捆绑），甚至，某种产品国家标准就是某些企业自己制定的，特别是食品和日常用品，如果这样的企业的目标是赚钱，那么，又该如何看待这些事情呢？至于企业的员工，为何专心致志、精益求精呢？他们也仅仅是为了赚钱谋生而已。

当然，任何人都可以“骂”那些伪劣产品（以及服务），谴责那些制造或参与伪劣产品（或服务）的人；但是，最好在谴责的同时能够反思一下自我（对照一下自己的工作态度以及行为，或者对照一下自己如何对待责任的表现）。群体的观念和行为也许是重要的。

土壤？土壤又是由什么构成的呢？你和我。

本质上而言，绩效并不是由数据和材料构成的，而是由一些其他因素构成的。绩效分析，无论使用什么样的数据分析工具，得到的分析结果都是片面的。

绩效分析，绝对不是简单的数据分析。

即便是数据分析，也必须理解数据的含义、数据的边界。任何对数据含义的延伸，可能都是错误的。

第 13 章
组织绩效管理

绩效管理和管理，二者之间有什么关系？

管理，其目的就是提高分工与合作的效率或效果。效率与效果，可以理解为绩效。因此，可以说，绩效管理与管理是高度重合的。但是，人们往往把绩效管理单独列出来，似乎有白马非马的味道。例如，大量有关绩效或组织绩效的论文甚至连起码的管理常识都不具备。（这里只能称为论文，不能称为研究。虽然研究结果往往以论文的形式体现，但大多数的论文只能称为论文）特别是大量的实证论文，就是选取一堆数据进行处理。如果研究得出的是有意义的结论，那么最后得出的结论应该是逐步补充或完善到绩效管理中去的，但是，当翻阅有关绩效管理的教材时就会发现，其绩效管理的核心内容仍然是类似 PDCA 循环的绩效管理流程。

一、对组织绩效管理的思考

组织的绩效管理，实际上可以看成是组织的一种改变。对于组织的改变，曼弗雷德·凯茨·德·弗里斯（Manfred F. R Kets de Vries）在《领导的奥妙》这本书中谈到组织改变的过程，如图 13-1 所示，组织改变的步骤有四个。

1. 培养一种普遍的心态
- 迫切感
- 真正的对话
- 集体抱负
- 适当范围内的焦虑
- 奉献精神和动力
- 开放性
- 以行动为导向

2. 改变行动
- 授权的领导行为
- 以顾客为焦点
- 信息共享
- 跨功能合作
- 内部和外部的基准
- 调整组织结构

3. 培养态度、能力和惯例
- 营销
- 技术
- 生产
- 战略
- 跨国效率
- 外界联系
- 情感智力

4. 改善企业绩效
- 利润率和运行成本
- 市场份额
- 地域覆盖率
- 股票价格

图 13-1 组织改变过程的步骤①

第一步，培养一种普遍的心态。在这一步中，领导者通过制造一种迫切感，为未来创造一种“集体抱负”，减缓所有级别员工的焦虑，以及培养出奉献精神和动力来为改变设置好舞台。

第二步，改变行动。在这第二步中，领导者授权给追随者（通过授予权威和责任）建立起跨功能的合作关系，强调以顾客为中心，提倡在内部和外部都要见贤思齐，并且调整企业的结构。

第三步，培养态度、能力和惯例。在这一步中，领导者们努力给员工们提供他们所需要的东西，以帮助改变的努力取得成功，同时还要培养员工在情感智力方面的发展以及与工作相关的能力。在这一阶段，“小胜”变得特别重要。

第四步，改善企业绩效。随着领导者开始享受自己的努力果实，他们努力在这一阶段中维持着那些企业带来好处的改变，这些好处包括帮助企业成功获得更高的利润、较低的运行成本、更高的股票价格，以及参与社区活动为社会做贡献。

① 曼弗雷德·凯茨·德·弗里斯：《领导的奥妙》，东方出版社 2009 年版。

（一）对曼弗雷德提出的组织改变过程分析

曼弗雷德提出的组织改变过程，从理论角度来看，是具有借鉴意义的。但在绩效管理的实际过程中（或组织改变的实际过程中），应用起来具有很多难点。

1. 培养一种普遍的心态

从组织角度而言，组织的使命或目标（假设组织有使命或目标）与成员个体之间存在着巨大的鸿沟。组织成员中，总有一部分是为了“钱”而工作的，也就是说，在可选择的范围内该组织的薪酬是具有吸引力的。即使成员是有“事业心”和远大抱负的，那么，也不一定有迫切感或奉献精神。事业心，可能会转化为职业忠诚，例如成为最好的医师、律师、教师、工程人员、技术人员、球员等，但可以选择其他的医疗机构、律师事务所、学校、企业、球队或俱乐部等。也就是说，职业忠诚与对某组织的忠诚是两回事。即使对组织忠诚，也不是对管理层忠诚。

在“培养一种普遍的心态”的假设不成立的情况下，后面的三点似乎就很难自圆其说了。再看最后一点（也就是落脚点是利润、成本、市场份额、股票价格），就可以反推，第一点的假设实际上是虚伪的。最后一点表明：组织改变的出发点，不是事业共同体，而是利益共同体。也就是说，从利益共同体角度出发，使组织成员为了共同的利益而努力，共同利益做大，那么大家都有更好的利益分享，这个假设就会更符合逻辑。

利益共同体，重要的是“可信”的利益分享制度。如果只是部分人富起来，那么，只需要这部分人具有一种普遍的心态就可以了。对任何个人而言，自己是否属于利益分享者之一，这是关键。如果打算形成普遍的心态，则利益分享必须具有普遍性。

2. 改变行动

核心内容应该是改变工作模式与工作流程。这一点是相当难的。行为是有惯性的，改变的难度之大难以想象。对于牵引力（诱惑力）和压力（紧迫感）的感知与适应力因人而异。外在的牵引力与压力对于行为的改变不仅因人而异，而且作用也远远小于内在因素所起到的作用。

工作模式与工作流程的改变，是有前提条件的。只要薪酬不变或薪酬增加，并且新模式或新流程下所付出的时间、精力、体力与之前相比并没有太大的区别（或更少），学习成本较低并且能够适应，那么他们对于工作流程以及工作模式的改变“抗拒”就不大。

3. 培养态度、能力和惯例

这一步应该属于第二步的推演，也就是行为改变之后的固化阶段。在新的工作流程与工作模式之下，形成新的工作态度、习惯，并进一步制度化。

这一步推演，是指被动改变者的固化过程。

4. 改善企业绩效

按照曼弗雷德的表述，实际上就是利益分享。改善绩效的方式不是绩效考核，也不是绩效管理，而是薪酬制度。把薪酬与员工的工作行为或结果关联起来，从而改变员工的心态、行动，直至养成习惯。

虽然曼弗雷德提出的改善企业绩效的四步骤的逻辑并不严密，但这并不妨碍借鉴。

（二）在曼弗雷德基础上的绩效管理思路

考核评估（评价）是绩效管理的原材料，绩效分析是绩效管理的准备工作。对于绩效管理而言，首先是让群体“认同”必须进行绩效提升，或者说，管理者营造一种气氛——一种绩效必须改变也能够改变的氛围。

1. “认同”绩效必须提升

为什么绩效必须提升呢？也就是对于已经形成的绩效不满。换句话说，对自己或群体的表现不满，对现状不满，并且认为有提升的必要和空间。一个人或少数人不满，是远远不够的，是整体组织成员普遍认同绩效应该提升。

不满，在某些文化中是不被认可的。因此，将“不满”转化为更高的目标，首先是最高领导层要有更高的目标，然后形成为目标而努力的群体“氛围”，从而提升征服欲或战斗欲。

组织绩效提升，必定要改变组织成员的工作行为或工作结构，这将产生巨大的阻力。如何打破阻力，激发群体的动力，则是绩效管理的重要一步。从这一点来看，绩效管理的第一步与领导（领导者以及领导行为）相关。

改变组织绩效，往往与“领导者”的事业心或成就欲相关（或者与其直接利益相关），并且利用传导机制将之“灌输”给成员。或者说，“领导者”的目标感以及阐述目标的能力至关重要。从这一点来说，一个组织的管理团队失去了（或不具有）事业心或成就欲（或共同利益目标），这种传导机制就不存在了。虚假的传导机制就是“蒙骗”。

2. 打造“共同”利益或目标

什么是共同的利益或目标呢？如何打造呢？对一个打工者来说，他与老板之间的共同利益与目标是很少的，甚至几乎不可能有共同利益或目标。如果是“家文化”下的私营企业，则更不可能。这是“家文化”的天然缺陷，因为“最后的果实”属于“家长”。

利益分享不是业绩奖赏，不是“给猎狗分骨头”。只有为团队成员争取利益的管理者或领导者，才有可能打造出高绩效团队。共同利益，就是包含所有成员的利益。

首先，要考虑普通员工的利益，也就是打工者的利益。打工者的利益，除了稳定的工资收入外，还包括应对失业危机以及重新找工作的成本，因此，绩效管理应该能够提升员工的工作技能和适应能力，而不是把员工训练成标准化、规范化下的单一技能的生产工具。

其次，要考虑管理者的利益。管理者是特殊的员工，也可以称为职业经理人。从职业经理人的角度出发，绩效提升带来个人收益提升，以及带来的“职业声誉”或“职业履历”的成色更足，以及分析问题、解决问题的能力得以提升。

如果能够形成“共同”的利益或目标，在这个前提下，齐心协力，关注外部的环境，特别是顾客，真正为顾客创造价值，在适度的紧迫感的前提下，保持较长时间的热情与必胜的信念，接下来的改变就会相对容易。

3. 改变工作行为或工作结构

这一点属于技术层面，或者说属于管理技术层面。如果最高层管理者团队有持续的动力和热情，甚至持续激情，也许，工作行为或工作结果的改变就会在持续之中。限制这个改变的因素，可能是管理团队的知识水平与格局、视野。

当最高管理者的能力终止了（或者说学习与成长终止了），当管理团队的能力停滞不前了，整个团队能达到什么样的绩效水平也就是可预见的了。

4. **提升绩效**

提升绩效，属于不断超越。以某个球队为例，这个球队陈列着各个时期获得冠军的图片以及说明，这就是“荣誉墙”。它是“队史”的一部分，激励着管理者、教练、球员。当然，“荣誉墙”也是超越的目标。或许，有人认为，这仍然属于名或利的驱动因素。

目标感[①]、欲望、野心以及所有成员的努力奋斗，这些因素决定了绩效是否提高以及能否提高。真实的目标才有激励力。

如果一个组织的愿景、使命以及意义是明晰的，并且得到全体或大部分员工的认可，那么绩效管理就是一件简单的事情。当组织的意义与工作的意义对接，当组织的事业与员工个人的事业对接，一切都顺理成章，这样的情形之下，就无须多谈；或者说，之所以不谈这种情形，是因为这种情形下无须谈绩效管理。

曼弗雷德提出的组织绩效改进思路，无论是起始点还是落脚点，都源自成员的“干劲”。“干劲”这个东西很原始，但并不可靠。《农民的终结》这本书很有意思，书中明确地总结了一条关于农民的评价，那就是“干劲”。用中国人的总结就是“勤劳”程度。有一句话是这样说的：“对大多数人而言，勤劳不一定能致富，但勤劳能够谋生。”《农民的终结》提到，农耕社会中的“干劲”与工业社会中的“节奏”分属于两种生产方式。节奏，主要是指分工合作的协调性，效率可以被测量，时间成为重要的尺度。但对于“干劲”而言，效率难以被测量，往往也不能以时间长度作为衡量依据。到了知识社会，也许是有更深度的分工，当然也可能更独立、自由、离散，但这是不是“干劲”与“节奏”的结合呢？这些内容留给那些爱学习的人去思考吧。

只是“加油干”这种思维，可能属于农耕思想；节奏、专注、合作，也许才是当今优秀组织必须关注的要素。一个组织应该保证员工有充足的休息时间；

---

① 目标感，对于组织而言是重要的。组织行为（或组织成员的整体行为，或组织制度导向的员工行为）与组织目标的相关程度，组织行为与组织远期目标的相关度，这些都属于组织的目标感。对于个人而言，目标感非常重要。认识到近期行为与远期目标的关系，当前的努力对于未来的潜在作用，是一种目标感的体现。浑浑噩噩、过一天算一天的迷茫者，是缺乏目标感的。

员工应该有规律地休息及健身，高素质的员工应该把休息、健身、专注工作、合作等方面协调起来。

（三）努力做、做好与做

当忽视了分工与合作的结构性，人们关注的重点往往是回归原始的“干劲”。干劲也就是努力程度，在探讨努力程度时，人们往往就会探讨动因。当讨论绩效改善或绩效提高时，往往就会探讨是什么动因影响人们的努力程度。在这样的思路下，计分与奖惩就转变成绩效考核的核心内容。在现实中，则可能更偏向于薪酬制度，而不是绩效管理。即使所谓的绩效考核[①]，也是薪酬的前奏而已。

从动因论推演出来的结论，无非是“胡萝卜”加“大棒”，或者称之为奖惩。大棒，也就是惩罚，方式或种类有很多，之所以这些方面的东西有力量，也许是因为恐惧。北方的老鼠在秋天的时候，拼命积累食物，留作过冬之需，这实际上可以归于动物本能的恐惧，对冬天缺少食物的恐惧。

“胡萝卜”，也就是奖励，方式与种类也有很多。对学生而言，对“胡萝卜”并不陌生，例如表扬、奖状、称号，甚至是给予某个职位。当某个外在的评价也成为激励的时候，例如“好孩子”“好学生”的评价对孩子形成激励，激励的方式与种类就会太多也太具有“艺术性”了。当然，对于奖学金等物质奖励，也就是物质或金钱的奖励，有些人认为这些才是实实在在的。（那些声誉、名誉、奖章、奖状、称号等都被认为是虚的，或者是不直接的，把这些虚的东西与薪酬或奖金挂钩，才是实实在在的。例如 NBA 顶尖球员的工资，往往与是否获得 MVP、FMVP、DPOY、最佳一阵、最佳二阵等荣誉有关联。这可以看成是“虚”与“实”结合的例子，现实中类似的情形并不鲜见）

也许，人们在考虑奖惩而“激励”他人努力工作的时候，就会发现几乎所有的动因都是外在的。

---

① 小学生平常的自测，是理解考核的一个例子。小学生自测的目的是什么呢？是查漏补缺，不是奖学金，不是“薪酬”。把考核与薪酬联系在一起，就不是绩效考核了，就是薪酬制度的一部分了。所以，这里称“所谓的绩效考核”。

1. 努力做与规范做

努力去做，直至做到更好更优。在金钱激励下的努力行为，能够达到 80% 的努力程度就很不错了。精益求精、竭尽全力，是内在激励下才可能出现的情形。

除了努力做外，还有一种方式是“规范地做”，只需要按部就班地做。流程规范化、工序标准化、操作标准化，已经被证明在很多情形下可以提高效率、保证效果。在这样的情况下，绩效管理就是如何进行规范化与标准化的过程。

对有些职业而言，标准化是很可怕的事情，甚至标准化与职业程度是相悖的。例如，当教师这个职业完全标准化的时候，教师这个职业就已经死亡了。当一位教师刻意像讲解员一样标准化地教书时，这个教师实际上已经“死”了。对于那些形式上模仿讲解员的标准，而实质上却是一点也不专业不职业的教师，是不能称为南郭先生的，因为南郭先生只是滥竽充数而已。教师与学生之间，主要是专业方面的交流，激发思考的问与答，而不是播音与听，更不是形式化（各种形式化的上课方式）或材料化（各种上课资料的积累和展示）。

2. 做好与做

这里说的“做好”，是指精益求精、竭尽全力去做的行为方式。这种行为方式并不是每个人都能拥有的。在这样的思维下，有两点做法：一是如何找到或培养能够“做好”的人，二是打造一种环境使得这样人能够专注于做事。

对于做，也有两种方式：一是胡萝卜加大棒的方式；二是规范化的方式。有企业将这两种方式结合起来，实施半军事化管理，且给出非常低的工资水平，但员工可以通过加班加点获得相对高额的总工资。这样的企业的绩效水平是可控的，但对员工而言是非人性的。

二、绩效提升的动力

对于一个人而言，提升绩效，从某种意义上讲就是如何提升专业水准，或者说如何专注于正在做的事情上。从这个角度来说，对于个人或组织都是适用的。无论是改变还是提升，最重要的前提是“意愿”，也就是改变的意愿或提升的意愿。

对于一个组织而言，员工的健康、幸福、快乐，应该属于组织目标。因此，合理的工作时间、能够使员工专注工作的环境……这些应该是绩效管理中应该考虑的重要因素。

（一）推动绩效提升的力量

老板希望员工专注于做事，把事情做好，但老板真正关心的（也许）是利润，也就是“客户的口袋”；服务人员真正关心的（也许）是“自己的口袋”（也就是自己的收入）；客户希望服务人员专注于做好服务……

当老板对员工很坦诚的时候，会告诉或劝诫员工努力工作（不是更专业地工作），不断地宣传或宣扬执行力、行动能力，等等。老板会说：“只有努力，你才能获得更多的钱，才能有更富裕的生活。”但是，老板绝对不会告诉员工：“你们实际上就是我的赚钱工具，只有你们努力工作，我才能赚到更多的钱。”

有没有被“努力”“执行力”“行动能力”骗了？没有，是被“钱”骗了。是钱的力量推动了努力、执行力、行动能力。除了钱之外，还有成功的感觉，比别人强的感觉。

1. “专业”是幌子

幌子是什么？是一种旗。还有一句话是“挂羊头卖狗肉”，羊头就是“旗”。为了赚取更多的钱，所以要更专业，这里的“更专业”就是“旗”。如果在原有的专业水准上能够赚到钱，那么就不会提高专业水平。专业水准提升的动力是什么呢？

市场竞争！

市场竞争才是推动绩效提升的力量之一。看一看那些打着提供专业服务口号的公司，就知道“专业”只是市场竞争的“广告”而已。如果没有竞争，那么可能就是垄断。垄断是一种邪恶，任何的垄断带来的都可能是低效或腐败，这个应该是可以论证出来的。邪恶的人或企业，往往用各种方式获取垄断或局部垄断。例如手机校园卡，某运营商会尽可能获得垄断经营或相对垄断经营，这就是局部相对垄断；再例如某种移动支付，会想尽办法达到局部垄断的目的。

只有保证市场竞争，才可能提升组织的专业水平。

那些非营利性组织，很难存在市场竞争的动力。推动绩效提升的力量则是另外一些因素。况且，无论在组织内或组织外，均有可能存在“劣币驱逐良币”的现象。

2. **“专业”是竞争工具**

上面谈到，从广告的角度而言，“专业”可能仅仅是一种宣传，也可能是一种虚假。如果从长期竞争角度来分析，“专业”可能是工具。只有更专业，或者让客户感知到“专业”，才可能更好地让客户掏钱；当然，前提是存在市场竞争。

经营，传统意义上主要是指营利性组织（也就是企业）将产品通过市场转化以获得利润。市场与产品的研发往往是重点，如何让顾客购买是更重要的事情。现在也有人认为经营是如何提高股东回报，例如股票增值；也有人从股东、员工、顾客、社会等四个方面论述经营。不同的经营概念，应该对应着不同的“经营绩效”概念。

管理，也有不同的界定，在此认为管理的含义是提升组织内部分工与合作以及资源优化，这个概念比经营的概念小得多。

就使用范围而言，经营主要是指营利性组织，而管理则不仅适用于营利性组织，也适用于非营利性组织。就这一点而言，管理使用的范围远超经营这个概念。

对营利性组织而言，管理水平高是否一定会获得更高的经营绩效，或者说管理绩效是否一定正相关于经营绩效。这将是另一个话题。

当企业作为一个整体时，专业是参与市场竞争的有效工具（之一）。如何让员工更专业做事，如何构建让员工专业做事的环境，才是企业使用“专业”这个竞争工具的关键。

在公平竞争情形的市场机制下，“专业”就是竞争工具，只有更专业才能获得竞争优势。

从市场角度而言，专业化是“追求比较优势”的另一种说法。企业要获得比较优势，专业化是方式之一。对于个人而言，也要通过各种学习、训练、经验以及长时间的专注来获得某个领域中的专业化技能，从而具有比较优势。

在某些非营利性组织中，更专业的人士也许往往被边缘化或者被淘汰，出现“劣币驱逐良币”的现象。在非公平竞争的环境下，这种现象也常见。

（二）利益与欲望

据说，对一群孩子进行“自制力”测试，能够做到“延迟满足”或“延迟消费”的孩子，被定义为“自制力强”。经过长期跟踪，发现那些“自制力强”的孩子长大后“成功”的概率也越大。

这项研究需要很长的时间，做这样的研究，需要“坚持”，需要“耐力”。实际上，类似的情形，是可以通过观察或调研实现的，也许并不需要很长时间，但得到的结果却是相似的。

在大学里，有些教师根本不喜欢读书，也不喜欢搞研究，但是却“似乎喜欢”报课题与发文章，为什么呢？对于现在（2017 年）来说，发文章是有讲究的，歪门邪道的方式在此不谈，每一个学科的文章都有一些模式，其中有一种模式是用一堆数据（用统计处理方式）或材料得到一些结论。对于用统计方法处理数据的方式，（非统计专业的教师）是需要“耐着性子”学习才能掌握（这些工具与方法）软件，但是，只要是想学会这些处理方式的人，任何人都是可以学会并掌握的（可能需要的时间并不一样，但只要努力就一定能掌握，这东西并不是不可克服的）。

似乎所有人都能够掌握方式，但为什么最终只有少数人掌握呢？谁（最终）能掌握这些方法呢？

不喜欢读书不喜欢搞研究，但“似乎喜欢”报课题与发文章的人，往往能够搞定这些方法（即使他们对这些方法与工具或软件也仅仅是应用水平，甚至是初级应用水平）。即使有人认为这些方法仅仅是文字游戏的方式而已，但这种文字游戏的技能并不是所有人都能搞定的。

接下来的问题是：为什么这些人能搞定呢？

答案当然就是“坚持”“耐力”“自制力”等要素。

这些人为什么能在内心并不喜欢的事情上却能表现出“坚持”“耐力”“自制力”等品质呢？例如，不喜欢读书但要报课题发论文，必须进行“碎片化聚焦式阅读”的文献梳理，这是需要巨大耐心的。

答案当然就是“成功”的感觉以及利益的诱导，至少是追求“优越感”的驱使。对于孩子自制力的测试，实际上也是利用这些东西作为“诱饵”的。引申一点，这些教师不仅能把写文章的方法“搞定”，也能只坐在办公室就把需要的调研资料或数据搞定。

获得了“尊重”，获得了“利益”，自我价值就实现了。这逻辑是如此简单。但为什么有些教师不去做呢？“坚持”“耐力”“自制力”的因素？这个答案也许就复杂得多。也许有些人确实是无能力专注下来或无能力投入进去，也许有些人认为这样做“不值”……总之，“懒惰”“懒散”的原因涉及观念与行为，仅此而已。

上面的分析，可以得出以下结论：绩效提升的根本是“激励”；对于激励的因素而言，无论是“成功”，还是利益或欲望，最终都归结于“行为”。行为，又是价值观的反映。

培养什么样的观念与行为，才能符合组织绩效呢？或者更简单地说，组织奖励的是什么，激励的是什么？这些内容相对更容易观察，更容易分析。

通过利益引导欲望，从而引发行为，这似乎是最简单的一条路径。（虽然经常用大学的教师或学生作为分析对象，但实际上，以什么群体为分析对象并不是关键，关键在于我们最终要思考的东西或得到的结论。通过特例，推演到一般，然后构建出自己的思维框架）

（三）责任行为

谁的责任行为会对组织绩效有影响？

也许是所有员工。但是，管理者的责任行为无疑具有更大的影响。管理者的责任行为从哪里来？管理者天生就是具有责任心的人？或者是说，只有具有责任心的人才能成为管理者？管理者的责任行为的动力何在？也许管理者更重视名和利呢？这些问题的探讨，将会对组织绩效的改进提供一个很好的视角。

也许，责任行为是绩效提升的动力或关键因素，那么，绩效管理的其中一个方面就是如何提升责任行为。

人，或者说有些人，是很难改变的。责任行为的提升，同样是很难的事情。很难，并不是不能。

（四）管理者行为

涉及团队，责任行为之后，必然要探讨管理者行为，也可以称为狭义的领导行为。

也许，绩效提升或绩效管理是与领导行为密切相关的。关于领导行为是带领团队“冲锋陷阵”还是“高高在上”或是其他，这不是本章所探讨的内容。领导行为对于绩效管理而言，就是产生凝聚力、目标感、共同持续的努力，这当然涉及认同、信任、尊重以及构建专注工作的环境等相关内容。如果团队成员从内心上对管理层失去尊重（惧怕或恐惧不是尊重，这些仅仅是表面的尊重，也就是服从或“拍马屁”）以及缺乏对团队的归属感，那么，只可能是一盘散沙，各自为利益而争斗或钩心斗角。

管理者经常通过组织行为影响组织绩效。这方面突出的手段是“认可”，把管理者的认可转化为组织认可，将组织认可转化为“社会接纳”，否则就是“社会疏远”[①]。在管理者说了算的组织中，管理者的评判就成为风向标。管理者很容易将某人或某事树立为“榜样”，对于任务的分派以及指令就成为绩效管理的重要方式。奖惩与认可分别对应物质上与心理（或精神）上的两种手段，在这两种手段起作用的情形下，指令往往畅行无阻。一旦出现异议者，“异议者”仅仅因为坚持表达一种不同的观点而成为“组织内大多数人的敌人”，而“滑头者”和始终如一的“赞同者”则没有受到这种歧视[②]。使员工服从[③]往往是分配任务提升绩效的手段。

管理者行为或领导行为，对于组织绩效的影响是方方面面的。从这一点来说，组织绩效管理就是对管理者的行为进行规范与约束，使其履行职责。管理者的武断、专权、跋扈等行为显然会造成危害，但在表面谦恭与含蓄下为了私

---

① 由管理者认可与否转化为社会接纳（social acceptance）或社会疏远（social cold shoulder）的情形，在权威文化盛行的地方，将更有可能转化，从而形成组织行为。

② 菲利普·津巴多、迈克尔·利佩：《态度改变与社会影响》，人民邮电出版社 2007 年版，第 47 页。

③ 关于人们为什么服从，《态度改变与社会影响》中认为早期教育是原因之一。“待在你的座位上，直到我告诉你能够离开为止。”这可能是我们早期童年教育中所接受的最持久的教导之一——通常来自小学教师。在家长制权威严重的家庭，同样存在这种行为规范内化的过程。

人利益的管理者行为无疑会对组织造成更深远的伤害。拉帮结派或培养亲信等“弄权”行径，使得组织关系盘根错节，各个环节均存在平庸者，这使得效率低下，绩效管理则无从谈起，只能是通过行政指令或任务分派的权威方式进行推进，或称为所谓的管理，也可以称为现实中的管理[①]。

简单而言，行政机构是否越来越精简，是不是建立而非破坏人际关系，是否使员工感觉更加平等或公平……这些都属于绩效管理的内容，也属于领导行为对绩效的影响因素。当行政机构的人员越来越多，有些行政人员的工作仅仅是“发通知”“收材料”的时候，这样的组织是不需要谈绩效管理的。即使使用“绩效管理”的名称，也仅仅是口号宣传而已。如果这样的组织实行“绩效考核”，也一定仅仅是对一线的基层进行考核。

三、组织绩效管理的实质

在前面就已经提到过，在农耕社会，“干劲”是一种对工作的表述，在工业社会，则是“节奏”。如果现在归纳一下绩效管理，则可以用“干劲”＋“节奏”来表示。

组织绩效管理，就是使组织在整体上表现出“拼劲十足”“行动一致”以及“专注”的持续性。如何达到或使之如此，就是绩效管理。这与考核并不相关。

干劲，可以解读为“专注做事”，持续付出努力以及激情。显然，从这一点上来说，就是打造“使员工专注做事的环境”。接下来，便是探讨做什么事情。也就是说，干劲，可以简单解读为“专注做事”，但做什么事，还是要探讨或界定的。最应该考虑的是：管理者的干劲。如果管理者的干劲是“乱作为”“胡作为”，也许还不如“不作为”。

对于群体的干劲，必然涉及信念、共同目标，或者更低一层次的共同利益。这些东西是否真实存在，则成为绩效管理的关键前提。

---

① “管理”这个词非常模糊，这个词的含义因人而异，因情境而异。在此认为，管理是指提高分工与合作的有效性。但在现实中，管理往往不是指分工与合作，而是指管理者或组织的一种“管人”的行为或方式。在某些人的观念中，管理是权力运行方式或权力使用方式。所以，现实中两个人在讲管理，也许用同一个词，但讲述的是两回事，风马牛不相及。

节奏，可以解读为流程的规范化，行为的规范化，各个分工与合作者（或部门）的有序化，等等。这实际上就是关于流程的内容。进一步解读，就是对“投入”“过程”“产出”的一种深入理解与梳理。这可能需要管理者的理解能力与抽象归纳能力，并且需要“如何切块”以及“如何界定切块”的能力。对于管理者而言，是否有这样的能力，以及是否将时间与精力投入这个方面，这是一个重要的前提。

简化流程，必然与“冗员”“冗官”密切相关。组织要进行绩效管理，必然甚至首要的工作就是“精简”，而精简的原则就是梳理流程。梳理流程，必然涉及流程的“核心活动”。以制造业为例，有些企业的核心活动是制造，有些企业的核心活动是研发，有些企业的核心活动是销售或营销，次要的活动就可以削减人员甚至将活动外包。如果以高校为例，教学是核心活动，教辅人员则应削减，行政官员则应大幅削减，后勤活动可以外包。从另一个角度来说，如果高校招生以及发放毕业文凭是核心，那么教书就是次要的活动了，教书仅仅属于“招生所需要的包装材料”而已，如何制造“高、大、上”的材料也许才是最重要的内容，做好与招生以及招到更优秀的学生的工作才是最重要的，与之相关的职位也是最重要的职位，教师则应该精简。如果项目和论文是核心，则又是另一回事了。这就是进行绩效管理的实质。

无论“核心活动”是什么，组织绩效管理就是精简流程，去除“冗官”“冗员”，提升干劲与节奏。

精简流程，要界定管理者的职责，把不必要存在的管理者（管理职位）去掉，把行政岗位合并，这也是简化流程提高效率的关键。管理者为了使自己的职位“合法”存在，往往生事、多事、制造事情，强化存在的理由与必要性。如此之下，绩效管理将不存在，绩效考核反而会加强。

去掉多余的管理者（管理岗位），也许才是绩效管理首要也是最重要的一步。

四、组织或团队绩效的一个开放性视角

开放性视角是相对新颖的。

在商业社会，很多东西都是暂时的和相对的。整个组织都可以拆分、并购、解散、重组……以获得绩效，组织中的一般员工就像是棋子一样可以随意摆弄。反之，组织中的明星员工，也必然以组织为工具，实现利益最大化，这实属商业社会的“正常”逻辑。

上市公司的所有者（股东）随时处在变动的情形下。绩效可以通过买卖和重新组合进行提升。关于绩效的问题，可以放到另一个层面进行思考了。

当用开放性视角看待组织绩效时，也许，一切都是另一副样子。

第 14 章
个人绩效管理

根据绩效考核的逻辑，考核分为三层：组织、部门、个人。然而，绩效管理怎么把“部门绩效管理”跳过去了呢？首先，绩效管理与绩效考核并不是一一对应的关系；其次，绩效管理与绩效考核也许根本不是一回事。

绩效管理的目标，本质上只有两个：推动整体绩效提升（组织层面）以及促进员工发展（个人层面）。

组织绩效必然与结构（分工与合作的框架或分工与合作的结构）相关，梳理以及明确人员的职责是基础（特别是管理人员的职责以及绩效），组织的使命或理念与员工目标或行为相结合是关键。个人绩效与“个人欲望”以及“相应的行为”相关，或者说，一个人“想要的”与其“努力程度”的结合，会导致相应的绩效。

个人绩效管理的提法是不太合适的，因为个人绩效是通过自我管理的方式来提升，还是通过约束或激励的方式来提升，是不同的。这一章所谈到的个人绩效管理，是指如何提升个体绩效（水平）。

对于如何提升个体的绩效，用同一种方式似乎是不合适的。因人而异，也许才是更适合的一种思路。

提升个人绩效，仅仅那些想提升的人才会思考这个内容。对于不想提升个人绩效的人而言，如何提升个人绩效是十足的废话。对于团队而言，这句话也是成立的。

识别人，识别人的行为、动机、目的，也许是一个很重要的前提。

一、个人时间管理

时间管理无疑是绩效管理的重点。组织的时间管理，主要在于流程精简、配合、节奏等方面，个人的时间管理在于对事务的感知和时间的安排。

（一）时间与事务

一个人对时间有没有感知？时间的感知应该如何理解？天亮了，起床；天黑了，晚上到了。这也许是对于光线的感知，动物也有这样的感知能力，但不属于对时间的感知。对于有些人而言，也许因为天亮了不起床，夜深了不休息，他们已经失去了对光线的感知能力（更不用谈对时间的感知）。对于“正常”人而言，其应该具有对时间的感知能力。

1. 对事务的感知才是对时间的感知

对于事务而言，在组织中的员工可以用“工作”来替代。任何一项工作，都有开始时间、流程（工作步骤）和截止时间。如果这项任务的时间、地点、完成的步骤和方式是清晰而具体的，那么，这项任务便容易开始，进展的过程也会比较顺利，也极有可能会按时完成。

也许，很多人对事务的感知度很低，这是因为没有训练过这样的感知。如果刻意训练，任何人都可以提升对事务的感知能力。提升对事务的感知能力，实际上就是建立正确的逻辑推理，或者说用理性思维考虑事务，并把事务具体化。

理解了事务，还必须确切知道有多少事情。

2. 有多少事情

事情，首先要进行界定。对于已经工作的人或大学生，专业书籍阅读是不是一件事情？提升专业能力是不是事情？如果是肯定回答“是的”，那么这个事情要不要做？什么时候去做？

如果用“SMART”原则来界定，对于“专业书籍阅读”这个事情具体吗？具体到什么程度？如何用数量表示或者如何测量呢？现实性如何？可实现性如何？与其他事务相关度如何？有时间限制吗？这些问题都需要回答。“SMART”原则有很大的局限性。

为未来提升个人的知识水平或技能有关的事情，这样的事情往往具有三个特征：开放性、与自我发展有关、没有明确的起止日期。这样的事情从眼前来看，就是可做可不做的。不论这样的事情有多重要，也许都被划入可做可不做的事情之中去。

可做可不做的事情，是不是无须列示到时间安排表中？既然可做可不做，还叫事情吗？例如，当一位学生把作业做完，把日常生活中的一些事务（例如洗衣服等事情）做完，如果这时有另一位同学问："你还有什么事情要做？"也许回答就是"没什么事了""我们去玩吧 / 逛街购物吧 / 玩一会儿网络游戏吧……"。

如果重要的事情"可做可不做"，那么，时间管理就毫无必要了。

也许，对于时间的感知，就是对于事务的感知，还包括对事情重要程度的感知、紧急程度的感知。对于这段时间（或今天）有多少事情要做、怎么做以及做到什么程度，用多少时间，这个感知越精确，则对于时间的感知越精确。时间就是一种资源，对于这种资源的使用以及数量的感知，因人而异。但是，高绩效人士的时间感知度一定更高。

3. **必要的事情**

对于个人而言，有什么样的角色，就有什么样的责任。责任内的事情，当然是必要的事情。但是，纯粹从个人角度而言，健康饮食与合理睡眠是必要的。

实际上，必要的事因人而异。例如，一位脑力劳动者或一位行政办公人员在没有合理的体育运动情况下，做家务也许是非常必要的。这是说，做家务对于缺乏体育运动的行政办公人员是必要的调整，有益于其身体健康。这一点并不是所有缺乏体育运动的办公行政人员都能认识到或体会到的，也许这类人中有些人是讨厌或拒绝做家务的。对于一位体力劳动者而言，也许下班回家后躺在沙发上休息是必要的调整。

必要的事情，一是与责任相关的，二是与健康相关的，三是与调整相关的。必要的事情与自己感兴趣的事情是两回事。认识必要的事情，才能够更高效，也才有可能成为高绩效人士。重要的事情是与生存和发展相关的。健康饮食与合理睡眠是必要的且重要的事情。

如果观察一下周围的人，可能会发现有些人没什么实质性的事情可做，这类人必然无事找事、打发时间、浪费自己的时间甚至浪费他人的时间，这类人是很难改变的。这类人往往谈不上个人绩效管理，甚至在组织中这类人越多，组织绩效也必然越低或降低。

（二）外在时间表

无论一个人把时间管理各种知识和理论背诵得多么熟练，也不等于他（她）知道什么是重要的事，更不等于他（她）会使用这些知识和理论。甚至，有人对于“重要的事情要一直做”中的“一直”的含义都搞不清楚。这个“一直”，与“我一直关注着他的成长”中的“一直”有点类似，与“他一直在看书”的“一直”是不同的。或者说，至少，应该理解“一直喜欢看书”和“一直在看书”，这两个“一直”是不一样的意思。

不知道什么是重要，不知道什么是次要，不知道哪些事情该做到什么程度，关系到自己发展的事情“被看成”是可做可不做的事情。如果是一个这样的人或这样的人构成的群体，那么，外在时间表就显得尤为重要了。

1. 外在约束的明确性

对有些人而言，绩效水平是与外在约束相关的。外在约束的明确性越高，则绩效越高。何谓明确度高呢？用“SMART”原则来表达，就是越具体、衡量标准越清晰、步骤以及方式越明确、时间规定越严格……就会效果越好。

这类人喜欢在这样明确的约束下做事情吗？当然不喜欢。

对于一个孩子而言，自制力还没有完全建立起来，做事情需要他人的提醒或监督。但对于有些成年人或老年人而言，从做事的自制力（工作成熟度）这个角度来评价，也许就是一个“小孩”，并且这个“小孩”建立起了很多的防御“工事”，甚至有很敏感的“自尊心”。当这样的“小孩”出现在你面前时，不去约束他，他会责怪，而约束他，他会怨恨。

对于这类人而言，生活本来就是过一天算一天，外在的时间表既对这类人的舒适形成制约，又对这类人的“自由”形成限制。但从另一个方面来说，外在时间表的存在，可以使这类人的生活有了一定的内容，这也是一种“指导”。外在约束就是对这些人而言是有效的“节奏”安排，对另外一些有自我约束和主动性的人而言就可能存在一定程度的“负面约束”。然而，在一个群体中，外在约束需要具有“统一性”，否则，那些敏感的“自尊心”会被伤害。

需要外在约束明确的人，需要不断地提醒他们，不断地奖励与惩罚他们，从绩效角度来说，这些做法都是必要的，但难免会出现排斥、拒绝，甚至反对或反抗。

2. 外在时间表的有效性

对有些人而言，无论是做事不动脑子还是说话不动脑子，前提是可以不用动脑子。也许，有很多人就想这样不用动脑子。对于做事或工作而言，按照固定的时间表（也就是外在的时间表）所安排的“时间与工作内容”按部就班地进行，有些情形就可以不用动脑子。在这种情形下，外在的时间表，也必然是最重要的时间安排表。

也许，这可以看成是一种依赖性，也可以看成是一种习惯。这类人最常见的情形就是：遇到问题，问别人“为什么”，而不是自己思考“为什么”，遇到问题不去思考如何解决而是问别人“你说怎么办”。是你在这个位子上不是别人在这个位子上，别人为什么要告诉你怎么办呢。

不动脑子的生活，也许看起来是很舒适的。例如，有些行政或事业单位中的很多工作，是不用动脑子的，这样的工作很多人想去做。“衣食无忧，旱涝保收”，有些人认为这就是幸福，但幸福的前提是“充实”（充实不等于忙碌）。也许，有些人的目标就是不动脑子地生活。当然，在这样的组织中，也存在有些人“包装”自己做的事，以及在争职位、争权力、争利益的情形下时刻都在动脑子。

对于那些做事不动脑子、不尽力的人，事情或工作的明确程度或明确要求，则必然是影响绩效的重要因素。要求越明确、越严格，则绩效会相应更高。这种情形下，监督检查就成为管理者的重要日常工作。一旦监督检查松懈下来，那么绩效水平也将逐渐变低，也就是说，此种情形下绩效水平低往往是由管理者水平低以及管理者“偷懒”（这类人经常是不进行监督检查而是以简单粗暴的奖惩作为管理手段）造成的。这就像是没有自制力和学习动力的孩子，学习成绩与家长的粗暴惩罚没有多少关系，而是与连续的监督与检查有关。如果花钱购买一些辅导资料，让孩子每天记住（背诵）字词、句子、公式等有关内容，或者是把某些知识用图表画出来，每天有一定的任务量（但不能过量），孩子必须把这些很明确的工作量完成，那么，这个孩子的学习成绩一定会提高。这样的孩子的学习成绩与监督检查的形式以及力度相关，而与惩罚或考核无关。小学中学的内容，没有哪些知识是不能理解、不能掌握的，只要循序渐进，任何智商平平的人都可以学会且熟练。

明确地告知“以外在时间表为导向的人”，他们在什么时间（以及什么地点）做什么事情，并且培训他们如何做的技术或技巧，还帮他们“树立起”为什么这样做的理由，才是绩效管理最重要的事情。这种做法比考核有效，但这种做法（需要对员工培训）与考核相比要费时费力，使用考核与奖惩的方式相对简单粗暴。

3. 外在时间表与任务明晰化

在什么时间做什么事情，甚至如何做也是清晰明确的，这说明外在时间表与任务明晰化具有直接的相关性。

什么时间、什么地点、做什么事情、如何做、为什么做，这是使用外在时间表提升绩效的方式。“SMART”原则是对于任务的明确要求，具体的、可衡量的、可实现的、现实性的（或相关性的）、有时间限制的。这两者的结合，就是外在时间表与任务明晰化的结合。这二者的有效性取决于监督、检查、支持、辅导、反馈。所以，当面对“以外在时间表为导向的员工”时，管理者往往会选择“考核”的方式。选择考核方式的最重要的原因有以下几点：满足管理者权力权威感、省力、简单。

如果不是全员考核，那么被简单粗暴的方式对待的那个群体，实际上谈不上尊严了。在这样的条件下，即便赚到更多的薪酬（何况其整体薪酬一定是组织内偏低的群体），实际上也只能称为“被考核者”。

4. 并不是任何职位都可以任务明晰化

对有些职位而言，外在时间表是明确的，但任务并不明确，只是具有相对明确的职责。对于这些仅仅需要职责明确即可的职位，如何做（职责如何履行）是可以能动处理的，对于这些职位是不适合任务明晰化的。

不论是职责明晰化还是任务明晰化，对于企业的员工而言，要明确做什么，如何做，为什么做。这些内在的逻辑应该是一致的。

要做到有效，要提升员工的个人绩效水平，任务明晰化或职责明晰化是重要的方式，甚至这些内容涉及分工与合作的基本原则，以及涉及分工与合作的制衡问题。

（三）内在时间表

内在时间表，是指个人能够知道自己在什么时间做什么事情，并且能够主动地去完成工作的个人自觉安排。这可能是主动和刻意下的一种习惯。

这类人对于事务的感知较强，能较轻易地（甚至是下意识地）识别重要与否，将最有效的时间和精力安排做重要的事情，将个人的生理时间（也就是个人在一天中精力强弱的分布与时间的对应关系）与事务的安排做到尽可能一致。例如，晚上精力充沛的人会把大量用脑的事情安排在这个时间；而上午精力充沛的人则把重要的事情安排在上午。

内在时间表越强，越可以做到张弛有度，对于个人的时间利用率越高。

对于这类有较强或很强内在时间表的人，提高绩效的方式是如何使外在工作时间表与内在时间表相对应。

如果这类人对工作不投入，那么，必然在上班时间尽可能不消耗精力，将充沛的精力用于个人感兴趣的工作之余的事情之中。当一个人想离职或为跳槽做准备时，可能会在工作过程中敷衍，但工作之余拼命学习或努力训练某些技能，一旦时机成熟或机会出现，便离职而去。这可以看成是组织没能将工作时间表与这类人的个人的内在时间表相对应的后果。

具有内在时间表的人，让这类人做“流水线上的螺丝钉”或按规章制度签字盖章之类的事务是一种错误的用人方式。[①] 这类人在工作中必须用到“大脑”以及个人专长，并且为之提供相对“安静”的环境，使之能够“专注”地做喜欢做并且能够做以及符合组织与个人目标的事情。这也就是接下来要谈的一个内容：专注。

---

① 对做“流水线上的螺丝钉”或按规章制度签字盖章之类的事务的员工，应该培养他的职责意识、职责履行能力、责任行为以及建立职责制度。对行政人员职责履行透明化程度往往影响到组织环境，从而影响组织的长期绩效。

二、专注

如果说上面谈到的“内在时间表”是一种自我约束能力或自制力，如何才能获得这种品质，则是讨论个人绩效的一个重要内容；但专注，是更加重要的品质。不论是组织还是个人，专注都是一项重要的素质。对于个人而言，专注无疑会提高绩效，如何做到专注或使自己专注，就是提升个人绩效的重要因素。

组织能否打造或构建使员工专注的工作环境，这是一个很实际的话题。某些人总是让员工忙起来（以任务指标的形式或奖惩的形式让员工忙碌起来），也许这种做法可以完成工作或者看起来让工作完成得更好一些，但不可能造就卓越的员工，组织也不可能成为卓越的组织。也就是说，使员工忙起来的做法，仅仅是为了任务而已。

如果没有使员工专注做事的环境，那么员工必然会浪费（大量的）时间与精力在一些非工作的事务上，例如，办公室政治、薪酬、考核等方面。如何使员工专注于工作，这应该属于管理的重点之一。

专注度越高，专注时间越长，则个人绩效水平提升越明显。如果专注的员工比例越高，则群体的绩效会更高，这是显而易见的。但是，专注并不那么容易。

（一）专注与否才是根本原因

对于个人而言，专注是来自遗传的，还是一种习惯，这个不是本书所探讨的内容。或许，专注是一种习惯。

有两类极端的学生（其实同样也有两类极端的员工）：一类是看到书本就逐渐两眼发直思维停滞的学生，甚至上课眼睛看着老师（似乎在“认真”听讲）实际上却脑子停滞（一片空白，什么也没听见什么也记不得）；还有一类学生，学习时全神贯注，几乎听不到外在的声音，但大脑在高速运转。第一类极端的学生无论“学习如何用功”总是学习成绩不好并且时间不够用；第二类极端的学生总是有闲暇的时间从事业余活动，但学习成绩会较好甚至很好。人们总是认为第一类学生“笨”第二类学生“聪明”，实际上最大的区别是“专注”。（也许，智力是后天逐渐获得的，特别是用脑的习惯应该是后天可以训练出来的）

专注的力度与专注的时间长度，决定了“成绩”。学生是如此，员工也是如此，甚至企业也是如此。

对于个人而言，专注是一种习惯，一种品质；对于企业而言，专注是一种制度，是一种环境，是一种文化。

对任何人而言，最难的事情就是专注。有些人根本无法全身心投入，甚至做任何事情都不可能全身心投入，因为这种人已经失去全力投入的能力。对于那些长时间不动脑的人，也许就会演化成这样的人。努力程度，某种意义上就是“专注度”。那些假装努力的人，往往“出工不出力”，装模作样地“努力”，实际上脑子根本没有兴奋起来，也就是没有专注起来；逐渐地，（在这些他假装的事情上）再也难以专注起来，也就是形成（无法专注的）习惯。有些小孩子只有在胡思乱想时脑子才高度兴奋，只有在感兴趣的事情上才能思维活跃，到了成年后，不再胡思乱想，不再有什么事情感兴趣，显然与专注就无缘了。

1. 专注的含义

专注应包含两点：一是聚焦于某个范围，二是思维高度活跃。专注也可以解释为思维在某一方面高度活跃以至于达到忘我的境界。对于年轻人而言，“兴趣是最好的老师”也许是很有道理的。但是，对于成年人而言，自制力或自我约束能力对于专注具有重要的作用。

专注是在长远目标或远大目标前提下，当下行为的一种投入或执着，或者说，聚焦于当下或眼前的事情，其他什么都不想。这种聚焦是思维高度活跃下的投入，把当前行为当作远期目标（可能）实现的必要步骤。

这时，专注往往与目标、使命、理想等相关。

2. 培养专注

兴趣、爱好，看似是培养专注的起点，也许这样的方式对青少年更适用一些。对于成年人而言，真正树立起内心的目标并且认识到实现目标的路径，从而立足于当下的行为，这样才有可能专注。

培养专注，其实就是“目标感”与“行动能力”的结合；再者，就是自制力下的有意识排斥外在干扰，使自己静心做某些事情。

专注度，就是投入度。如果两眼看着书，“静心”看，外在的一切干扰都排除了，但两眼逐渐发直，大脑逐渐停止思维。这不是专注，这种情形的专注度是零，比那些边看书边听音乐或边做其他事情的人的投入度还低得多，也可以理解为专注度低得多。

有人认为，“四低”人就是：知识水平低、技能水平低、沟通能力低、学习意愿低。实际上，最根本的一点是学习意愿学习能力低，缺乏反思、质疑、思考以及精益求精的行为与动力，当然也缺乏专注。如果一个群体是由这些人组成的，那么无论学历或职称多高，低效是必然的。但是，个别“四低人才”可能做着发财的白日梦或者是有权在手的跋扈嚣张幻想。这种“四低”人才一旦在某个机遇下占据了权力位置，其影响必然是负面的。

培养个人的专注度，培养孩子的专注度，培养员工的专注度，有些东西是相通的。其中有一点，就是对待琐碎而不重要的事情的态度与行为。

（二）如何处理琐碎而不重要的事情

判断一个人是不是“高绩效”，主要看这个人如何处理琐碎而不重要的事情。在时间管理矩阵中，把琐碎、不重要、不紧急的事情归于一类，认为应该集中处理，其实，也有快速处理的意思。

1. 琐碎而不重要的事情

对于不重要的事情，不论紧急与否，能快速高效地处理完，可能是提高绩效的重要前提。一定不要时不时地安排给员工一些琐碎的事情，这是管理的基本常识。琐碎的事情不仅影响工作的专注度，还影响工作情绪。

一个人对待琐碎事情的行为和心态，与绩效密切相关。缓慢地收拾整理一些东西，随意地浏览一些网页，聊聊天……总是先做那些轻松琐碎的事情，这些事情消耗了大量的时间。（之后就没时间了，时间不够用了）

对于一个人而言，也许需要“慢生活”，也就是在一定时期内（一个月、一周或者一天）存在一个悠闲的时间段，进行时间与精力的调整。例如，有人在午饭后的一个小时内闭目养神或浅度睡眠；再例如，有人需要周末大睡一场，慢悠悠收拾一下私人空间。任何高效人士都懂得有张有弛，会调整会休息的人才会更高效。这种“慢生活”应该是积极主动的，接下来是投入紧张高效的工作中去。

高效，是主动安排时间，自己的时间自己掌握；前提是把琐碎而不重要的事情快速做完。如果在琐碎而不重要的诸多事情上拖拖拉拉或拖延，把琐碎的事情拖延成紧急的事情，那么，必然与高效越来越远。

2. **例行的事情**

如何对待琐碎而不重要的事情，这是一项修炼。但现实中，有一类事情更需要养成正确的行为，那就是例行的事情。

大多数例行的事情，看起来并不重要，甚至也是一些琐碎的小事，但是，这些事情一旦不及时完成，就有可能变成紧急的事情。以一个小学生为例来说明这个道理。一个小孩子，第二天要按时起床，就必须按时睡觉，这是显而易见的。在睡觉之前，要进行洗漱，大多数的家长也会监督或提醒孩子去做，甚至孩子已经形成了这样的习惯。但是，除了洗漱、准时睡觉，还有一些例行的事情要做：第二天起床时要穿的衣服、袜子等先准备好（脱衣服时就要为穿衣服做准备），第二天上学的书包先整理好。当后面这两件例行事情没有做，那么，即使准时起床，也可能（搞得）匆匆忙忙，甚至遗漏或出错，以致上学迟到。

对小学生而言，把整理书包等例行事情变成了紧急事情，最终的结果是（由于紧急而造成）出错或者上学迟到；对于工作中的人而言，把例行的事情变成紧急的事情造成的问题会更多。本来有些表格要按时完成、按时填写、按时汇总，但总是拖延一点时间（认为无所谓或还没有工作状态），这就是非常不好的工作习惯。

主动及时完成例行的事情，还是在外界压力或约束或提醒下才及时去做例行的事情，是重要的区分。从生活中对于例行事情的做法或行为方式，就可以判断这个人是否属于高效人士。

当一个组织流程越来越长，事务越来越细、越来越多时，这些逐渐变多的事务，往往随着行政化的过程将事务例行化，一旦对这些例行化的事务产生厌倦或排斥，那么，一个人的工作状态将受到影响。当越多的人将这些事务拖延时，整个组织将不可能高效。在一个低效的组织中，只存在所谓的雷厉风行管理者，不存在高效的管理者。

3. 只有拖延到最后才有效率的坏习惯

对低效的人，或者是那些无法掌控自己专注度的人而言，事情只有拖延到最后才有效率，只要还没到最后，就无法紧张起来，无法专注起来，无法全神贯注高效地去做事情。还是以学生为例，写一篇作文，要求两个小时写好。前一个小时几乎什么字也写不出来，最后半个小时才开始有东西写，最后十分钟飞快地写，一直到最后的时间才能差不多写完（早几分钟写完、恰好写完、差一点还没写完）。

如果所有的事情都是这样，那么，这类人，往往会把一些琐事拖延到最后，并不是在“空闲”的时间内集中而且快速地做完，而是在空闲时间往往没有状态，不想做。只有在紧急的情形下才能够专注，也就是大脑才能调动起来。这种感觉在某些情形下会使某些人上瘾，做间谍活动、偷窃活动等类似的行为的人中，有一些人也许喜欢这种“刺激”，大脑高度活跃的“愉悦感”也许比兴奋剂更令这些人迷恋。当然，一定也有人对这种压力下的大脑被迫兴奋而感到痛苦。现实中，一般的“电子游戏”都会形成“刺激”而造成大脑高度活跃的“愉悦感”，这是令人着迷或上瘾的原因之一。对于游戏成瘾者而言，要频繁“刺激”且使大脑兴奋且产生“愉悦感”。

总之，专注，是可以养成的；也许，不专注，更容易养成。

只有用专注的习惯取代拖延到最后才有（或才能）投入的习惯，才可能真正成为高效人士。如何才能养成良好的专注习惯，这是另一个话题。对于习惯与个性的改变或培养，对有些人而言是终生的事情，而对有些人而言则是不可能的事情。

也许，看似是一种习惯，实际上是一种观念，或者是个性。只有拖延到最后才可能有效率（有时拖延到最后也没效率）的人，往往很难提前做准备，认为时间还多得很，事情还早得很。这类人很难将远期目标与眼前的行为结合在一起，用“鼠目寸光”来形容并不过分。也许，老鼠尚且“下意识”地提前准备些食物以备冬天的需要，这类人也许很难“意识到那么远”。这类人只有用近在眼前的激励（奖惩）才有效果。其绩效表现来自“监督、检查、考核”以及短期的目标管理等手段；一旦“监督、检查、考核”不及时则绩效表现立即下降。

（三）对“差不多”的理解

行为是受观念支配的。

对于专注与否，最重要的观念之一是对“差不多”的理解。有些人是以差不多为“目标”或“标准”的，这类人能够“做完”尚且做不到，谈何“做好”？“差不多”的人，很难长期做到专注，不具备成为杰出人士的毅力，终究难以做到杰出的绩效。

“差不多”就是“还没做完”且“一定还没做好”的含义；差不多就是没到！

假设 60 分是及格，59 分不是差不多，是不及格。任何的“差不多”都是自己给自己的一个“委婉”的借口，并且似乎是可以自我接受或对外理直气壮的借口。专注者会以“自己尽力了”而坦然面对现实或结果，但不能以“自欺欺人”的“差不多”为借口为自己开脱。

差不多，实际上就是没做到。

对于那些“差不多的人”，既然自己做事情“差不多就可以”了，那么，对其他人也应该会抱有“差不多就可以”的态度。例如，对待医生，认为他们开的药方差不多就可以了，做手术差不多就可以了，时间差不多就可以了；对于教师、卫生清洁员、厨师、消防员……都应该以“差不多就可以”的态度对待他们的工作，而不应该抱有“内外有别”的态度。

自己做事差不多就可以的人，应该怀有极大的包容度。如果现实中，这类人还极度挑剔，这种内外有别的极端反差却同时呈现在一个人身上，那么这个人就是怪胎；如果一个群体都是如此，那么，这就是扭曲的群体；如果一个社会如此，那么这就是一个“反常”的社会。

三、时间表与责任

人有三个时间表。一个是生命时间表，按照 12 来计算，这个可以看成是人的生命规律，从每天的 12 个时辰，到一年的 12 个月，再到 12 年一个周期，这是一种自然规律。自然规律对于自然生物的约束性更大一些，但人可以看成是社会生物（而非纯粹的自然生物）。除生命时间表外，另外两个时间表，就是在本章中提到的内在时间表与外在时间表。

一个人为什么要“服从”时间表的安排呢？

一个人为什么要“高效”呢？

如果就获得或占有更多的财富或资源而言，“勤劳”（或高效）并不是最优选择，可能不是第一选择，甚至相反，也就是要投机取巧（或欺骗或不择手段）。从另一个角度而言，占有更多的财富或资源，并不一定通过自己去创造，也不一定通过交易或交换，（从合法角度而言）只需要通过一种分配方式或再分配方式就可以达成，（从不合法的角度而言）通过坑蒙拐骗等方式也可以获得。就像大学生想考试获得高分，有人通过努力勤奋学习，有人可能通过作弊，也有人可能通过让老师划重点或套老师考题或让老师批改试卷时偏向自己或间接贿赂老师（混个脸熟或替老师做事）甚至直接贿赂或交易。这些获得高分（或相对高分）的行为方式，与占有财富或资源的行为是类同的。整体而言使学生获得高分的方式，也可以“通过改变分配方式”来达成，例如，增加平时考核并提高平时分所占考核的比重。

从占有财富或资源的角度来说，让一个人高效，是站不住脚的（因为高效仅仅是可能的方式之一）；让一个人“高质量”服务客户，也是站不住脚的；让一个人“创造更多的社会价值”，同样是站不住脚的。因为通过这些方式并不一定能够占有财富或资源。

只有在“创造价值，获得相应的回报；只要有价值就要有回报，不能无偿或不要回报；并且无偿或不索取回报是一种罪恶”的情形下，也许高效才是一种最优选择。当然，也有人会说，非营利性组织有存在的价值，公益性的活动也可以保持高效。看来，上述高效最优选择的表达也是有条件的，绝对的边界是很难界定的。

无偿占有，是一种罪恶；无偿给予，也是一种罪恶。这可能吗？从某个角度而言是合乎道理的事情为什么不可能呢？为什么会出现“占便宜的人”或“走捷径的人”骂那些被占便宜或没有走捷径的人是傻瓜呢？这也许是深层次的问题所在。关于这些问题，再朝外延伸就超出了绩效管理的范畴，即使向外拓延的意义更大，也不属于这本书的内容了。

（一）高效带来的愉悦感

愉悦，并不是兴奋或刺激。在最后与时间赛跑，会有兴奋与刺激感。有些人在越是紧急的情形下越兴奋或感觉刺激，这类人需要的是刺激，对这种人而言，愉悦感过于轻松。但并不是说这类人不喜欢愉悦。例常的或不重要的琐事变成紧急，也许产生的就不是兴奋或刺激，而更有可能是烦躁。

提前或及时去做，其出发点就是避免过度紧张或人为造成的紧急，这并不是说紧急的事情或情形不会出现，而是不让例常的或不重要的琐事变成紧急的事情。

该做什么事情的时候，及时、马上、集中精力去做，能够马上进入做事情的状态，需要的是情绪的调控能力、自制力，也是一种习惯。一旦养成这样的习惯，焦躁感就会更少一些，愉悦感就会是更经常的情形。

人，需要有一种充实感。忙碌不是充实，忙碌可能会产生空虚感。充实是与有目标有意义的工作相联系的，是与时间的掌控感相联系的，是与张弛有度相联系的。

一个人要有时间感，即对事情的感知以及事情完成方式以及所用时间的感知。例如，一个孩子早晨上学迟到了，可能的原因是早晨起床太晚了或做事拖拉。如果早晨起床晚了，最大的可能是没有按时睡觉（或睡觉太迟了）；再往前推，就是晚上作业应该及时完成；最终的起始点，应该是下午放学。下午放学，做该做的，并及时去做；然后家长要按时做饭，孩子按时吃饭；之后是及时完成剩余作业，收拾及整理书包，为明天上课做好准备；按时睡觉。有些家长及小学生对于这一切毫不费力，有些家长与小学生可能忙忙碌碌。不同的情形，将会影响情绪与幸福感。其他事情也是如此。

（二）对时间的掌控感

疲于应付，或者是赶时间做事，不仅会影响一个人的心态，甚至还会影响一个人的身体健康。

支配时间的感觉，很多人都想拥有。

支配时间，实际上就是在相应的时间去做自己打算做的事情。这一点的前提是，对时间的感知以及对事情的感知。如果一个悠闲的人，在某个下午晒太阳或垂钓或喝茶或打牌或散步或其他，本来打算下午 2 点到 4 点左右做这件事的，却因为他人或其他原因远远超出了这段时间范围，那么这种悠闲的感觉就将“变味”了。除对时间与事情的感知外，还要对时间与事情掌控，做到这些并不容易；一直能做到，显然就非常人了。如果休闲的时间自己都不能掌控，那么在面对很多事情时，必然经常出现挫败感，这样的挫败感对一个人的打击是无形的，是一种“内伤”，很难治愈。

那些“无事”的人，必然养成一些习惯（或者称为“爱好”）来消耗时间（这些消耗的时间实际上也不是自己掌控的）。例如有些人玩游戏。对于玩游戏而言，大多数情形是游戏掌控时间，还是自己掌控时间，这个是显而易见的。

只能说，只有部分人的（部分）时间是自己的。

只有掌控了时间，从某种意义上而言，才是自由的。对一个人而言，应该具备以下能力：能“忙”起来，也能“闲”下来；能“拼的上”，也能静坐一会。真正的自由者，首先要具有这样的能力，而不只是散漫自由。

自由是与充实感相关的。

也许，所谓的“无拘无束”的散漫自由者，就是认为可以无压力没有什么困难不需要高强度的时间与精力投入下的“想做什么就做什么”的人，这类人所理解的快乐总是与“轻松”相关联，这类人总是躲在“舒适区”内。实际上，他们也许并不真正喜欢“自由”，也没有真正选择“自由”的能力。例如“闲下来”会难受，需要通过玩游戏或刷手机来解脱“这种闲下来的不适感”，或需要其他刺激。“无拘无束”，对成年人而言，不一定会感觉充实；没有充实，就很难有真正的幸福和快乐。陶渊明的“悠然见南山”仅仅是现代人松弛有度的疗休养状态，仅仅是充实感的“调味品”，而非现代人的常态。做事情可以“举重若轻”，但一定要有事情可做，有事情去做。

（三）认识责任

自由，并不是放弃责任。

无论是生命时间表还是外在时间表或内在时间表，表中所列示的内容，主要体现的应该是责任。举例来说，一个人选择了婚姻生活，在时间感知与事情的感知方面，其前提就是以“婚姻”或两个人为前提（的事情与时间）。一个人选择了养育孩子，那么在孩子 12 岁之前，各种事务的安排就应该把孩子考虑在内。一个人生育了孩子却不愿意付出太多的时间与精力，（例如孩子晚上读书的时间就不应该自己“抱着”电视或电脑或手机在看或在玩，更不应该制造各种声音或光线或视频等方面的“噪声”，但有些人就不想放弃自己的“自由”，认为不能因为有了孩子而失去了“自我”，认为不能因为有了孩子而使自己丰富多彩的生活失色）显然这是“否认”或“否定”自己的选择，或者说不承担自己所选择带来的责任，并且以“自由”或“自我”为理由。这种所谓的自由，是放弃了责任的行为。这类人的时间表上，标注的是“自私”，其行为就是自私的体现，而不是自由的体现。

自私与自由是不同的。放弃自己选择所产生的责任，是极端自私的一种行为。一个人可以选择平庸地活着，但不应该回避自己应该承担的责任。

作为父母，创造或努力创造一个让孩子专注的环境是一种责任，这就如同管理者应该创造一个使得员工可以专注工作的环境一样。有人说，责任是一种“生硬”的东西，缺乏温度与情感，这无疑是错误的。责任，也许体现的是一种更深沉更理性更有温度的情感。

在 2017 年，有小学生在作文里吐槽他们的父母：手机才是他们的娃。其实，曾经的电视（连续剧）是有些人放不下的（播放电视剧时，看电视剧不管孩子，并且还带着孩子一起看），到后来的台式机（上网、聊天、玩游戏、看视频）到 2015 年左右的手机。也许，看起来这类人“自我”都算不上，但其实他们很“自我”。也许应该算是“随波逐流”的一些人，却很“自以为是”。

也许，对自己的孩子都不负责的人，一切都不可信。对于一个成年人而言，观察他（她）是否在自己未成年孩子面前“伪装”（把自己不好的行为隐藏起来，显示出良好的一面），还是更随意或任意，这将很容易判断他（她）是一个什么样的人。关于教育责任及素养，也是需要学习才能理解的。

1. 对角色的认知

任何一个成年人，都有多个角色。有一个句子是：我是……

每一个角色，对应着相应的责任。对角色的认知，其中重要的内容是对角色对应的责任的认知。责任感以及责任的承担，才是承担起角色的前提。假设有下面一个问题：如果一所大学没有校长（甚至校级管理人员）会怎么样呢？也许，对一个学生而言，从大一（刚进校）到大四（毕业）没有任何影响，学校各个专业各个科室正常运转（也可能更流畅地运转）。这说明什么呢？学生可以认为这些岗位或人员是多余的，或者是可撤掉的，可精简的。

对于一个成年人而言，每个人都可能有多个角色，这些角色都要承担相应的责任，那么，时间与精力的分配就成为一个人生活或生命中的重要内容。如果已婚成年人的工作、家庭责任（也许仅仅是部分家庭责任）就已经排满了所有的时间，其他的角色呢？例如各种人际关系中的活动，有人也许每年要抽出一点点的时间看望一下值得看望的老师或原先的同学同事，或者参加一些社会公益性组织，或是参与一些社区或邻里活动……当然，很多人不想做这些角色对应的事情，认为那不是“自己”了，还以所谓的“保持自我”为理由去做事或行事，这又会如何使用自己的时间呢？

毫无责任意识，也许是有些人的特征。责任意识越强，时间越不够用；无责任意识与责任行为，也不一定有时间。但是，二者的时间与精力的去处是不一样的。

责任与任务是不同的；有些人只会去做与奖惩相关的任务或领导安排的任务，即使这些任务并不属于责任范围。

2. 必须高效做事

就像有人说，一个人保持自己的身体健康是对家人负责，是对周围人负责，是对工作负责……曾经，一个团队的成员出差，有人感冒了，有人出现了肠胃问题。虽然出问题的团队成员解决好了个人问题，团队管理者也对这些人进行了安慰，但当这些人的身体恢复后，团队管理者却批评了他们。这个例子的含义是，一个人对自己的工作负责，前提是要对自己的身体健康负责，不仅要预防，还不能乱吃乱喝，还要尽可能休息好。当然，管理者一定程度上对团队成员休息及健康负有责任。

一个人首先要对自己负责！自私的人很多，真正对自己负责的人，则很难说清楚了。按时睡觉按时吃早餐，这应该属于对自己负责的事情。即便这样的小事情，能做到也很不容易了。

一个人要保持身体健康。保持身体健康也许仅仅是一个前提，或者是必要前提。身体健康是为了更好地做事，做分内的事，做责任内的事。既要做很多事情，还要保持身体健康，最优方式就是高效做事。一个有责任感的人是不可能随意放纵自己的，只有极度自私的人仅仅为自己活着而不具有其他角色（以及相应的责任），甚至还以豪爽或性情中人为理由而放纵自己。

高效做事，才可能有更多的空闲去调整自己，为自己的健康负责；同时，高效做事，才可能去做各种角色该承担的一些事情。

因此，高效做事，是创造价值的一种方式，是获得财富的一种方式，也是承担责任的更优方式。

3. 责任往往已经给出了时间安排

有些事情是“注定”的，就应该去做，甚至必须天天做。对于这样的事情，逃避、厌烦或故意遗忘，从责任的角度而言，无疑是错误的做法。而有些人天天应付的或忽视的事情，有很多属于该认认真真去做的事情。

对于一个人而言，明确知道自己的生活内容是什么，这不是一件简单的事情。不同年龄的人，生活内容是不一样的。例如一个有家庭后代的 80 岁老人，维系家庭情感可能是最重要的责任之一，保持身体健康也是重要的责任，是否高效做事则不重要了。

充实，是幸福的关键因素。但充实不是劳累，不是忙碌。如何理解充实以及如何做到充实，这关系自己的幸福快乐，也关系到自己的责任履行。

责任给出了时间安排，也就是各种时间表。但，并不是每个人都认识自己的责任。即使认识到自己的责任，也许偶尔或经常履行责任的情形已经很难得了；持之以恒地履行责任，非常困难。如何才能持之以恒呢？在电视机时代每天晚饭后随着电视节目的播放“度过”两个小时，脑子几乎是不用思考的，仅仅跟随电视画面而轻松度过这段时间，成为习惯。这种“习惯”很容易延续，很容易“持之以恒”。如果不是休闲，即使不用浪费多少脑力与体力的事情，能否坚持下来则很难确定了。例如，每天晚上按照某种顺序提问孩子 50 个英语单词，当提问完新（学）单词，然后再从头开始，如此反复提问，连续一年，大多数父母就很难坚持下来了。为什么仅仅需要半小时左右的时间（并不需要太多的脑力与体力），却很难坚持下来呢？孩子意识到自己的学习责任了吗？如果认识到了，则可以自觉学习，每天用好半小时学英语单词。大多数人根本没办法保证这半小时，做不到。如果第二天早上再用 5 分钟时间复习一下呢？那就更难做到了。

需要付出很多脑力与体力的事情，能否持之以恒呢？这必然是因人而异的，最终的绩效也必然与持之以恒的情形正相关。我们总希望别人能持之以恒，但我们自己往往很难做到持之以恒。

持之以恒，可以看成是一种习惯，就像每天早上起床后刷牙洗脸。在习惯未形成时，靠的是毅力，靠的是坚持，还有时间感。时间感，在这里就是在某个时间做某事的行为表现。这种时间感也许更多的含义是内在时间表。

认识时间表，认识责任，认识个人绩效管理，也许就很简单地将它们联系在一起。

个人事情与时间的管理，是自我管理的范畴。一个人的自我管理能力，应该从有规律的睡眠、健身、饮食等方面开始。俗话说“管住嘴迈开腿”是一件看似很简单但一般人做不到的事情。饮食、健身、睡眠，这仅仅是基础，还要努力工作。只有努力工作，才会充实。有人认为努力工作就是加班，其实这是错误的。努力工作必须保证睡眠和休息，因为努力工作是专注，是效率，是精益求精。这必须把身体机能保持在最佳状态，把思维的机能保持在最佳状态。休息和调整是努力工作的前提。

提升个人绩效管理，也许就涉及责任、行为与环境三个方面的内容：第一个方面，是个人绩效管理，也就是如何提升责任意识，明晰与认识个人的责任范围，以及履行相应的责任行为，等等；第二个方面，是如何改变个人的拖延行为、逃避行为、漠视行为，等等；第三个方面，是如何改变环境（例如制度环境、人际关系环境、分工与合作的结构性调整），等等。

第 15 章
绩效与目标

一个组织的进步，在于制度的进步；一个社会的进步，在于制度的进步。但是，谈制度是一个很困难的话题，而谈绩效制度相对简单。因为绩效制度的目标是围绕着提升绩效进行构建的；当然，有些是围绕着如何完成任务进行构建的。

在绩效制度中，很难绕开的一个理论或一个假设或一个学说，是目标管理。

一、目标管理

目标管理是为了完成任务，还是为了员工的成长和提升，还是为了使得群体每个人更幸福？或是其他？如果目标管理就是如何实现目标，那么，就必须讨论目标是什么。

做一个简单的测试：一是为了钱牺牲健康，二是为了健康少赚点钱，你选哪一个？如果健康和赚钱只能选一个，你选哪一个呢？二者毕竟不是兼容的，也就是说，并不总是不牺牲健康就可以赚更多的钱。如果一个人选择健康，那么，可以检查一下自己的观念与行为是否一致。例如，自己是否将按时睡觉和按时吃早餐作为基本行为规范。行为才是真实目标的反映。

下面以（某）保险公司的例子，分析现实中的目标管理。

（一）保险公司通过目标进行管理

销售类的组织或部门，其目标达成很直接。例如，某保险公司的一个地区营业机构，直接以保费为目标。保费来自新参保和续保（参保与续保，完全可以看成是两个次级指标）。

保费这个目标，要转嫁到成员头上。稳定的成员（团队）做稳定的事情，目标就能达成。

团队管理起到完成保费目标的间接作用。团队管理分解为团队构建（包括稳定性，以及团队分拆、成长、合并等）和团队成员的管理。

要达到销售目标，最终还要落实到员工的“拉保费数额”上。就激励方面而言，以高额提成为激励还远远不够（因为高额提成比例，员工做不到业务是没有提成的），还要树立“成功的榜样”，成功榜样的路径说明与演示（展示“成功”），目的是灌输如下理念：只要模仿并克服成功路径上的困难就会成功（这里的成功就是获得高额提成）。接下来是“拉保费业务”的心态培训、业务流程培训、业务技能培训。最重要的是“拉保费业务”的监督和检查。

对于完成保费起到直接作用的是以下四步骤：

第一步，就是无论用什么办法，都要开发出来要拜访客户的名单。第二步，就是拜访（规定每天的拜访量，以及检查拜访记录）。无论是电话预约，还是直接到潜在客户的家中、单位，每天拜访量要达到某个数量。第三步，是跟进，也就是不断重复拜访。第四步，是促成，也就是恰当的时机替客户做决定。

我们接下来分析如下关键步骤中的目标。

1. 拜访客户名单的目标

这个目标是潜在客户数量目标，也就是“必须开发出拜访客户的名单”（名单就是拿到通讯录，常用的方式是摆摊、介绍、理财产品茶话会、产品推介会、电话、熟人介绍）。

拜访老客户，让老客户介绍他（她）的熟人、朋友、亲戚、同学、同事等，这是一个重要的方法；产品推介会、理财讲座等是第二种方法；通过送各种小礼品让人签名拿到联系方式；当然还有通过学校等各种途径拿到学生父母的通讯录；等等。总之，利用各种关系、途径等拿到潜在新客户的联系方式。

随着信息工具的使用（以及没有严格的隐私保护制度），新的方法与方式不断出现，例如，拿到手机号码（在 2016 年是实名登记的）逐一打电话，筛选有意向客户就是其中一个方法。也就是说，如何挖掘客户名单是第一步，也是最为关键的一步。在没有严格的隐私保护制度的前提下，将来（也许马上或者已经）大数据筛选对客户精准定位必然被使用，首先被使用的必然是精准的广告推送。

团队管理者监督业务员，就是要每天早上查问并查看“今天要拜访的新客户（数量）”或者是每天晚上查问并查看“明天要拜访的新客户（数量）”。有些管理者会帮助业务员开发新客户。这个过程是必须执行的。执行力，主要体现在这里。在这一点上没有了执行力，那么，流程就会出现问题，整个团队的执行力将弱化。监督、检查是流程的必要环节。早会与晚会的执行力度（监督、检查、鼓舞的有效性）以及相应的“文化”建设，往往是类似公司管理流程中的关键环节。

体会一下“每天必须达到某个拜访量，只要达到拜访量”的含义。当然，每天要有第二天或第三天接下来拜访客户的名单。当拜访的名单没了，业务也就没了。

现在（2016 年）已经转化为每天必须达到打电话的数量，只要电话数量到了，潜在的客户名单就有了。例如每打 1000 个电话会有 2—5 个潜在客户，那么雇佣（学生）兼职人员不断打电话就是一个方法。当然，话术是要排练或演练的。

2. 拜访（量）目标

拜访量的目标，可以分解成三类：①拜访老客户，是为了续保以及推荐新产品，更重要的是让老客户推荐新客户。②拜访新客户，并且在拜访期间（或拜访后）把新客户分为四类：排除类、跟进类、当时能促成类、未能见到以后拜访类。最后一类应该是很少的。③再次拜访的客户，包括新客户拜访中的第二类和跟进类（等待时机“促成”）。没见到以后拜访的客户仍属于拜访新客户，而不属于再次拜访的客户。

这个拜访目标，当然要每天检查。并且每天要把当日的业务量进行汇总、记录，甚至进行分析。这也是执行力的关键一点。提示：每天按时检查是关键，这一点对管理者要求很高，只有职业人士才能做到，在位者或当权者很难做到。（在位者或当权者习惯使用命令、奖惩、威吓等简单粗暴的手段；或是让检查员集中检查而非自己亲自去检查，或是搞运动，他们喜欢听汇报，然后行使权

威或权力）

跟进和促成，属于业务技能，这个需要培训、指导、反复演练（锻炼）。

现实中（2016 年），每个人都会接到一些电话促销（有人很反感电话促销，认为这是一种骚扰，应该有法律来处理这种事），而电话促销员是规定每天必须打电话的数量，以及记录下来通话情况的（一边是电话，一边是电脑。电脑中有非常明确的记录格式，根据记录很容易筛选出潜在客户以及可以继续“骚扰”进一步确认的名单）；这类人员的工作可能会被“电话机器人”代替。做这类业务的人，基本上是通过目标（量）进行管理的。

电话号码，很多时候是被“卖掉”的。例如，装修公司想方设法从房产公司“拿到”（实际上“买到”）购房者的电话，进行电话销售；与之相关的电器、瓷砖、地板、家具公司、软装（窗帘、床上用品等）……都是一个“食物链”上的。一旦自己的电话号码被“卖掉”了，收到很多的促销电话是一种必然。当然，这指的是在中国大陆 2017 年之前的情形，但愿这种情形不再延续。

至少，类似的情形，在当今各行各业都存在着。

3. **“成功人士”目标**

公司内部自己定义“成功人士”，也就是目标达成者，“奖金”居上者。榜样的力量是无穷的，只要树立起“成功的目标”，那么，就有动力克服困难，奋力往前冲。保险公司的早会（早会是保险公司的关键流程环节之一，可以称为先打一针“鸡血”，斗志昂扬），其中就有一个环节是介绍“刚刚做成业务”的“成功”案例（无论这个人怎么讲，总结的人最重要。先总结“业务做成技术要点”，然后是“只要努力就能成功，单子就在眼前，钞票就在眼前”“就看你努力不努力”），月度、季度、年度业绩人物对自己成功的描述和讲解，以及培训中“经包装过的”成功人士讲解，都是在树立“成功人士”目标。

潜在客户名单，还只是第一步。没有潜在客户名单，就应该“斗志昂扬”地去寻找潜在客户；有了拜访名单，不怕拒绝，上千次拜访（这就是上千次的训练，以及发生的概率情形下），离“成功”就会越来越近了。

在这里，成功的含义，往往与金钱相关。金钱，就具有了更多的意义。

以成功人士为榜样，然后让员工承诺自己的目标。以上三个目标（拿到拜访名单目标、拜访客户量目标、业务量目标），往往采取“公开承诺”的方式进行强化，以挑战目标的方式进行激励。也就是拜访客户名单目标、拜访量目标、业务量目标公开承诺，然后带着高昂的斗志去挑战目标。执行过程中最重要的是前两个目标，只要有高昂的斗志（不怕拒绝）去完成前两个目标，那么，最后一个目标也会达成。如果前两个目标是糊弄，其实很快就糊弄不下去的，如果管理者每天检查跟进客户的情况以及准备拜访的新客户名单，最多经过一周的时间，即使瞎编乱造也很难继续编造出来。

4. **“促成”**

“促成”是最后一击。促成就是替客户做决定，或者让客户“冲动”。水平高的业务员能够感知到在什么情形下替客户做决定或让客户下决心（购买），这一点很像是钓鱼，鱼咬钩的时机要把握好，早了或晚了鱼都可能脱钩，（一旦脱钩）再钓到就更困难了；水平低一点的业务员可以把潜在客户邀请来（就像是钓鱼的打窝，想办法把鱼聚集起来，打窝是诱鱼不是喂鱼），如何制造气氛以及烘托气氛就是营销经理们的工作了，如何让客户“及时”下单，则成为这些“会”的重点。一次“会”的成功与否，要看潜在客户的参加人数以及“签约率”。

5. **“业务小组”结构**

稳定的业务小组结构，是这类组织要考虑的（也是几乎所有的组织必须考虑的）。保险公司有自己一套成熟的业务组织结构。一般来说，业务组织结构越好，业务流程的跟踪管理越到位，那么业绩就会越好。这一点在保险公司中，应该很明显。

也许，最终的目标必然与这两项东西为注解：钱（工资和奖金）、权（职位）。

（二）营利性组织使用目标的前提

1. 数量直接与收益相关联

不论是与最后成交量相关联的奖金，还是与某些量相关联的基本工资（例如电话营销员每天必须打电话的数量以及记录，很多情况是与基本工资相关联的；而电话中谈成或者信息转交给他人谈成的业务分别有不同的奖金），都是使用“数量目标与收益相关联”的方式进行管理的。与员工收益相关的措施，实际上属于薪酬制度了。

2. **对数量的监督检查是重点**

生产线上是计件工资制，必须按质按时完成规定数量，然后是多劳多得，或者是按照不同的数量进行不同比率的工资（泰勒的差额工资制）。业务方面是客户数量。总之，监督检查的目标之一就是数量目标。保险公司每天的早会动员和检查业务员预拜访客户名单，晚上根据当日报表检查促成的成交量，都是对数量的监督检查。

利用信息工具或电子表格（更方便）进行检查，但无论如何都要及时并严格检查，这是执行力的关键环节，一旦懈怠，则“崩溃”会逐渐显现。

3. **利润空间**

利润空间是一个重要因素。在销售中使用人海战术基本上是因为利润空间大。每瓶生产成本 1 元钱售价 88 元的产品，可使用的方式就会很灵活。每瓶生产成本 0.3 元零售价 3 元，也可以用很灵活的目标激励方式。没有高额的利润空间，就不可能有高额的提成或分成比例；没有高额的提成或分成，就没有大量的人拼命地去完成更高的量。

二、绩效制度的内核

绩效制度的内核是什么？是定义一个组织的重要内容。

当提到 BSC 时，一定要注意到第一指标是什么。

对于企业而言，如何实现利润指标，往往是最重要的。与利润最直接的有两点：数量与利润率。虽然这二者往往不能兼得，但至少要以某一点为重点，进行突破。

当我们清楚地认识绩效制度的内核之后，也许，很多东西都会迎刃而解。从老板（业主）、高层管理者或一般管理者、员工、顾客、旁观者等不同的角度来看待绩效制度，都会非常清晰。从一个顾客角度来看，销售人员的推荐或“专业购买指导”的产品一定是相对利润最高的产品，不同出发点仅仅是近期还是远期（获得更多利润）而已。希望客户再次光顾或经常光顾的产品销售往往会结合考虑长期利润；如果是一次性购买或很长时间后才会再次购买，那么，更有可能推荐当次相对利润更高的产品（结合考虑顾客口袋中的钱有多少）。这似乎是必然的，但善良的顾客总是希望销售人员的“专业推荐”是从顾客的角度进行的，实在过于天真了（当然，现实中一定会存在一些善良的、从顾客角度考虑的销售顾问）。因为大多数销售顾问“不是站在顾客的立场”上的。如果某人过于相信销售顾问，那么，有人就会说，这人读书读傻了；“傻了”就是指过于相信“企业是为顾客服务的”“企业是以顾客的需求或需要为第一位的”。高明的销售人员的嘴巴总是很甜的，或很真诚的，或很坚定的，这是形成销售魅力的必要组成部分。当销售人员夸你有眼光（或类似的话）时，如果你能想到这家企业的绩效制度内核是什么，以及如何通过销售人员的行为落实下去，也许你就不会有“美滋滋”的感觉了，可能就换成了“糖衣炮弹”的杀气的感觉了。乌鸦与狐狸的故事，真的是个好故事，只是看这个故事怎么讲。

（一）目标是绩效制度的内核

当谈论绩效时，自然而然就谈到绩效指标体系，谈到量化与考核，谈到绩效的改进与提升，其中暗含的就是“目标达成”。

对组织而言，组织目标的来源以及组织目标的界定就成为首要的事情。我们不能想当然地认为企业就是为顾客服务的，更不能假定企业是为了满足顾客的合理需求而存在的。同样，我们也不能假定现在的高校会全心全意进行教育服务，更不能假定高校的目标设定或制度设计目的是提高教育服务水平。但是，绩效考核一定有其目标，并且该目标用各种方式伪装起来或隐藏起来。无论如何包装或隐藏，导向以及行为会非常明确地显示出其本质目标，特别是利益的分享与分配制度，更是“目标”的赤裸裸体现。

有关目标与绩效制度的关系，现实中所理解的情形往往是如下几点。

1. 与目标直接相关的往往是奖惩

绩效目标，往往很现实，就像前面提到的保险有关的“量”。归结到量的东西，本质上就是赤裸裸的数字而已，冰冷冰冷的。但是，人们往往把数字赋予意义，至少是赋予奖惩的意义，并用制度体现出来。

绩效考核经常讲的故事是“给猎狗分骨头”，实际上就是奖惩，以奖惩促动绩效，而不是通过组织学习、培训、流程简化、重新分工等方式提高绩效。（事实上，奖惩是考核结果的运用；考核并不是奖惩，因为考核并不一定实施奖惩；考核与奖惩是两回事）

如果某个或某些员工不按照设定的目标或游戏规则进行，那么必然会被排除在利益分享之外。假如一位汽车销售人员全心全意地站在顾客的角度指导购车，那么，他必然将自己正在销售的车的定位（也就是针对的消费群）明确告知顾客，并且告知在这个定位区间的其他品牌车的优缺点以及各方面配置的性价比。这位汽车销售人员的确够专业，但有可能被开除。其他的行业也同样如此。在奖惩方面一定是以目标为导向的，或者说绩效目标的实现程度通过奖惩来体现。

什么样的绩效会获得奖励呢？上面的汽车销售人员应该大力宣传自己所售车的优点以及高性价比的配置以及附加服务，并且赞美顾客有眼光，与车如何匹配，因为最终的奖励是“销售达成数量”。

当一个组织需要什么绩效时，往往是以奖惩措施来提升绩效的，甚至把这些奖惩制度化。这种组织认为，只有制度化的奖惩，才能更好地实现绩效目标。

对于惩罚，如果过度惩罚造成了焦虑和恐慌，那就违反了人性。更符合人性的做法是制定一个基本标准，当超过这个标准时，获得奖励。奖励的形式可以很多，例如少量的奖金＋培训机会＋抽取带薪假期的机会。对于没有达到目标的人并不进行直接惩罚（可能会有间接惩罚），这样会更符合人性。

以上所讨论的目标，本质上属于薪酬制度，也可以称为奖惩制度。

2. **制度设置的目标相关性**

制度设置的目标相关性，可以用以下例子来说明。在企业中，生产质量仅仅与生产和技术人员相关，与这些人的奖惩相关。为什么不与销售、财务、高管人员相关呢？特别是高管人员为什么与产品质量不相关？这样的情形就是由制度设置造成的。

这种制度设置，本质上仍然是薪酬制度相关人员设置。

理解了目标仅仅与部分人的绩效（部分）相关，也就能理解很多现实情形。

3. 制度与管理理念

不同的制度反映不同的管理理念；不同的管理理念认可不同的制度。

很多人认为："绩效管理是一个完整的系统，绩效考核只是这个系统的一部分。"这句话被初学者"牢牢"记住，之后就很难改变了（很难，不是不能）；对那些不具有质疑能力或反思能力的人而言，几乎不能改变这个认识了。特别是经过"绩效循环"等有关内容的学习，就更不可能改变了。事实上，这里的"绩效循环"仅仅是广义的"绩效考核循环"而已。有些绩效考核与绩效管理没有什么关系；有些绩效考核对于绩效提升（也可以理解为绩效管理）有副作用；有些绩效管理不需要考核环节。当然，也存在"绩效考核是绩效管理的一个环节或一部分"的情形。

当管理理念是奖惩时，认为绩效考核（狭义上的绩效考核）是"绩效管理"（广义上的绩效考核）的一部分，这应该是必然的。不仅认可绩效考核是"绩效管理"的一部分，而且认可绩效考核可以成为单独的一部分，并且考核结果还可以有各种应用，本质上是奖惩的各种体现。对这类人而言，仅仅学习绩效考核就可以了。如何给猎狗分骨头，是学习的重要内容，即使以后自己也仅仅是只"猎狗"或"猎狗头目"而已。当一条猎狗以狗主人的思维去理解给猎狗分骨头的合理性时，狗主人就可以让猎狗"多干活少说话"，或者让猎狗"管好自己"就好了。这时，听话与干活就是"好狗"的表现，质疑的声音就会在这个群体中消失。

但是，当管理理念是"分工与合作"时，也许就不认可绩效考核是绩效管理的一部分。

事实上，绩效管理与绩效考核是两回事，二者之间在某些情形下没什么必然联系。有些组织或企业进行考核，但没有管理；有些组织或企业不进行绩效考核，但绩效水平却逐步提升。

绩效制度，实际上是两个概念：是绩效管理制度，还是绩效考核制度？有人认为二者是一回事，也有人认为二者是两回事（二者是不同的）。

对于薪酬和绩效，大家可以去了解《魔鬼经济学》一书中的一段内容，史蒂芬·列维特和史蒂芬·都伯纳讲述了研究者在 20 世纪 70 年代进行的一项研究，目的是检验经济回报是否会促使献血者增加献血量。研究结果显示，经济刺激只会减少他们的献血量，而非增加献血量。这个例子应该会让人对于激励（薪酬）是否对绩效产生作用引起思考，或者说激励（薪酬）在哪些情况下起作用，对哪些人哪些事情起作用，在哪些情况下没有作用，在哪些情况下有反作用。

（二）对“价值”的界定是绩效制度的内核

“价值”是一个非常难以理解的词。经济意义上的价值，总是与金钱和价格具有很大的关系。但实际上，有些价值与金钱或价格没有什么关系。例如，拼搏精神是否有价值？一个普通人参与长跑比赛，参与精神以及坚持到底是否有价值？显然，这些都是有价值的，但与金钱或价格没有什么关系。

在商业社会中，有些人已经把价值与价格或金钱几乎等同起来了。即使在日常生活中，往往也用金钱来衡量价值。举例来说，有些亲密关系的男女在某些节日要用所花费的钱的数量来表达“某种价值”，这些人的浪漫往往与消费相关，情调与消费相关，价值几乎等同于价格或金钱。这也是理解绩效与奖惩之间关系的现实基础，也是理解很多组织对贡献界定的一个现实基础。

在绩效制度方面，如何界定价值就成为一个关键点。一般而言，在绩效制度中，价值体现总是用“贡献”来替换。

1. 用贡献界定绩效价值

贡献，现实中往往被用于褒义，实际上并非如此。当贡献被当成褒义词时，人们往往忽视了贡献的本质，也就是贡献是如何界定的。

无论绩效制度中用指标、权重、标准来界定绩效，还是通过流程或干劲来提升绩效，本质内核是通过“贡献”来界定绩效。在保险公司中的贡献是一回事，在另外一些组织中可能是另一回事，不同的组织有不同的界定。例如，在中国的高校中，课题、论文、学生就业率（与毕业率、学位率有密切关系以及与就业合同造假有直接关系）为什么会成为“贡献”，甚至学位和职称都可以成为“贡献”，这是有原因的。就是因为高校对“贡献”界定与你想象中的并不一致，或者说与你认为的“高等教育服务”的价值并不一致。

理解了贡献，会更好地理解现实中绩效制度的本质。

如何把“贡献”通过流程实现，通过指标分解，通过标准界定，如何将“贡献”与奖惩结合起来，这往往是绩效（考核）制度的核心内容。

2. **组织的价值观反映在对贡献的界定上**

价值观，是很难讲清楚的事情。

在有些企业招聘中，往往会加入诚信测试的题目。例如，我们是否可以欺骗顾客？ A. 不可以；B. 可以；C. 只要不被顾客知道，就可以；D. 有利于企业利润的情形下就可以。这种类似题目的出现，考察的就是一个人的基本价值观。对正常人而言，这样的题目的答案是显而易见的（选 A. 不可以）。但在测试时，往往很多人在选项面前犹豫不定。

举一个现实的例子。现在的人已经离不开车了，在中国汽车已经很普及了，停车是一个人的重要行为。什么地方可以停车呢？对有些人而言，只要不罚款不扣分的地方就可以停车。有些人，即使有停车位，他们也不会好好停，怎样对自己方便怎样停；有些人是实在没地方停了，就找个地方（乱）停；也有些人，没有停车位就不停了，一直开到很远的地方找停车位。这几种人的价值观一定是不一样的。根据这些日常行为是很容易辨认一个人的。

对于有底线的人而言，在停车这件事上，至少不占盲道不堵安全紧急通道，但现实中有很多没有底线的人存在。（在 2017 年的城市中）路边的盲道被车占据，比比皆是，小区中失火消防车无法进入的情形大量存在。当没有底线的情形是如此普遍的时候，考虑群体行为（或组织行为）的假设应该结合现实情形，考虑绩效考核与绩效管理的角度是否与现实相符，这必然涉及诸多的观念。

在有关商科的专业中，强生泰诺事件是经常被提到的一个案例（不了解这个案例的人可以通过网络搜索一下），这个案例可以从多个角度去认识，商业伦理、危机管理、企业战略管理、使命与经营等等。当然，也可以从决策层的价值观，对（当年）业绩或贡献的界定等方面去分析这个案例。在当时来看，短期是确定的，远期是未知的（也许从此退出市场，一蹶不振）。现在看来，当时的决策是英明的或明智的。

3. **难以理解的价值观**

理解一个人到底说什么，首先是去理解或理清他的前提假设，其次是理清逻辑推理，最后是理解其结论。如果仅仅知道其结论，那么，谈不上理解。学习或阅读管理学的人，应该知道德鲁克（Peter Drucker），但是，大多数人仅仅是知道名字而已（也就是知道这个人的大致生平与著作的水平），（在知道德鲁克名字的人之中）能够把德鲁克式提问说出来的人也是少数。

德鲁克到底在说什么呢？你知道吗？好像很浅显易懂，但一般人不理解德鲁克到底在说什么。

德鲁克所说的东西中暗含概念或假设，其中一个是“价值”。德鲁克所说的价值到底是什么价值呢？

德鲁克所暗含的“价值假设”之一是满足顾客需求。满足顾客需求，可以看成是一种市场价值，这种市场价值就可以转化为价格。举一个例子而言，某些提供具有暴力元素的游戏甚至就是暴力游戏的公司，从定位而言是否可以称之为“定位精准”？是否满足了目标顾客的需求？是否有成果（得到了他们想得到的利润）？答案是显然的。不断进行游戏升级或推出新游戏，就是一款成功的游戏或成功的公司。在此，我们必须要问：产品的价值是什么？公司的价值是什么？如果从企业所有者（或股东）、管理者、员工、顾客等方面考虑，他们都获得了“利益”（也就是他们想要的）。如果再从社会价值考虑呢？应该是负面价值。

社会价值，是德鲁克所暗含的“价值假设”之二（暗含在德鲁克的社会责任之中）；在德鲁克的文字中，实际上还暗含了“价值假设”之三，那可以看成是德鲁克自己的“价值”。制造含暴力或色情等内容的游戏公司、垃圾食品公司，以及制造浪费（一些）人的时间精力的影视剧或娱乐节目或直播节目的公司，应该用“什么价值”或“什么价值含义”来理解呢？德鲁克的价值假设大致有以上三个，但是这三者之间是有冲突的。

不能理解或界定价值的假设，就很难从价值角度说清楚“贡献”。如果一个人认为自己的界定就是所有人的界定或大多数人的界定，那显然是错误的。“优秀者”一定认为自己真的很优秀，并不会认为从另一个角度来看他实际上就是垃圾。

如果在法律制度框架内讨论价值，那么，前面所表述的“制造含暴力或色情等内容的游戏公司，垃圾食品公司，以及制造浪费（一些）人的时间精力的影视剧或娱乐节目或直播节目的公司”的说法，本身就暗含了某种价值假设，或者说这种表述是从某个角度来说的，显然不符合法律制度框架内的表述。以食品公司为例，只有是否符合环保以及卫生要求，取得生产资质的公司，而没有是否制造“垃圾食品”的公司。对于食品而言，至多以是否符合健康为标准来界定。（实际上也不是准确的表述，高脂肪高热量的食品对于有些人而言可能是非健康食品，但对另一些人而言可能是健康食品）对于这些公司的绩效制度，是仅仅从市场价值获取的角度进行界定，还是从法律层面进行界定，还是从社会价值的角度进行评判，显然这是一件复杂的事情。

无论是以“目标”还是以“价值”为核心的绩效制度，都可能是偏离的。如果我们以“合作”为绩效制度的核心，该如何构建绩效制度框架呢？该如何确定绩效制度细则呢？当然，只有加深对合作的理解，才能更好地理解什么样的制度才是促进合作的制度。

三、绩效制度环境

企业绩效外在制度环境，就是约束或制约一个企业市场价值实现的外在制度环境。

（一）市场的公平性

也许很多人认为，你买我卖，不强迫，就是公平交易。这显然太过浅显。你买我卖，不强迫的交易或交换，仅仅是公平的一个表现。例如，当垄断时，卖家并不强迫顾客买，顾客最后“自己情愿”买，在很多人看来就是非公平的。禁止向未成年人销售烟酒，实际的含义是指未成年人没有自己独立判断的能力。对于一个小孩子而言，对于“他当时认为好玩”的东西可能不计金钱的，因为他们没有形成对“价格”的理性认知。未成年人如此，小孩子如此，“成年人”在很多情形下也会如此，特别是对那些仅仅是年龄上或生理上的成年人而言，更有可能发生。群体的智力成熟度就成为一个重要内容。有些人羡慕像荷兰这样的国家，因为在那里很多东西都“自由”交易，即使毒品、色情等也是“自由”

交易的。如果一个缺乏独立判断的人在这样的环境中，未必能享有“自由”。

一个成年人与一个小孩子进行交易，可能显失公平。一个精明的商家与“智力不足”的成年人进行交易，也许同样显失公平。对于这个事情的思考，可以去思考市场制度，或者说，这也是思考市场制度的一个角度。当时的中国人，还不知道什么是贸易制度或贸易保护，国际市场的公平性很难保证。

再例如，传销与直销，是一件很容易被混淆的事情，但会影响某些公司的绩效政策。传销，被认为是一种骗术，但传销者往往认为对方是“自愿的”，符合“公平交易”。

（二）道德与人性

道德是很难定义的，但每一种文化传统都有独特的道德观，而这些道德观念的基础就是信任、公平、合作、互惠、忠诚、诚实、守诺和利他主义等概念。[①]己所不欲，勿施于人，是被大多数文化认可的道德基本法则。

任何人，都必然受一定的道德规范约束。道德规范在人与人之间、文化与文化之间有很大的不同，甚至可以说，任何不同的两个人所认可的道德规范都是不一样的。

人性，同样很难定义，但人性往往用善恶来区分，善的一方面，往往包含着更多的利他元素。事实上，人性往往与道德联系在一起。

任何一个组织，制定游戏规则时，都应该考虑道德和人性。

当一群人一起去捕鱼时，虽然每个人身体素质不同，能力大小不同，但每个人都应该尽自己的一份力量，或者说每个人都应该尽自己所能尽到的力量。当捕鱼结束时，按照正常的人性，不是先评价每个人的劳动量或劳动能力然后进行分配，而是按照约定俗成的游戏规则进行分配的，也就是说，更可能接近平均分配，甚至是平均分配。

在一起捕鱼时，如果有人偷懒，合作就有破裂的可能。随着偷懒的人数增加，则合作破裂的趋势增加。当有人没有尽自己所能尽到的力量时，约定俗成的游戏规则就结束了。为了使每个人尽自己的一份力量，有人会想出“按劳分

---

① 罗闻全：《适应性市场》，中信出版集团 2018 年版。

配，多劳多得”的分配方式。但是，按照“多劳多得”的方式将导致各自捕鱼（合作破裂），不再共同捕鱼。

在河边各自钓鱼的人，也可以看成是一个群体，又可以看成是伙伴关系，但他们是各自钓鱼的；现实中有些组织的成员就是如此。

“有人偷懒”和“按劳分配，多劳多得”是人们不能合作的两种常见原因。有些组织中的绩效制度，导致人们看似在一个组织的名义之下工作，实际上各自“捕鱼”或“垂钓”。当然，“多劳多得”往往是用于“劝诫”最基层劳动者的，让他们与身边工作者进行对比。在这样劝诫下的人们，往往把工作看成是谋生的活动，本质上是“做多少拿多少”的数量思维。

一般的管理思维，往往在于如何防止有人偷懒，特别防止普通员工偷懒，奖惩成为必然的一种方式。但是，奖惩的方式，可能也会破坏合作。当然，在等级之下，宣扬的就是执行或服从，要求“多干活少说话”，这又是另一回事了。

也许，在各自“捕鱼”的情况下，绩效与薪酬往往具有高度相关性，或者说，当绩效与薪酬具有高度相关性时，必然导致各自“捕鱼”。为了多得而工作，群体之间往往是非合作状态；这种非合作状态的持续，会导致群体离散或者原子化。这种离散和原子化，可能更有利于等级存在。

当“按劳分配，多劳多得”的分配形式并不是由“劳动者们”自己操作，而是由管理者进行分配，制度上将分配权与考核权结合在一起时，情形往往变得复杂了。

组织中存在问题，实际上最大的可能就是管理者出现了问题；进一步，可能是制度的问题。这是一个常识。

也许，管理者和普通人一样自私自利，甚至比普通人有更强的欲望，这才符合实际情形。某些强烈的欲望则可能导致人性更严重的扭曲，例如统治欲、控制欲、表现欲、权谋等使得管理者道貌岸然，并且管理者可能在内心上“俯视”员工。裙带观念与差序格局使得考核者以自己的利益以及亲疏关系来确定考核标准，从而进行利益分配，这种冠冕堂皇的利益分配形式不可能形成平等的合作关系。

判断制度的优良与否，从以下三点就可以辨析清楚：①是否构建员工安心工作以及专注工作的环境？②促使员工更加合作还是导致更加离散？③组织内部更加平等还是等级化更严重？不同的绩效制度将导致不同的行为表现，趋势与结果也将是必然的。

四、绩效制度与薪酬制度

绩效管理不等于绩效考核，绩效考核不等于绩效工资，考核与薪酬是两回事。考核制度与绩效制度是不一样的。考核制度可以看成是奖惩制度或薪酬制度的一部分，而绩效制度是改进与提升的制度，例如，质量管理有关制度。

考核往往是利益如何划分，绩效管理是如何使得分工与合作更有效，这两者的根本出发点是不同的；考核是从任务出发的，绩效管理是以提升和发展为目的的。

关于绩效与薪酬、考核与薪酬，在此仅提一个案例，有兴趣者可以思考。

梅奥诊所（Mayo Clinic）[①] 的发轫之地是名不见经传的安谧小城——罗切斯特。这里常住人口有 11 万左右，而梅奥诊所就占了 3 万多。

梅奥诊所的创办人是英国医生威廉·奥沃尔·梅奥，1864 年结束了在部队中的军医生涯后，开了私人诊所，后来他的 2 个儿子从医学院毕业后，也加入自家的诊所。随着越来越多的医生加入，小诊所逐渐发展为世界上最早的多学科、私立非营利医疗机构，也就是今天的梅奥诊所。

老梅奥于 1911 年去世，享年 92 岁。而梅奥兄弟也开始思考如何让诊所基业长青。这个过程中，1908 年入职的哈里·哈维克扮演了重要的角色，他在梅奥工作 40 多年，曾任诊所行政主席，和梅奥兄弟一起构建了梅奥诊所的基础管理框架和治理结构，该框架和结构沿用至今。梅奥兄弟认为，他们赚到的钱来自为人类服务的事业，就必须回到为人类服务的事业中去。1919 年，梅奥兄弟将诊所转为非营利机构。协议规定，梅奥资产协会的收入要用于促进医学教育和医学研究。直到今天，教育、研究和临床实践，一起构成了梅奥 logo 中的三个盾牌。由于是非营利性医院，梅奥医疗盈余部分中的大部分用于资助教育和科研。当然

① 即梅奥医疗集团，它是世界著名的私立非营利性医疗机构。

了，梅奥也接受了人家的不少捐赠。在这三个领域，梅奥都形成了自己的特色。以科研为例，1950 年，梅奥诊所的 Kendall 博士和 Hench 博士因发现可的松获得了诺贝尔生理医学奖。

1923 年，推出授薪制。授薪制的含义是指，所有人，包括梅奥兄弟自己，都是领一个固定的薪酬，没有奖金、没有分红。薪酬高低与医生个人所做的手术数量、科室的病房占有率，以及医院年收入、年利润等，没有一毛钱的关系。薪酬高低与是不是学术权威、科室主任、医院 CEO，也关系不大。依照梅奥的政策，医生的薪水随着工作时间逐年增加，在入职 5 年之后达到最高，在同一个岗位，工作 30 年的医生和工作满 5 年的医生薪酬一样，但工作较久的员工会获得更多的休假时间。无论是所谓的科主任还是刚刚招聘来的 attending，薪资不会相差非常大。对于这种“大锅饭”的薪水，梅奥不允许自己全职医生在外机构进行多点执业，仅仅限于在梅奥体系（社区医疗体系）进行多点执业，这其实在美国医院中是非常少见的。

也就是说，对于个人而言，在梅奥诊所的前 5 年，每年的工资都会逐步提升，但到第五年就封顶了。就制度而言工资收入就达到最高了，以后无论继续在梅奥诊所工作多长时间，工资都不会有变化了。

虽然是固定工资，但梅奥诊所的员工工资会有浮动，例如医生的工资整体上浮 2.7%。2016 年，梅奥诊所的医生平均工资达到 197297 美元。从这个数字可以推知，工作满 5 年的医生的工资应该超过 20 万美元的固定年薪。这在美国是高薪了，但如果这些顶尖的医生在中国从医，也许每年仅隐性收入也不止 20 万美元（在 2016 年大约相当于 130 到 140 万人民币）。

固定工资制度，看起来貌似很落后。一个人干和不干一个样，干多和干少一个样，最后肯定是没有积极性，效率低下的。不同科室的医生工作强度不同、工作年限不同、工作能力不同，但每位医生的工资满 5 年后封顶了，也就是工作满 5 年后，工资就（相对）固定了。这如何有激励力呢?

但奇怪的是这种工资制度居然很普遍，全美排名第二的克利夫兰诊所，也是知识密集型公司，也是固定薪资。

梅奥诊所的顶级医生为什么没有流失？这样的工资制度如何保证梅奥诊所

的持续竞争力？对比一下世界排名前三的医疗机构，必然会对这种工资制度感到神奇。2015 年梅奥诊所门诊急诊量是 158 万人次，经营收入是 684 亿元；克利夫兰诊所门诊急诊量 678 万人次，经营收入是 478 亿元；麻省总医院门诊急诊量 160 万人次，营业收入是 265 亿元。这三家医院都是美国的顶级医院，业务结构、经营模式都不同，但是从门诊急诊量与收入对比看，梅奥的技术能力、经营能力之强大就可以略见一斑了。

梅奥诊所一定是有考核的，也一定是有绩效管理的，也一定会有员工被辞退。梅奥诊所的绩效制度的核心应该就是其价值观“患者需求至上（the needs of the patient come first）”的体现，一切的考核也理应以这个为出发点。但考核与培训、辞退等相关，并不与薪酬相关，并且考核得分更高者得到的培训会更多，从而技能水准上升会更快，但薪酬是不变的。薪酬不变，员工还有动力去培训和学习，之后还要接受更难的一些工作，其驱动因素则与钱是无关的。也许，这里的员工不是为了生存而工作，不是为了谋生而工作，那么，他们为了什么而工作呢？他们为什么不“混日子”呢？

考核是考核，绩效是绩效，薪酬是固定的，但保持着旺盛的生命力。

梅奥诊所，经过梅奥兄弟及诊所内认同梅奥兄弟的一帮医生、管理者的努力，经过一百五十多年的努力，终于把梅奥诊所发扬光大了。

当认真思考梅奥诊所的考核、绩效、薪酬、招聘、辞退、培训……之后，也许会对原先关于考核与绩效的认知产生怀疑。如果一个人真的对“原有的”观念产生怀疑，也许，这个人真的是开始入门了，或者随着质疑以及反思和重新学习而入门了。

第 16 章
人与绩效

一个人如果静下心来想一想，自己的一生到底想要什么，答案可能因人而异。对于有些人而言，一生，时间跨度太长，超出了想象。如果一定给一生加上一个限定语的话，应该会有人选择“幸福”这个词。幸福的一生，是指一生都过着幸福的生活。

幸福的生活，大致可以分为三个方面：愉悦的生活、投入的生活、有意义的生活。

愉悦的生活，就是轻松、舒适，与之相关的是健康、富有、安全。投入的生活，就是充实感，与之相关的是爱好、责任、努力与收获、成功或成就。有意义的生活，就是有价值，与之相关的是责任、贡献（或奉献）、事业。

绩效是否与这些相关呢？如果相关，那么就应该建立起绩效的理念和行为，否则，就应该摒弃。或者说，把与之相关的方面保留，把不相关的部分舍弃。

一、为什么要努力

（一）为了生存而努力

一个人首先要生存下去。对为了生存的人而言，挣钱谋生，其努力程度必然与外在因素相关，例如奖惩。

在 21 世纪，中国大陆企业员工跳楼的事件时有发生。在这些员工跳楼的事件中，有一些共性：一是在当时该企业相对是知名企业，因此跳楼事件更被关注；二是企业管理制度严格且基本薪酬较低，只有通过加班才能获得相对高的收入；三是员工仅是生产工具；四是工作是为了赚钱谋生，没有机会提升自己，没有真实的上升空间。

相对而言，这些企业算是遵守合同法、劳动法的企业，周末加班薪酬是平时的两倍，法定节假日加班薪酬是平时的三倍，员工“自愿”加班；要求员工遵守劳动纪律和操作规范，这是合同中的内容。员工可以选择辞职，辞职的当天可以把所有的薪酬结清，不会欠员工的工资。有人说，这样的企业算是不错的企业了。

在这样企业工作，只是为了生存，只是活着，根本谈不上生活。在这样的情境下谈绩效，就是让人如何为了钱而努力，把工作任务与钱直接相关。这样的企业，只需设置严格的考核，就可以了。因为在这样的组织中的员工，绝大多数是不会主动辞职的；想进来谋生的人远比要辞职的人多。

在这样的组织中，谈不上生活，更谈不上幸福生活，但是，仍可以滋生很多的欲望。严格管理的组织，井然有序的组织，需要大量的监管人员。这些监管人员就是制度执行的工具。一名员工一旦能够从“生产工具”跨越到“制度执行工具”，就是一种欲望的跨越；一旦跨越之后，面前是一个等级的阶梯，沿着这个阶梯向上爬是接下来努力的动力。所以，在这样的组织中，有两种努力：一是为了生存自愿加班的努力；二是为了向上爬严格监管员工完成任务的努力。两种努力，构成了整个组织文化的基调，也构成组织绩效的基调。

1. 辛苦工作的人幻想舒适区

为了生存而努力工作，更准确的说法应该是辛苦工作。

在生存逼迫下的工作，仅仅把工作任务或工作成果与薪酬进行简单的换算，如此努力，总是想着将来某一天可以有自己的荣耀和舒适。

这类人的工作环境，是不可能让他们留在舒适区的。企业不容许他们在舒适区：首先，只有严格按照工作规范工作且加班才能获得较高的收入；其次，合同中通常会有“服从其他任务安排”的条文。

对这些幻想舒适区的人而言，如果能够拥有一份可以躺平的工作，该是多么幸福的事情。

这类人也可以称为“即时轻松享乐”的人，如果这种人不能“啃老”（没有“老”可啃），那么就会面临为了生存而被迫工作的情形；如果有社会救助可以使他们活着，也许他们会选择不工作；当然，极少数可能会选择乞讨而活着也不愿意去工作。对于企业而言，“即时轻松享乐”的人远不如“任务型人”更符合工作要求。“即时轻松享乐”的人更可能在工作上“糊”，而任务型的人在工作中可能会完成考核任务。用考核的方式对待“目标型人”，就不合适了。

在外在的约束下“即时轻松享乐”的人变成“任务型人”，但是，他们很难竭尽全力、精益求精。他们能完成作业，完成任务，就已经不错了；这类型的人往往是“差不多”就可以了的人。

对于这类型的人，只有通过培训，转变他们的理念，同时培养他们的自我约束和控制能力，使他们形成新的工作习惯，才是绩效管理。仅仅是任务的考核，属于绩效考核而不是绩效管理。绩效管理比考核难得多。

2. 愉悦的生活是梦想

梦想和追求，是努力的动力之一。即便当下是为了生存，只要梦想和追求能够存在，那么就会有持续的动力。人们往往把梦想与追求当成一回事，实际上，对很多人而言，梦想与追求是两回事。追求是对目标的努力行为，而一般人所谓的梦想可能仅仅就是做梦，甚至是白日梦。追求是一种行为，而梦是不需要行为的。

对于“即时轻松享乐”的人而言，他们所想要的愉悦的生活，主要是轻松、舒适、富有、安全。但是，对于很多人而言（孩子和青少年除外），这种愉悦的生活可能是可望而不可得的，仅仅是梦想；除非有祖辈的财富或资源继承。

如果没有继承，却又不付出努力，还梦想过上充实的生活或有意义的生活，无疑是做梦；可能会感觉当前的工作是在浪费生命，仅仅是谋生（养家糊口）；如果恰巧没有责任感，那么必然感觉毫无意义了。

如果梦想突然感觉破灭，在人际关系疏离的情形下，极端的事情就可能发生。在有严格劳动纪律和操作规范的企业，在没有工作空闲的情况下，人际关系的疏离是必然的。也许，人是需要交流和嬉戏的，这不仅需要时间，还需要机会，否则，就可能导致精神、神经、生理等方面出现问题。

3. 环境与人

很多人想过上愉悦的生活，想过上充实的生活和有意义的生活。即便是农耕社会，如果没有苛捐杂税，在风调雨顺的年景，人们就只需要在种和收的两个季节忙于工作。农耕工作是带着希望或收获喜悦的忙，也算是充实的忙；除了种和收的季节，人们有大量的时间交往和玩乐，也有大量的时间做一些与兴趣和爱好相关的事情，以及做一些有意义的事情。但是，工业社会中的企业，却剥夺了这一切，使得企业中的有些人几乎没有空闲时间。

现实的社会，通过各种手段控制人，使人的时间与精力全部投入劳作或工作之中，整日或自觉或被动地劳碌，不存在学习、进修、思考和发展的机会。即便是在相对稳定的工作环境，也处于一种机械式的加班加点的忙碌之中。

X-Y 理论[①]关于对人的分类，应该是工业社会背景下的观念。在这种工业背景下，员工必须服从，让做什么就做什么，被动消极对待工作是一种必然。躺平，环境似乎不允许。

这样的环境对于人而言，意味着什么，则属于一个管理哲学话题。

（二）工作时间与生活时间

人或许是要分类的，不同的人是不一样的。

当然，对有些人而言，可以从这一类到那一类，也就是说，人是可以改变的；但对于有些人而言，属于哪一类就永远属于该类了，不会改变，或者是不能改变。

农耕社会的人，种和收的工作是很忙的，也是辛苦的，但在种和收之外，在身体健康和有充足食物的情况下，总会有时间生活。如果把种和收的工作时间看成是为了生存而工作，那么其他时间，可以看成生活时间。工业社会下的农村，已经不同于农耕社会的农村了。

当今社会，很多人可以把时间分为两部分：一是为了生存的时间；二是生活的时间。

1. 为了利益努力工作

当工作绩效、任务、成果等与利益相关，无论直接还是间接，在此界定的这种工作时间是为了生存的时间。

---

① 在 X-Y 假设中，X 型人是指消极被动型的人，Y 型人是指积极主动型的人。

工作为了自身利益，人们关注的绩效必然就是与自身利益相关的绩效，而不是共同利益的绩效；即便是管理者，大多数人关心的也是薪酬、职位、前途等因素。除了这些直接的利益与绩效相关之外，还有隐性的一些东西，例如说了算、炫耀、显摆、存在感、优越感等。

要在工作中获得越多，必然就增加工作时间，减少生活的时间。

2. 工作方面躺平

能在工作岗位上躺平的人，前提条件是有一份可以躺平的工作。

工作上的躺平，这里指只完成与基本薪酬相对应的工作任务或工作量，或者说目标是做到合格即可。这样做的人，需要主动在工作场所边缘化①，以便有更多的时间用于生活。

工作上的躺平，是为了脱离那种令人疲惫的、竞争性的态势。选择工作躺平的人认为，自己面临的工作情形是各自为了工分或绩效而变相竞争，自己在这样的工作场所中无论如何努力都不会取得进步和成长，所做的事情除了利益获得以及虚名外并没有多少意义，只能是自己的时间、精力、体力，甚至智力不断被权力方所利用，从而选择退出这种竞争，以完成基本的工作量为工作目标，也就是不失去为了生存的工作而已。

如果生活中也选择躺平，那么这种生活难以称为愉悦的生活。有人认为，选择工作上躺平的人，是“拼不上”的人。躺平的人，不等于“拼不上”的人。“拼不上”的人，是指那些做事情只能做到差不多，无法精益求精，无法竭尽所能，无法专注投入的人。这类人往往向往轻松愉悦，向往好的结果，幻想高绩效水准，但却无能力在行为上匹配相应的毅力和刻苦。“拼不上”的人，往往只能用力 80%，自己感觉并没有用全力但达到了自己觉得差不多的水平，其实只能用上这些“力”（看起来似乎还有“力”但实际上使不出了）；如果这种人意识到自己无法精益求精，可能会气馁，甚至会自卑；这类人缺乏强者之心，缺乏直面对待困难的勇气和行为，缺乏征服困难的持之以恒，但很可能会在其他方面炫耀，这是一种行为和性格如此的人。躺平的人，特别

① 主动边缘化的人，是极少数的。有人并不甘心，特别是内心存在感较强的人是不甘心边缘化的，他们只能被边缘化；有些“拼不上”的人，往往会被边缘化。被动躺平的人，或者说被边缘化的人，与主动边缘化不是一回事。

是主动躺平的人，是选择这种方式的人，与能否“拼得上”无关；选择躺平的人没必要在工作上“拼出来”业绩来证明自己。

“拼不上”的人缺乏一种把事情做好的持续力或耐久力，即便偶尔“发疯”一下，激情很难延续；或者是缺乏一种“征服”的行为动力。躺平的人，一种是“知不可为”而不为的人，另一种是“无能力为”而退出的人。

3. 从业余到专业

有人认为工作时间做的事情属于专业，生活时间做的事情属于业余，但实际未必。这里的业余和专业，是指业余水平和专业水平。很多人在工作中处于业余水平，甚至常常存在滥竽充数的南郭先生。许多行业存在达不到业余水平的工作人员，实属常见。

一个人的时间可以分为工作时间和生活时间。生活时间如何度过才是人生的重要色彩。生活要充实，就要有事情可做；自己喜欢做什么或愿意做什么并能全身心投入，可能会在生活时间将自己所做的事从业余水平提升到专业水平，甚至大师水准。

做自己喜欢的事情，并能通过这个（些）事情获得生存物质来源，就是幸福的人生。喜欢踢球、绘画、旅游、美食、手工、插画、陶艺等的人很多，能够以之获得生存物质来源的人却很少（不喜欢但以之生存的人反而存在）；能够从业余到专业甚至大师水平的人少，能够以之为事业的人更少。大多数人的喜欢，是一种好奇下的喜欢，是一种玩玩式的喜欢，并不是内心的热爱，无法做到专注和长期投入。一旦有炫耀的行为，就不是一种纯粹的喜欢了。那些玩玩式喜欢的人，如果在这种业余喜欢的方面有一点点“起色”，那么就很可能变相炫耀了。喜欢被表扬的人，往往喜欢炫耀。

也许，传说中的发明家爱迪生，一生都没有“工作”过，只是做自己喜欢的事情；也许，传说中的投资大师巴菲特，就是喜欢投资，喜欢探究数字后面的市场规律；也许，很多的大师都是做自己喜欢做的事情，且把事情从业余做到了专业……

为了生存在工作时间赚钱，然后过好生活的时间，过上充实的生活、有意义的生活，也算是幸福了。

在生活时间，真正培养起自己的兴趣，不断地提升自己的水平，就是绩效。

让员工在工作中产生快乐，感觉到充实，感觉到工作的意义，才是提升工作绩效的最优方式。

二、专注与投入

在网上看到题目是《优秀生吃不饱学困生吃不了，小学是否应分层教学？》[①]的文章，在文章中有如下的一些语句：老师向她感慨道："班上的学生有的不教都会，有的却怎么教也不会。"有一个网友的留言："太对了！总觉得分层教学伤害学困生，其实把不同智力和能力层次的孩子放在一个班里是更大的伤害，那些学困生从小学就已经被伤得完全没有自信了！而对于优秀生的伤害则是浪费了他们的时间陪着学困生磨叽那些早就懂了的知识！"

对小学而言（文章中描写的是小学三年级），（对于这个阶段的学生）学习成绩好坏的原因主要有两个方面：一是有些小学生学得早，在外面的培训班提前学过了，提前掌握了，而有些没有这样做；二是有些小学生掌握得快一些，而有些掌握得慢一些。有些人把学生的学习成绩归于智商，在此认为是错误的。

分层教学，这是一种模糊的说法，其中的含义是什么以及如何操作是很模糊的。也许，应该让那些"早"学的人在更早的年龄上学，让"晚"学的人晚一点读书，不要在年龄上一刀切。记得 20 世纪 70 年代农村的小学，班中有 12 岁甚至 15 岁才读小学一年级的学生，班中也有 6 岁和 7 岁的孩子；但在这样班级中，掌握速度与年龄并不完全相关，所以说，年龄"一刀切"也许才是错误的根源。应该让那些掌握"快"的学生短学期，或者跳级；让早读书的早入学，也就是不能在进度上"一刀切"。这两种措施应该能够解决问题，分别对应着"早"学的学生以及学习"快"的学生。如此一来，当分类分班时，也许这些"早"与"快"的学生将失去"优越感"，但是，对于有些"晚"或"慢"的学生也许是好事。

优越感会促进学习兴趣，但却可能会使另一部分人失去兴趣，转向其他方面。

---

① 文章来源于 http://edu.163.com/18/0219/06/DB03DMFA00297VGM.html。

对于那个老师的感慨，“班上的学生有的不教都会，有的却怎么教也不会”，这样的教师实在无法形容，不应该从事这个职业。在小学阶段，只有不想学的学生、没有学习兴趣的学生、厌烦学习的学生，没有学不会的学生；没有教不会的学生，只有不会教的老师，或者不想教的老师。厌学、没兴趣，才是学校和老师应该解决的问题，培养学生的学习兴趣和习惯，才是小学阶段最大的绩效。当然，主要责任应该属于孩子的家长。

小学三年级，毕竟是（100 以内）加减乘除而已，小数与分数都还没开始学习，更不用提小数、分数、整数的加减乘除混合运算了。20 世纪 90 年代左右的人，会记得小学时“那些怎么教也不会”的同学，（有人）长大了以后去卖菜，那时还是用杆秤称菜，也不用计算器，顾客连续买几种菜（不同的价格不同的斤两），称好之后马上把总价钱告知顾客，竟然分毫不差。其运算速度与准确度与记忆中读小学时的数学成绩相差甚远，真的不能理解上学时（他的）学习成绩怎么那么差。

加减乘除这些东西，仅仅是掌握快或慢的区别，仅仅是掌握早或晚的区别，与智商没有什么关系（普通智商即可），与智力的成熟度也许有些相关。很多的事情，与智商都没什么关系（当然不能是傻瓜）。再例如，记得有人对于篮球的罚篮（站在某条线后的定点投篮）进行过研究，即便是普通人经过正确的严格训练，罚篮的准确度是可以达到 80% 以上的，也就是说，在 80% 及以下的罚篮准确度，与天赋没有什么关系，主要与训练程度有关。（不同的天赋可能训练强度不同。天赋高，体现在需要的训练量小就能达到更高的准确度，或者能维持在某个准确度。无论天赋多高，要稳定在 80% 以上的准确度都需要大量训练；如果没有大量的训练，还不如那些经过大量专业训练的常人）

既然（很多事情）与智商（或天赋）关系不大，那么与什么相关呢？其中有一个因素，就是专注。一个人对于某件事情的专注程度以及专注的时间长度，决定了在这件事情上的结果或成果。

专注，有人认为与兴趣相关。所以，有人说，兴趣是最好的老师。实际上，有些人做任何事情都能够专注，有些人只能对感兴趣的事情专注，有些人只能在特殊的情形下（例如时间紧急）才能专注，有些人做任何事情都无法专注或无法全身心投入，即便是最喜欢的吃喝玩乐等某事也不能全身心投入。

对于学习方面的专注而言，可以考虑专注的影响因素（习惯、兴趣、自制力或自我约束能力、责任感等等）；对于工作而言，可以分析工作专注度的影响因素，从而更好地提升工作绩效。随意为之、有意为之、刻意为之，导致的结果将是不同的。学习如此，工作如此，生活亦如此。对于一个企业而言，提升员工的工作兴趣，提升员工的工作专注度，绩效必然会提升。

专注，是来自遗传还是后天的形成，在此不讨论。浮躁的人很难专注下来，任何的风吹草动都能引起他的分神，使他无法集中精力，更无法对事情提起兴趣以及提升思维活跃程度，那么，这样的人就无法提高绩效。如果专注来自遗传，那么，个体的绩效管理在提升专注这一点上则不能成立。组织的绩效管理就是寻找能够专注的员工，并打造使之专注的环境。

三、绩效环境

绩效环境分为内部绩效环境和外部绩效环境。内部绩效环境，主要是群体对于绩效的观念和行为表现。当群体的主要目标是追求金钱，组织的首要目的是经济效益时，这种情况下选择的“路径”必然与利益相关。“路径”选择受两方面的影响，一是外在制度环境，二是决策者的观念。

追求金钱或经济效益并没有什么错，甚至可以说是完全正确的。但，中国有句古话，“君子爱财，取之有道”，一旦“道”出了问题，就很麻烦了。前面提到过企业“换标签”的行为，各种坑蒙拐骗（例如“专家”推荐的故意诱导，销售人员的“专业”推荐诱导，在客户犹豫时诱导客户做决定，不断“要求”客户，等等）以及对产品的弄虚作假（例如前面提到的哈佛案例讨论）以及出卖虚假信息等皆可认为是由绩效环境造成的。除了企业，其他的组织形式也存在大量的问题。例如中国大陆的某些高校，以项目或论文为重要的绩效指标，利用各种关系或平台拉项目跑课题就成为重要方式，“包装”被当成“能力”，制造文章发表论文成为“技能”，甚至用各种方式“买”发表。最大的问题是这类人不以此为耻反以此为荣，到处炫耀或吹嘘自己有什么课题论文曾在某期刊上发表，并且获得了高职称与高收入，甚至成为硕导博导（自己转变为“包工头”，无论项目的申报还是完成以及论文写作均由研究生去做）。当“包装项目”以及“制造文章”披着“学术”或“研究”的外衣出现时，对于那些能够对这些技能熟练者，必然会获得诸多的“业绩”与因“业绩”而来的“荣誉”，这时，他们自己都禁不住为自己的“光环”而骄傲。（何谈感到羞耻？）“成功者”总是有“资本”可以炫耀的。

构成环境的主要因素是制度。制度中暗含了价值判断以及评判机制。在某种体制或制度下的“优秀者”或者“成功者”，可能换一个角度，就是“无耻者”或“垃圾”。这就像是“君主”与“魔鬼”往往是一回事，只是从不同的角度来评判而已。

不论是企业还是高校，或者是其他的组织形态，对于绩效环境的认识，是认识绩效的重要因素。没有对绩效环境的深刻认识，仅仅谈绩效，实际上不如谈奖惩。

除此之外，还要考虑环境之下的“优越感”及“存在感”的来源。例如，有些大学教师为什么耗费大量的时间、精力申报毫无价值的项目以及制造毫无价值的论文，除了与职称薪酬相关或考核相关之外，还与“优越感”“存在感”或“被认可”有关。这些也会产生快乐，至少是满足虚荣心。

打造或构建使员工（指所有员工）安心做事、专心做事、专注做事的环境，并不是“以组织的名义或某名义”要求[①]员工安心、专心、专注的环境。快乐工作，最重要的是快乐的环境。快乐环境不是轻松、舒适、闲散的环境，而是公平竞争、专注做事的“简单”环境。这种“简单”环境，实际上是一种信任环境，信任的重要前提是“透明化”。

一个人在什么环境下，尽可能去适应所在的环境，至少在“环境下生存下来”，否则，应该及早逃离这个环境（如果有逃离的能力）。当一个人无法或无能力逃离环境时，保持自己的判断和行为选择则尤为重要。当然，一个人可以尽可能去影响环境，毕竟，环境是由群体所有成员构成的。

群体才是构成环境的决定因素。这里的群体，是指群体的观念与行为。当

---

① 这种“要求”环境实际上就是奖惩环境。

然，根据进化论的观点，应该是环境选择了物种，环境决定了进化。

四、绩效考核与绩效管理

绩效考核是对过去（或以往）绩效表现的评判，绩效管理是对未来绩效的提升，二者从时间的覆盖来看并没有交集，但大多数论文或著作都认为绩效考核是绩效管理的一部分，或者认为绩效考核是绩效管理的基础。

绩效管理与考核并不一定相关。在第十三章提出的绩效管理四步骤——①群体认同绩效必须提升，②打造共同利益和目标，③改变工作行为和组织结构，④提升绩效，并不涉及考核。

（一）绩效考核

1. 企业考核涉及的三类人

在企业中，绩效考核往往涉及三类人。一是与业务相关的人员，例如，对业务员直接用数量与薪酬挂钩的底薪加提成的方式。二是生产线上的人员，这类人员往往与计件工资相关；对于生产线上的人员，往往通过时间表和任务细分的设计，实现可测量可监督，目的是生产标准化的产品，与之相关的是任务清晰化、定额管理、严格的成本控制等等。三是高管人员，将高管人员的薪酬同公司的表现挂钩。公司的表现的衡量标准，要么是公司利润，要么是公司的股价。公司的利润是可以通过财务手段“改变”出来的，维持公司的股价或者使公司股价达标的方式有很多方法，甚至可以造假。

企业中对这三类人的考核，实际上考核就是薪酬。或者说，考核制度就是薪酬制度。

绩效考核，对基层人员而言就是一种变相的“延长劳动时间”“增加劳动强度”的方式，并且让被考核者主动自觉地付出时间和精力，以获得更优的个人业绩。这种情形下的考核，是监管员工的重要方式，是任务分派的重要方式，实际上，就是计件、计时、计分的方式。

2. 非营利性组织的考核

如果要对非营利性组织进行考核，首先，要建立起成本的观念，设立整个组织或部门的成本目标；其次，控制员工的工作时间，构建工作时间目标，使得员工有更多的时间休息和学习；最后，控制机构规模，甚至精简机构精简人员。

只有以“效率和效果”为前提的考核，才是绩效考核，否则，就可能演化为做材料。

现实中的有些非营利性组织，其考核的根本出发点是制造材料，这些材料往往与等级相关。在这些组织中，考核往往经常使用，往往设置各种指标任务、各种奖项，然后将所获得的各种奖项作为考核或评价材料，再然后根据考核材料进行“利益”分配。

非营利性组织中被考核的人员，一般是最底层的工作人员，也就是直接能够制造出数据和材料的那些人员。其他层级的人员，只是收集和整理材料的人员。

将常规化管理内容通过考核做成材料，这些材料越规范、越多就与绩效本身越背离。常规化管理在考核方面越创新，与绩效本身距离越远。这种绩效是管理者定义的绩效，是一种材料绩效。

在考核情形下，为了数据打鸡血，甚至为了数据造假，在非数据方面被漠视和懈怠，这是必然的。

3. 群体疏离与员工分化

这种绩效考核的出发点，一般而言不是从员工出发，也不是从共同利益出发，而是打着“为你好”“为大家好”的说辞，使人服从。考核往往是控制观的体现，考核的观念往往也是等级观，员工之间是竞争关系而非合作关系，通过等级评分而获得优越感的少数员工总是试图和其他人保持工作上的距离。

考核不仅导致员工竞争（而非合作）从而造成内耗，从另一个角度来看，还会降低士气。这是因为考核等级的硬性划分，带来组织内部员工之间的竞争，导致心理压力，会造成群体焦虑，情绪低落。过度的考核压力，使员工的行为表现向四个方向演化，从而变成四类员工。第一类“工作狂”表现型：为了业绩努力，深层次是优越感；如果不能获得优越感，将会出现失调。第二类“抱怨”表现型：往往对工作不满意，工作效率低下，注意力无法集中。第三类“情绪疲劳”型：兴趣缺失、情绪低落等，可能会经常出现精神疲劳，表现为回避社交、焦虑、易发脾气的情况。第四类“身体不适”型：感觉自己身体不适宜竞争，时而有腰酸背痛感，时而胃肠不适；在睡眠方面，也可能会出现失眠、难入睡、早醒等情况。总之，考核对员工的心理、精神、身体等全方位造成影响。

如果一个组织中的部分员工感觉到自己出现如下状况中的一种——记忆力下降、注意力无法集中、信息整合加工能力以及抽象思维能力下降等——恰巧组织正在考核或推进考核，那么，也许这种考核是“非人性”的。因为出现这种情况的大概率原因就是考核。

4. 考核文化与钝化的组织

绩效考核存在的假设，是有些员工只有在监督和给定目标或任务的情形下才会有“绩效”，他们只有在外在约束、激励、强制等各种因素的作用下，才会去做。

考核，本质上来说，是以少数人获得“优越感”为代价，降低整体的归属感、认同感。考核将形成一种文化，员工的关注点将落到业绩等级上或业绩的分值上，最终落实到与分值对应的利益上。这种文化将组织内一些员工边缘化，引发了恐惧，并导致严重的焦虑情绪，进而影响身心健康。

为了考核而努力工作得到业绩，不可能有事业感，工作的价值与意义变得缥缈；即使“所谓的”优秀员工没有享受到“独一无二”的风光感（优越感）时，也会有沮丧情绪，导致失调。考核造成的文化氛围，缺少真正的激励、尊重以及工作意义。

这种组织中，获得优越感的员工的愉悦不仅来自利益获得或地位提升，也来自“被表扬”“被赞美”“被奉承”。上对下是“表扬”，同一层级是“赞美”，下对上是“奉承”。

也许，考核盛行的组织，无论形式上如何红红火火，其实就是一个钝化或惰化的组织。这种组织使得真正专注于工作的员工很难生存（必须急功近利），或者说使得他们难以得到公平的评价。这种组织中，往往那些急功近利、投机取巧的员工更容易获得考核分数。

通过考核的形式提升绩效，也许仅仅是现实中某些组织的绩效管理含义，或者是某些专著或教材中所认为的绩效管理。

（二）绩效管理

1. 考核不一定能够提升绩效

考核不一定能够提升绩效，甚至有些考核与提升绩效是背道而驰的，也就是说，越考核越不利于提升绩效。即使营利性组织，是否进行绩效考核，也是有前提的。

有些组织进行绩效考核，但不进行绩效管理（绩效提升）。也就是说，有些组织每年都进行绩效考核，但年复一年整体绩效没有任何提升，甚至逐年下降，但从考核材料上看却又是材料满满，甚至材料一年比一年多。

有些组织进行绩效管理，但无须绩效考核。

绩效考核，与绩效管理需要打造专注工作的环境往往是存在冲突的，二者根本不是一回事。除了打造让员工专注工作的环境，还要给员工留出足够的时间去学习，以面对未来和发展。

考核导向与管理导向，二者显然不同。考核导向往往是以任务为导向，管理导向往往是以合作与成长为导向。

但是，在现实中的很多情形下，往往认为绩效考核就是绩效管理的前提，或者说绩效考核就是绩效管理的一部分。这种情形下，绩效管理的定义就是：通过绩效考核的形式促使（或迫使）员工提升努力程度从而提升绩效水平。

2. 构建以人为中心的绩效管理

绩效管理，是打造一种环境，使得员工能够专注于工作，具有工作热情与激情，增强成就欲和事业心，从而具有更高的绩效。也许，真正的绩效管理是把员工放在首位，从生活上使得员工安心工作，从心理上对工作有满意感，专注于工作。这样的情形下，工作质量将会提高，绩效自然就会更高。

一个组织，应该致力于构建平等、互惠互利、合作的组织文化，而不是相反。组织中的人，不仅工作，也是为了更好地生活，更幸福地生活。

并非所有的东西都能计算清楚，也并非所有能计算清楚的东西都重要。

真正让我们信服的不是那些数据，而是我们是谁。

绩效管理的核心是以人为中心，以学习为导向，以成长为导向。可以通过交流和辩论改变人的观念，通过学习、训练等方式提高人的能力，从而提升绩效水平；绩效管理涉及如何认识错误以及改正错误，解决问题……也涉及人们的观念、感知和情绪。

组织要提升绩效，就要让员工有时间锻炼身体，饮食合理搭配且按时有规律，适量睡眠。一方面，精力充沛、身体健康是高绩效的前提；另一方面，高绩效的目的是可以更健康地生活。

参考文献

1. 丹尼尔 · A. 雷恩 . 管理思想的演变［M］. 北京：中国社会科学出版社，1997.

2. 斯蒂芬 · P. 罗宾斯 . 管理学［M］.11 版，北京：中国人民大学出版社，2012.

3. 宋玉可 . 管理学［M］. 杭州：浙江大学出版社，2017.

4. 加里 · 德斯勒 . 人力资源管理［M］.14 版，北京：中国人民大学出版社，2017.

5. 雷蒙德 · A. 诺伊 . 人力资源管理：赢得竞争的优势［M］. 北京：中国人民大学出版社，2005.

6. 付亚和，许玉林 . 绩效管理［M］. 上海：复旦大学出版社，2017.

7. 伯纳德 · 尼斯塔特 . 群体绩效［M］. 北京：人民邮电出版社，2013.

8. 鲍勃 · 卢茨 . 绩效致死：通用汽车的破产启示［M］. 北京：中信出版社，2013.

9. 威廉 · 安肯三世 . 别让猴子跳回背上［M］. 杭州：浙江人民出版社，2013.

10. 克里斯 · 阿基里斯 . 克服组织防卫［M］. 北京：中国人民大学出版社，2007.

11. 埃德加 · 沙因 . 组织文化与领导力［M］. 北京：中国人民大学出版社，2011.

12. 彼得 · 德鲁克 . 卓有成效的管理者［M］. 北京：机械工业出版社，

2009.

13. 彼得·德鲁克 . 管理实践［M］. 北京：机械工业出版社，2006.

14. 吉姆·兰德尔 . 时间管理［M］. 上海：上海交通大学出版社，2012.

15. 吉姆·洛尔 . 精力管理［M］. 北京：中国青年出版社，2015.

16. 杰克·霍吉 . 习惯的力量［M］. 北京：当代中国出版社，2004.

17. 曼弗雷德·凯茨·德·弗里斯 . 悬崖边的能人组织［M］. 北京：东方出版社，2011.

18. 哈丽雅特·B. 布莱克 . 不懂拒绝的老好人［M］. 北京：机械工业出版社，2011.

19. 狄恩·特鲁普，金盛熙 . 社会冲突：升级、僵局及解决［M］. 北京：人民邮电出版社，2013.

20. E. 阿伦森 . 社会性动物［M］. 上海：华东师范大学出版社，2007.

21. 戴维·布鲁克斯 . 社会动物［M］. 北京：中信出版社，2012.

22. 戴维·迈尔斯 . 社会心理学［M］.8 版，北京：人民邮电出版社，2006.

23. 理查德·泰勒，卡斯·桑坦斯 . 助推［M］. 北京：中信出版社，2015.

24. 丹·艾瑞里 . 怪诞行为学［M］. 北京：中信出版社，2010.

25. 罗闻全 . 适应性市场［M］. 北京：中信出版社，2018.

26. 马修·沃克 . 我们为什么要睡觉［M］. 北京：北京联合出版社，2021.

27. 罗伯特·戴博德 . 蛤蟆先生去看心理医生［M］. 天津：天津人民出版社，2020.

28. 托马斯·索维尔 . 经济学的思维方式［M］. 成都：四川人民出版社，2018.

29. 史蒂芬·列维特 . 魔鬼经济学［M］. 广州：广东经济出版社，2006.

30. 保罗·巴比亚克 . 穿西装的蛇［M］. 北京：机械工业出版社，2015.

31. 阿尔弗雷德·阿德勒 . 自卑与超越［M］. 北京：北京时代华文书局，2018.

32. 杨水秀 . 怎样给猎狗分骨头［M］. 哈尔滨：哈尔滨出版社，2004.

33. 姜定维 . 奔跑的蜈蚣：如何以考核促进成长［M］. 北京：京华出版社，2002.

34. 菲利普 · 津巴多 . 态度改变与社会影响［M］. 北京：人民邮电出版社，2007.

35. 斯蒂芬·P. 罗宾斯 . 组织行为学［M］.16 版，北京：中国人民大学出版社，2016.

36. 罗伯特 · 西蒙斯 . 七个战略问题［M］. 北京：中国人民大学出版社，2013.

37. 布莱恩 · 伯勒，约翰 · 希利亚尔 . 门口的野蛮人［M］. 北京：机械工业出版社，2016.

38. 迈克尔 · 刘易斯 . 大空头［M］. 北京：中信出版社，2015.

39. 琳达 · 格拉顿 . 百岁人生［M］. 北京：中信出版社，2018.

40. 加里 · 贝克尔 . 人力资本理论［M］. 北京：中信出版社，2007.

41. 戴维 · 巴斯 . 进化心理学［M］. 北京：商务印书馆，2015.